O medo do Inferno e a arte de bem morrer

Dados Internacionais de Catalogação na Publicação (CIP)
(Câmara Brasileira do Livro, SP, Brasil)

Faria, Jacir de Freitas
  O medo do Inferno e a arte de bem morrer : da devoção apócrifa à Dormição de Maria às irmandades de Nossa Senhora da Boa Morte / Jacir de Freitas Faria. – Petrópolis, RJ : Vozes, 2019.
  Bibliografia.
  ISBN 978-85-326-6227-9
  1. Evangelhos apócrifos 2. Inferno – Cristianismo 3. Irmandade de Nossa Senhora da Boa Morte 4. Maria, Virgem Santa 5. Morte – Cristianismo I. Título.

19-27733   CDD-236.25

Índices para catálogo sistemático:
1. Inferno : Teologia dogmática cristã   236.25

Cibele Maria Dias – Bibliotecária – CRB-8/9427

JACIR DE FREITAS FARIA

O medo do Inferno e a arte de bem morrer

Da devoção apócrifa à Dormição de Maria às irmandades de Nossa Senhora da Boa Morte

EDITORA VOZES

Petrópolis

© 2019, Editora Vozes Ltda.
Rua Frei Luís, 100
25689-900 Petrópolis, RJ
www.vozes.com.br
Brasil

Todos os direitos reservados. Nenhuma parte desta obra poderá ser reproduzida ou transmitida por qualquer forma e/ou quaisquer meios (eletrônico ou mecânico, incluindo fotocópia e gravação) ou arquivada em qualquer sistema ou banco de dados sem permissão escrita da editora.

CONSELHO EDITORIAL

Diretor
Gilberto Gonçalves Garcia

Editores
Aline dos Santos Carneiro
Edrian Josué Pasini
Marilac Loraine Oleniki
Welder Lancieri Marchini

Conselheiros
Francisco Morás
Ludovico Garmus
Teobaldo Heidemann
Volney J. Berkenbrock

Secretário executivo
João Batista Kreuch

Editoração: Ana Lucia Q.M. Carvalho
Diagramação: Sheilandre Desenv. Gráfico
Revisão gráfica: Nilton Braz da Rocha
Capa: Renan Rivero
Ilustração de capa: Ícone bizantino sobre a Dormição de Maria

ISBN 978-85-326-6227-9

Editado conforme o novo acordo ortográfico.

Este livro foi composto e impresso pela Editora Vozes Ltda.

Aos meus eternos e amados pais, *Jazi de Freitas Faria e Luci Luíza de Faria*, com os quais aprendi a amar e pelos quais senti a dor da morte, do sofrimento da ausência e a esperança certeira de que eles estão junto de Deus.

Aos meus novos sobrinhos-netos: *Enzzo, Heitor e Rian.*

Ao meu novo cunhado *Eder Moreira* e esposos(as) dos meus sobrinhos(as): *Fernanda, Josiane, Sayonara, Raissa, Nádia, Larissa, Rodrigo, Maicon e Marcelo.*

Aos meus inúmeros alunos(as), dentre eles: *Juliana, Celme, Ubaldina, Neiva, Carlos, Vera, Wander, Celso, Maria Luiza, Odaísa, Valéria, Carla, Jussara, Venilton, Rosária, Nayara, Euro, Humberto, Sandra, Vânia, Maria Helena, Jusmara, Terezinha, José Francisco, Osenaide, Neuzira, Elismar, Maria Santos, Kátia, Paulina, Elismar, Leci, Nete, Márcio, Osmar, José Lino, Alex, Ângela, Élia, Eudir, Vanilda, Oneida, Nete, Zildete, Laydi, Neuza, Paulo Eustáquio, Marcelo, Vilma, Paulina, Neuza, Maria Aparecida, José Lino, Gilson, Bruno, Vilmar, Cícero, Mariano, Maicon, Antunes, Humberto, Eduardo Vely, Mariano, Antônio John, Aldelfran, Gilberto, Guilherme, Adilson, Julianderson, Anderson, Feliciano, Oneida, Neuzira, Ivomar, Leonardo, Luisandra, Alainhe, Mariza, Adelir, Tiago, Marco Antônio, Maurício, Antônio, Érika, Benedito, Evely, Nilza, Maria Mércia, Ricardo, Thalisson, Andreia, Carlos Alexandre, Feliciano, Angel, Glaicon, Luciana, John, José Valter, Renieverton, Selmo, Jean,*

Marcos Alves, Marcos Batista, Moisés, Diego, Igor, Jonathan, Pedro Lacau, Thiago, Luciaana, José Leandro, Mariana, Nancy, Michael, Patrick, Carvalho, Fabricio, Caroba, Glênio, Alexandre, Ariel, Michael, Sebastião, Ivan, Carlos Alexandre, Carlos Silva, Natanael, Alexandre, Álvaro, Anibal, Antônio, Breno, Clébio, Cristian, Danilson, Douglas, Eustáquio, Jâmison, Jhonatan Darlon, Jhonathan, Leandro, Leonardo, Lucas, Maelson, Óscar, Warley e Poliana.

Aos colaboradores na administração do Ista: Rosa, Keli, Tânia, Adélia, Dulcinéia, Marcos, Maria, Robson, Carlos, Maria Helena, Cula, Emília, Marilza, Josélio, Laércio, Gilberto, Mateus, Edinaldo, Aurea e Geová.

Aos amigos: Marli, João, Ângela, Idelino, Nercy, Davi, Silvana, Larissa, Shirley, Divina, Bruna, Luciana, Agostinho e Lucília.

Sumário

Prefácio, 9

1 O medo da morte e do Inferno e sua relação com Maria nos apócrifos e na história do cristianismo, 13

2 Apócrifos marianos biográficos e assuncionistas, 29

3 A devoção mariana na perspectiva do medo da morte e do Inferno na Idade Média e Moderna, 79

4 A ressignificação sincrética da Devoção a Nossa Senhora da Boa Morte na Irmandade Negra de Nossa Senhora da Boa Morte de Cachoeira (BA), 177

Considerações finais, 215

Referências, 223

Índice, 235

Prefácio

Os apócrifos marianos, escritos predominantemente entre os séculos III e VII, possuem belíssimas narrativas literárias sobre essa importante mulher na história do cristianismo. Eles influenciaram culturas e permaneceram no imaginário religioso popular.

O estudo que ora empreendemos tem como objeto o medo da morte e do Inferno, o que resultou na arte de bem morrer e a sua relação com as devoções à Dormição de Maria e a Nossa Senhora da Boa Morte no contexto dos evangelhos apócrifos marianos assuncionistas e sua influência na vida das pessoas e da Igreja na composição do pensamento e da sociedade da Idade Média e Moderna.

Dentre os apócrifos marianos, destacam-se os livros que contam a sua Morte, Dormição e Trânsito, o que nos impõe a questão: Maria teria morrido, dormido ou entrado no sono da morte? Trânsito ou Dormição? Esses apócrifos do chamado *Transitus Mariae* foram reelaborados até o século IX. Festas litúrgicas marianas devocionais, como a da Celebração da Morte de Maria, progrediram e se firmaram já antes do século VII, na Europa.

Na Baixa Idade Média e Moderna, a morte assolava o Ocidente e com ela o pessimismo de viver, o medo da morte e do fogo do Inferno, bem como do Purgatório, norteava as vidas das pessoas. Retomar a imagem de Maria como a mãe de Deus (*Theotókos*) e associá-la com uma mulher, que, mais do que morrer, dormiu, fazendo a passagem direta para o Céu com o auxílio de seu Filho, que voltaria ou estava prestes a voltar como grande juiz, resultou em outra imagem de Maria, a de Nossa Senhora da

Boa Morte, aquela que seria capaz de livrar o cristão do fogo do Inferno, ser sua advogada, estar presente no momento derradeiro da vida do fiel em momento de Juízo Particular, antecedido pela arte de morrer (*Ars Moriendi*). Para tanto, a história apócrifa de Maria foi recriada com um cunho piedoso, devocional. Maria foi se tornando mais poderosa do que o seu Filho, que tardava em voltar, após a virada do milênio.

Você, caro leitor, terá a oportunidade de compreender esse modo de conceber a teologia, a fé e o imaginário religioso, que chegou ao Brasil com a colonização portuguesa, propiciou a criação de irmandades da Boa Morte. De modo peculiar, a Irmandade de Nossa Senhora da Boa Morte de Cachoeira, na Bahia, composta desde a sua fundação até os dias de hoje por mulheres negras, a qual ressignificou a devoção lusitana à Dormição de Maria a partir de valores de sua religião de matriz africana, o que resultou na introdução de valores na cultura brasileira numa relação sincrética com o catolicismo lusitano tradicional que chegou ao Brasil. Tal relação se estabeleceu como forma de resistência, mas também da aceitação da catequese mariana devocional dos portugueses.

Ao longo do estudo, nos perguntamos como a Igreja do Ocidente, na Idade Média, Moderna e no Brasil Colônia e Império, fez uso das devoções marianas para exercer o seu papel religioso missionário catequético, político e de poder frente aos desafios sociais e econômicos? Por quais motivos uma associação de mulheres negras em uma irmandade escolheu Nossa Senhora da Boa Morte como padroeira? Como a ortodoxia complementar da devoção popular mariana, tendo seguido os evangelhos apócrifos, possibilitou o imaginário religioso fazer dela uma mulher da terra e do Céu, do mundo material e espiritual? Por que os medos, em suas várias nuanças, foram relacionados a Maria? Existe uma relação entre o medo da morte e do inferno e os contextos religioso e social dos períodos medieval, moderno, colonial e imperial? Como a devoção mariana à Dormição influenciou a teologia, a Igreja e a sociedade? Como Maria, a partir dos apócrifos, foi assumindo posições de destaque na história do cristianismo a ponto de sobrepor Jesus? Qual é o sentido da morte para o cristão?

A história de dois milênios de cristianismo ficou marcada pela figura de Maria. O cristianismo da primeira hora não foi mais o mesmo em relação a Maria no momento em que o primeiro milênio chegou e com ele não voltou o seu Filho Jesus. Um cenário de morte, de pecado, de medos foi o fator decisivo nas mudanças estabelecidas em relação a Maria. Ela se tornou, sobretudo, Nossa Senhora do Rosário, do Carmo e da Boa Morte. Alçou os altares, tornou-se poderosa advogada ou quase um Espírito Santo? Qual é o caminho depois da morte do cristão devoto de Maria: Inferno, Purgatório ou Céu? Foi assim também com os escravos de religiões de matriz africana, quando da colonização portuguesa? O medo dos colonizados negros em relação à morte e ao Inferno eram os mesmos? Qual é a importância da relação de fé tradicional dos portugueses que chegou ao Brasil com a religião dos colonizados? Esse modo de conceber a fé e a devoção ainda permanecem na atualidade?

A todos desejamos boa leitura! Que estas páginas de fé possam nos ajudar também a compreender o sentido da morte em nossa vida enquanto nos preparamos para ela, sepultando os nossos entes queridos na certeza de uma vida eterna no pós-morte.

Em memória dos mortos, na celebração de Finados do ano do Senhor de 2019.

Frei Jacir de Freitas Faria, OFM
www.bilbiaeapocrifos.com.br
bibliaeapocrifos@bibliaeapocrifos.com.br

1

O medo da morte e do Inferno e sua relação com Maria nos apócrifos e na história do cristianismo

O medo da morte e do Inferno encontrou na devoção mariana um forte aliado para a Igreja manter o seu poder na Baixa Idade Média e Moderna. Por ser um tema importante na construção do imaginário religioso cristão, a sua compreensão pode nos ajudar a elucidar o sistema religioso que ainda permanece em nosso meio não somente entre católicos, mas também entre cristãos pentecostais.

1.1 A morte, o Inferno, o medo e a devoção

A morte foi interpretada de vários modos no mundo bíblico. A condição humana é uma luta sem vitória diante da morte corporal, a qual traz sofrimentos. No entanto, há vários modos de relacionar-se com a morte e o sofrimento, como foi na Idade Média e Moderna.

A Idade Média caracterizou-se, dentre tantos outros fatores, pelo medo excessivo da morte e do Inferno. Viver era muito triste. Era uma luta fúnebre contra a morte e sem trégua contra a possibilidade de ir para o Inferno. "O mundo era considerado um local de batalha constante contra o Diabo, pela salvação da alma"[1]. O medo da morte, do fogo do Inferno, da ira de Deus e de pecar faziam parte do cotidiano das pessoas.

---

1. CAETANO, D.J. *O medo da morte na Idade Média*: uma visão coletiva do Ocidente. Belém: Litera Cidade, 2012, p. 33.

Foi nesse contexto que os cristãos encontraram em Nossa Senhora da Boa Morte, outrora a "Mãe de Deus", e nos apócrifos assuncionistas a mulher mãe do Filho de Deus que dormiu e foi levada ao Céu pelo Ressuscitado, o baluarte seguro para se resignar, bem morrer e evitar o Inferno. Da tradição apócrifa surgiu a devoção à Dormição e à Assunção de Maria. O papel de Maria na história do cristianismo foi de relevância na composição do imaginário religioso em vários sentidos, da arte de morrer (*Ars Moriendi*) ao Paraíso.

A passagem de Maria para o Paraíso Celeste, conforme os relatos apócrifos, foi utilizada para justificar o medo. Jamil David Avelino, em sua pesquisa sobre o medo nesse período, afirma:

> Assim a Idade Média tratou da morte como um rito de passagem para a morada definitiva da alma, a derradeira peregrinação do homem, ou talvez como um mal inevitável. A partir do século XII a certeza dá lugar à incerteza, uma vez que agora cabia à Igreja intermediar o acesso da alma ao Paraíso, e o julgamento final deixava de ser visto como evento que ocorreria nos tempos finais e passa a ser visto como um evento que aconteceria imediatamente após a morte e resultaria na descida ao Inferno (no sofrimento eterno) ou a ascensão aos Céus (na alegria eterna) e isso dependeria da conduta do moribundo antes da morte[2].

Na Europa, a Igreja propagou a devoção a Nossa Senhora da Boa Morte como modo para enfrentar a situação de medo estabelecida. Sebastião Heber Vieira Costa constata que:

> A Contrarreforma Romana, por intermédio de escritores e pensadores como Inácio de Loyola, Frei Luis de Granada, Frei Heitor Pinto, traz um vetor na doutrinação que pretende transformar a vida numa prática espiritual cotidiana para bem morrer. Nessa época

---

2. AVELINO, J.D. *O medo na Idade Média (séculos X-XIII)*. Aparecida de Goiânia: Faculdade Alfredo Nasser/Instituto Superior de Educação, p. 12 [Licenciatura em História].

divulgam-se os Tratados de Exercícios Espirituais em que não faltam meditações, propósitos de vida, práticas de oração mental e vocal, para bem preparar a morte. Surgem as *Ars Moriendi* (A arte de morrer), autênticos manuais de preparação à morte, dos quais vários títulos são encontrados em Portugal[3].

Em Portugal não foi diferente. Lá, incentivou-se a devoção à Dormição de Maria e a Nossa Senhora da Boa Morte. Os portugueses chegaram ao Brasil e ensinaram esta devoção, que foi assimilada pelos escravos africanos e associada às crenças de religiões de matriz africana, como veremos, mais adiante.

Nascem na Europa irmandades da Boa Morte com *status* de associações laicais. Aquelas que tiveram como patrona Nossa Senhora da Boa Morte vivenciaram a fé de dois modos, a do catolicismo e a africana, resultando numa simbiose de crença e cultura. Para identificar essas relações intrínsecas, requer-se um estudo da literatura apócrifa que influenciou tal procedimento, bem como o contexto histórico e social em relação ao medo da morte e do Inferno no Ocidente e sua implicação nas religiões de matriz africana no Brasil Colônia e Império.

1.2 A influência e contexto da literatura apócrifa mariana

Na história do cristianismo, os apócrifos marianos foram considerados menos problemáticos para a fé cristã do que os apócrifos de cunho gnóstico, ainda que possamos encontrar influência do gnosticismo em textos apócrifos marianos, como no papiro Bodmer quando narra de forma mágica o nascimento de Jesus e a virgindade de Maria.

Os apócrifos marianos que tratam da Morte/Dormição/Trânsito de Maria estão situados no contexto de um longo percurso

---

3. COSTA, S.H.V. *Das memórias de Filhinha às litogravuras de Maragogipe*. Salvador: Faculdade 2 de Julho, 2007, p. 73.

histórico de surgimento de vários outros apócrifos, os quais apresentam facetas múltiplas do cristianismo, diferentes, similares e complementares ao que se tornou hegemônico.

Postulamos que os evangelhos apócrifos marianos podem ser enquadrados numa ortodoxia complementar mariana. E, para demonstrar a relação deles com a devoção a Nossa Senhora da Boa Morte, faz-se necessário um estudo dos apócrifos em geral, tendo em vista a classificação desses em categorias, bem como delimitar, quando possível, os seus contextos.

O contexto imediato da literatura apócrifa mariana está melhor situado a partir do século IV. Ela, no entanto, influenciou dois milênios de cristianismo. A mariologia é devedora da visão apócrifa decorrente desses textos, sobretudo dos que tratam de sua Dormição, Morte e Trânsito, os quais contribuíram para a devoção a Nossa Senhora da Boa Morte, dentre outras temáticas decorrentes. A influência desses apócrifos foi marcante também na liturgia e na arte. Imagens marianas, como por exemplo a de Maria morta, dormida e rodeada dos apóstolos, ganharam o mundo por meio da arte. Acrescentem-se a isso as imagens apócrifas da descida de Cristo aos Infernos, na literatura da *Divina comédia*, de Dante, que veremos mais adiante.

A releitura pastoral e catequética dos apócrifos é algo novo que nos desafia no estudo desses textos. A tradição popular perpetuou, na memória oral e na escrita, os ensinamentos de fé dos apócrifos. O imaginário popular quis que essa fé não se perdesse, mesmo que não tivesse sido considerada a oficial. Ele a conservou "inspirada" por outros caminhos. Foi assim com a devoção a Nossa Senhora da Boa Morte e com tantos outros aspectos da fé mariana católica.

O estudo dos apócrifos na perspectiva histórica, além de possibilitar a identificação das várias formas do cristianismo, revela a forma e o modelo de Igreja que cada um deles representa ou defende. A Cristandade surgiu em meio a várias formas de cristianismo e numa disputa de valores e ideias. Algumas delas se solidificaram como verdades de fé, e outras foram condenadas ao ostracismo, por serem consideradas heréticas. "Havia disputa de poder no início do cristianismo. Somente um tipo de cristianismo se tornou hegemônico, vencedor das disputas teológicas sobre Jesus"[4]. Já a literatura apócrifa mariana, utilizada de forma diferenciada, sobretudo em época posterior à sua compilação, serviu para conferir poder a Maria diante de seu Filho.

A releitura dos apócrifos do Novo Testamento, ao longo da história do cristianismo, conseguiu fixá-los na devoção popular, na catequese extraoficial, através de músicas, benditos e acalentos. O povo fez o seu caminho de fé, ao cantar, desse modo, valores de uma fé apócrifa. Gente de fé simples e piedosa, como também eruditos, inspirou-se na tradição oral apócrifa para cantar a vida de personagens que se tornaram eternos para todos nós. Pastoralmente, essa forma de celebrar a fé complementou os ensinamentos do cristianismo hegemônico, reforçando a imagem de Maria poderosa e resignada e a de Madalena poderosa e prostituta.

Podemos elencar muitas tradições religiosas, ainda presentes em nossos dias, que provêm dos apócrifos, a saber: a palma e o véu de Nossa Senhora; as roupas que ela confeccionou para usar no dia de sua morte; sua assunção ao Céu; a consagração a Maria e de Maria; os títulos que Maria recebeu na ladainha a ela dedicada; os nomes de seu pai Joaquim e de sua mãe Ana; a visita que Maria e Jesus receberam dos magos; o parto em uma manjedoura, e sobretudo o tema que é objeto de nossa pesquisa: a devoção a Nossa Senhora da Morte etc. Mara Sabrina Sant'Anna, na sua pesquisa sobre representação da morte e ascensão de Maria em imagens nas irmandades mineiras, afirma:

---

4. FARIA, J.F. *As origens apócrifas do cristianismo* – Comentário aos evangelhos de Maria Madalena e Tomé. 2. ed. São Paulo: Paulinas, 2004, p. 38.

"a devoção à Dormição da Virgem exerceu importante função litúrgico-pedagógica"[5].

1.3 Os apócrifos aberrantes, complementares e alternativos

Apócrifo, do grego *apokryphos*, significa escondido, oculto, secreto. O termo foi atribuído aos livros que eram usados de forma escondida pelos cristãos, os quais foram considerados heréticos, termo consagrado para falar dos livros que não estavam de acordo com o ensinamento da Igreja sobre Jesus. O bispo de Lião, Irineu, foi um dos propagadores desse modo de pensar em relação aos apócrifos.

A literatura apócrifa do Novo Testamento surgiu no fim do primeiro século e se estendeu até o sétimo. O século segundo e parte do terceiro foram os mais profícuos deles. As comunidades cristãs, diante de tantos livros que engendravam seu contexto pelo da canonicidade, escreveram tantos outros.

No decorrer da história do cristianismo, os apócrifos foram simplesmente denominados falsos, isto é, mentirosos, em relação aos canônicos. A questão, no entanto, que permanece é: Por que essa literatura, também teológica, se apropriou das narrativas sobre a infância, ministério e morte de Jesus e Maria?

Hoje, não é mais possível concordar com a opinião de Walter Bauer, emitida a respeito dos apócrifos, no início do século XX, quando afirma: "piedoso impulso para o conhecimento, curiosidade ingênua, satisfação em quadros coloridos e lendas são os motivos inocentes dessa maneira de apropriar-se da vida de Jesus"[6]. Estudos recentes dos diferentes tipos de apócrifos

---

5. SANT'ANNA, M.S. *A Boa Morte e o Bem Morrer*: culto, doutrina, iconografia e irmandades mineiras (1721-1822). Belo Horizonte: Universidade Federal de Minas Gerais, 2006, p. 19 [Dissertação de mestrado].
6. BAUER, W. *Das Leben Jesu im Zeitalter de neutestamentlichen Apocryphen*. Tubingen, 1909, p. 521. Apud KLAUCK, H.-J. *Evangelhos apócrifos*. São Paulo: Loyola, 2007, p. 267.

opõem-se a tal afirmativa. Bauer, embora tenha reconhecido outros tipos de apócrifos, deixou de considerar um elemento importante, a identificação precisa de grupos gnósticos, os quais, opondo-se ao cristianismo que se tornou hegemônico, produziram de forma consciente livros que, com mais evidência, falsificaram os dados sobre a vida de Jesus e de seus seguidores. Portanto, uma coisa é certa: não é mais possível estudar os apócrifos fora de seu contexto histórico. Desse modo, sua interpretação será crítica, menos preconceituosa e mais perto da intuição original dos autores e de seus leitores.

Os apócrifos do Novo Testamento surgiram ora de forma independente e até contraditórios aos canônicos, ora com o intuito de complementar os dados oferecidos pelos canônicos[7]. Para nós, os apócrifos do Novo Testamento devem ser divididos em três categorias, a saber: aberrantes, complementares e alternativos[8].

Os apócrifos aberrantes são aqueles que narram fatos sobre a vida de Jesus e de seus seguidores de forma exagerada, de certa forma aberrante, o que a impede de ser considerada inspirada. Os apócrifos complementares são aqueles que criam narrativas, verdadeiras ou não, as quais complementam as canônicas. A curiosidade dos primeiros cristãos sobre temas não tratados nos canônicos, embora muitos deles tenham sido escritos quando ainda não tinha sido definida a lista dos livros inspirados, chegou a produzir uma literatura apócrifa complementar, a qual passou a ser objeto de fé de gerações futuras, como a devoção mariana. Os apócrifos alternativos refletem o pensamento diferenciado em relação ao cristianismo que se tornou hegemônico.

Se os apócrifos podem ser classificados como aberrantes, complementares ou alternativos em relação aos canônicos, há de

---

7. BAUER, W. *Das Leben Jesu...* Op. cit., p. 521.
8. Uma síntese completa do conteúdo dos apócrifos aberrantes, complementares e alternativos encontra-se em nosso livro *Apócrifos aberrantes...*, 2009.

se considerar que o cristianismo que se tornou hegemônico também conformou muitos textos inspirados ao seu modo de pensar[9].

1.4 Maria na história da Salvação, da Igreja e sua relação com a literatura apócrifa

A devoção a Maria surgiu, inicialmente, no contexto de definição de dogmas e aclarações de fé feitas pela Igreja sobre Jesus, período que se estendeu até o século IV.

Descobertas arqueológicas em Israel e nas catacumbas romanas atestam o apreço dos primeiros cristãos a Maria como mãe. Os textos bíblicos canônicos já haviam definido a importância histórica de Maria, mas eles pareciam insuficientes em alguns pontos.

A literatura paralela, a apócrifa, recolheu importantes elementos marianos já no século II, como a pureza, a virgindade e a santidade, os quais serviram de base para os dogmas marianos posteriores. O século IV reforçou esse posicionamento, acrescentando que Maria era a Mãe de Deus e de nosso Salvador, que é o Senhor Jesus Cristo, bem como que foi assunta aos Céus, tornando-se a primeira mortal a ressuscitar/ser arrebatada, sem passar pela morte.

Nascia, portanto, o cristianismo apócrifo mariano, o qual enfatizou a relação entre Maria e seu Filho, bem como o culto a ela como Virgem Mãe, modelo de pureza sexual e espiritual. É também do século IV, após o Concílio de Niceia definir a divindade de Cristo, a discussão teológica sobre a humanidade de Jesus e o papel de Maria nessa questão. Seria ela a mãe de Cristo, a *Christotokos*, a mãe do humano Jesus? Maria poderia, por isso, ser também divina?

---

9. EHRMAN, B.D. *Evangelhos perdidos* – As batalhas pela escritura e os cristianismos que não chegamos a conhecer. Rio de Janeiro: Record, 2008, p. 313-329.

No século V, Maria foi apresentada na literatura apócrifa como liderança apostólica, mãe virgem de Nosso Senhor Jesus Cristo e Deus. A Igreja, por sua vez, no Concílio de Éfeso I, em 431, declarou a maternidade de Maria. Ela é a mãe de Deus, a portadora de Deus, em grego, *Theotókos*, e não simplesmente *Christotokos*.

Foi também nesse século que muitas lideranças cristãs emitiram seu parecer sobre Maria. Santo Agostinho, que morreu em 430, afirmou: "a Santíssima Virgem é o meio de que Nosso Senhor se serviu para vir a nós; é ela o meio de que devemos nos servir para ir a Ele" (SANTO AGOSTINHO. *Sermo 113*. In: *Nativitate Domini*). Agostinho afirma também que foi a fé de Maria que a fez mãe de Jesus. Disse ainda: "Significa mais para Maria, uma bênção completamente maior, ter sido a discípula de Cristo do que ter sido sua mãe" (SANTO AGOSTINHO. *Sermão 72A,7. 10 v*). O Papa Leão Magno (400-461) escreveu: "Digo, com os Santos: Maria Santíssima é o Paraíso terrestre!" (LEÃO MAGNO. *Sermo de Annuntiatione*). Portanto, a definição de Maria como Portadora de Deus foi o estopim para que o seu papel de Mãe de Deus ganhasse forças e se estabelecesse teológica e devocional.

No século VI, a literatura apócrifa defendeu a visão de Maria como mediadora, pois ela era mulher virgem que compreendia toda a realidade humana a partir de Deus. O evangelho apócrifo árabe da infância, obra desse século, apresenta ações de Maria tendo compaixão pelas pessoas e intercedendo por elas a seu Filho, Jesus. Essa visão apócrifa sobre Maria teve influência na Idade Média na devoção a Nossa Senhora da Boa Morte, visto que, no século VI, no Oriente, a morte de Maria era celebrada com festa. Por isso, o Imperador Maurício, no fim do século VI, levou a Festa da Dormição de Maria para todo o Império Romano.

No século VII, com o Papa Sérgio I (687-701), a Festa da Dormição de Maria passou a ter relação com sua Assunção, temática já presente nos séculos III e IV, e celebrada na Igreja no dia 15 de agosto. Os apócrifos da *Dormição de Maria* e *Trânsito da Bem-aventurada Virgem Maria* contribuíram para esse processo devocional. Ademais, a Festa da Dormição, no lado ocidental do Império Romano, passou a ter ligação com o "dia do nascimento de Maria", isto é, dia de sua morte. Fato que uniu a festa ao culto dos mártires[10].

No século VIII, a Festa da Dormição/Morte de Maria e sua Assunção unida ao culto aos mártires passam a ser somente "Assunção da Bem-aventurada Virgem Maria", fato que persiste até os nossos dias.

Os apócrifos marianos conseguiram demarcar o papel de Maria na história da Salvação e sua relação intrínseca com o Salvador, seu Filho Jesus. Não por menos, neles o nascimento é previsto por Deus. Seus pais são descendentes de Davi. Durante a infância e adolescência, Maria vive como consagrada no templo e protegida pelos sacerdotes, e estes legitimam sua importância para Israel. Maria estava preparada para receber o Messias prometido para Israel. Quando seu marido, José, é escolhido numa cena pitoresca: um bastão que floresce e uma pomba sobrevoa o templo. Na morte de Maria, há presença de trovões, luzes e terremoto. Depois de três dias de sua morte, seu corpo é levado aos Céus por Jesus e anjos.

Analisando do ponto de vista histórico e narrativo biográfico, a trajetória do pensamento mariano, seja na literatura apócrifa, seja nas ações da hierarquia da Igreja, mostra como, primeiro, nasce a fé em Maria virgem e mãe, seguida pela devoção no culto em relação à sua Dormição e Assunção ao Céu, e, posteriormente, são feitas declarações da Igreja sobre Maria em dogmas. Esses elementos podem ser percebidos não somente

---

10. LLABRÉS, P. O culto a Santa Maria, Mãe de Deus. In: BOROBIO, D. (org.). *A celebração na Igreja*: ritmos e tempos da celebração. São Paulo: Loyola, 2000, p. 203.

nos sete primeiros séculos do cristianismo, mas até na Baixa Idade Média (séculos XI-XV)[11].

Os vários elementos sobre Maria descritos na literatura apócrifa, bem como na tradição, na história, nas declarações e dogmas marianos da Igreja, corroboraram para a fé em Maria intercessora junto a Jesus em favor de todos os fiéis. Dentre esses elementos, podemos destacar:

1) Fé na virgindade de Maria antes, durante e depois do parto.

2) Entendimento de que Maria é a Mãe Celestial, o Espírito Santo, e mãe terrena de Jesus[12].

3) Maria não só eliminou a transgressão de Eva, mas ela é a nova Eva[13].

4) Ela é a Nossa Senhora Mãe de Deus e de nossa Salvação, que é o Senhor Jesus Cristo. Mãe da humanidade, mediadora e virgem, mãe do Verbo encarnado.

5) Maria tem liderança apostólica e presença marcante nos últimos passos da vida de Jesus, desde a sua morte até a sua ressurreição.

6) Maria dormiu, sua alma foi levada ao Céu, e, posteriormente, seu corpo também foi levado pelo seu Filho Jesus[14].

7) Santo Epifânio, entre os anos 374 a 377, pôs-se a investigar sobre a morte de Maria e afirmou não ter encontrado resposta satisfatória sobre o fato[15].

---

11. A divisão da Idade Média em Alta e Baixa está baseada em elementos da história. A Alta Idade Média inicia com a queda do Império Romano no Ocidente, em 476, e se estende até o século XI, quando a economia feudal entra em declínio, passando esse período, que vai até o século XV, a ser chamado de Baixa Idade Média. A Idade Moderna tem início em 1453 e vai até a Revolução Francesa, ocorrida em 1789.

12. TAVARD, G.H. As múltiplas faces da Virgem Maria. São Paulo: Paulus, 1999, p. 39.

13. O Espírito Santo e Maria. In: FIORES, S. & MEO, S. (dir.). Dicionário de Mariologia. São Paulo: Paulus, 1995, p. 447-458.

14. MIMOUNI, S.C. Dormition et Assomption de Marie: histoire des traditions anciennes. Paris: Beauchesne, 1995, p. 18 [Collection Théologie Historique, 98].

15. TAVARD, G.H. As múltiplas faces da Virgem Maria. Op. cit., p. 42.

8) O Concílio de Éfeso I (431) declarou em dogma que Maria é a Mãe de Deus, a portadora de Deus (*Theotókos*)[16].

9) Maria recebeu em sua honra uma basílica em Roma, mas também foi cultuada no Império Romano do oriente bizantino[17].

10) O Concílio de Constantinopla II (533) proclamou o Dogma da Virgindade Perpétua de Maria.

11) No século V, no Oriente, era celebrada em Jerusalém, em honra à maternidade de Maria, a festa denominada "*Dia da Theotókos*".

12) O Imperador Maurício, entre 592 e 602, decretou que, no Império Romano a festa litúrgica do Trânsito ou Dormição de Maria deveria ser celebrada no dia 15 de agosto, o que acontecia no Oriente de forma diversificada, isto é, algumas igrejas celebravam a morte, outras a assunção, ora do corpo, ora da alma[18].

13) A Igreja, no Sínodo de Latrão (649), proclamou a virgindade perpétua de Maria.

14) No Ocidente, a Festa da Dormição de Maria recebeu o nome de *Natale Sanctae Mariae* e foi associada ao dia natalício da morte de Maria, como ocorria com o culto aos mártires. O Papa Sérgio I (687-701) ordenou que tal festa fosse feita em Roma com ladainha e procissão[19]. Já desde 650, essa festa era celebrada no Ocidente, também no dia 15 de agosto.

15) Com os papas Adriano I, morto em 795, e Pascoal, morto em 824, a Festa da Dormição passou a ser chamada de Assunção de Maria.

---

16. Mãe de Deus. In: FIORES, S. & MEO, S. (dir.). *Dicionário de Mariologia*. Op. cit., p. 776-795.
17. LLABRÉS, P. O culto a Santa Maria, Mãe de Deus. Op. cit., 203-206.
18. TEMPORELLI, C. *Maria, mulher de Deus e dos pobres*: releitura dos dogmas marianos, 2. ed. São Paulo: Paulus, 2011, p. 197.
19. LLABRÉS, P. O culto a Santa Maria, Mãe de Deus. Op. cit., p. 203.

16) No II Concílio de Niceia (787), Maria passou a ser venerada como Rainha do Céu.

17) Na Alta Idade Média (séculos V-XI), como veremos no próximo capítulo, influenciada e confirmada pelos apócrifos marianos assuncionistas, a devoção a Maria se firmou no meio do povo, que celebrava com entusiasmo sua maternidade, morte e assunção aos Céus. Vários padres, bispos, doutores e teólogos incentivam a celebração da Assunção de Maria como consequência lógica da ação de Deus nela, já que o seu corpo não poderia apodrecer no sepulcro, depois de três dias, pois ela era a mãe de Deus, santa e virgem[20].

18) Na Baixa Idade Média (séculos XI ao XV), Maria passou a ser cultuada como símbolo da Igreja, vínculo de comunhão e visibilidade do poder eclesial. O decreto do Imperador Andrônico II (1282-1328) estabeleceu que a festa de 15 de agosto fosse a da Assunção de Maria, o que demonstrava o poder dela e do Império Romano[21].

19) É também na Baixa Idade Média que Maria assume o papel de intercessora junto a Jesus em favor dos sofredores. Ela ouve suas preces e intercede ao seu Filho por eles. O medo da morte e do Inferno, como veremos adiante, largamente difundido na Baixa Idade Média, encontra em Maria uma nova devoção, a de Nossa Senhora da Boa Morte. A humana assunta aos Céus, Maria, é capaz de livrar o cristão do Inferno por meio de seu Filho. O papel de Maria como intercessora junto a Jesus para a humanidade a torna ainda mais popular.

20) É também no fim da Baixa Idade Média e início da Idade Moderna que a devoção mariana segue no além-mar, para a América Latina e o Caribe, com os colonizadores, com dois

---

20. Apud TEMPORELLI, C. *Maria, mulher de Deus e dos pobres...* Op. cit., p. 201.
21. LLABRÉS, P. O culto a Santa Maria, Mãe de Deus. Op. cit., p. 206.

focos: a de poderosa protetora dos navegantes, a Nossa Senhora da Boa Viagem, e a de protetora na hora da morte.

21) Como ainda demostraremos, no Brasil Colônia e Império, nos séculos XV ao XIX, a devoção à Dormição de Maria chegou ao Brasil com os colonizadores e com ela a fundação da Irmandade da Boa Morte. Uma dessas irmandades, a de Nossa Senhora da Boa Morte de Cachoeira, na Bahia, ressignificou essa devoção, relacionando-a com a sua religião de matriz africana.

22) Entre os séculos XVI-XX, houve uma reviravolta na crença na não morte e assunção de Maria. Lutero negou o fato, argumentando que isso não está na Bíblia.

23) Após Lutero, vários outros teólogos retomaram a questão dando outras soluções para a morte de Maria. Francisco de Sales, morto em 1662, diz, por exemplo, que Maria morreu de amor[22].

24) No século XVIII, iniciou-se um movimento de teólogos, bispos e até de reis, solicitando ao Vaticano que estabelecesse o Dogma da Assunção. Esse movimento mariano se estendeu até o século XX. Maria apareceu em vários lugares do mundo. As devoções aumentaram, as congregações religiosas se intitulavam "sob a proteção de Maria", bem como os movimentos laicais, no século XX[23].

25) Em 1854, com a encíclica *Ineffabilis Deus*, Maria é declarada Imaculada Conceição[24].

26) Em 1950, como consequência lógica do Dogma da Imaculada Conceição, e, atendendo a pedidos e respostas de questionário enviado ao episcopado católico, o Papa Pio XII

---

22. Ibid., p. 198-201.
23. JOHNSON, E.A. *Nossa verdadeira irmã* – Teologia de Maria na comunhão dos santos. São Paulo: Loyola, 2006, p. 160.
24. AIELLO, A.G. *Svillupo del dogma e tradizione a propósito della definizione dell'Assunzione de Maria*. Roma: Città Nuova, 1979, p. 440.

declarou o Dogma da Assunção de Maria em corpo e alma à glória celestial[25].

A Igreja, de forma oficial, estabeleceu dogmas marianos, os quais incorporaram os dados de fé vividos na catequese apócrifa. O culto a Maria assunta aos Céus foi legislado no Império Romano e ganhou o mundo católico. No meio do povo, Maria assumiu o papel de intercessora junto a Jesus em favor dos pecadores, visto que ela não morreu, mas foi assunta aos Céus pelo Salvador. Com isso, Maria passou a ser a primeira mortal a ressuscitar, chegando à glória de Rainha no Céu.

1.5 Conclusão

A literatura apócrifa do Novo Testamento, nas suas várias dimensões, postulada por nós como aberrante, complementar e alternativa, contribuiu, sobremaneira, na construção da narrativa sobre Maria, complementando possíveis dados de sua biografia e, por fim, estabelecendo uma visão ortodoxa de sua atuação, a qual complementou o pensamento cristão na perspectiva mariana sem se opor ao modo de conceber o cristianismo que se tornou hegemônico.

Um dos motivos que tornou o cristianismo apostólico como hegemônico foi o fato de a Igreja estabelecer o seu fundamento no testemunho dos livros canônicos, na tradição apostólica, na fé em Jesus, humano, histórico, no Cristo da fé, divino e trinitário[26]. Muitos cristãos, não se conformando com o fato de o papel de Maria não estar tão evidente na condução da Igreja, buscaram, pelo viés da religiosidade popular, com ou sem interferência eclesial, conceder poder a Maria a partir da devoção[27].

---

25. PIO XII. *Carta Apostólica Munificentissimus Deus*. Città del Vaticano, 1950.
26. Cf. outros argumentos em favor da consolidação do cristianismo apostólico como hegemônico em nosso livro *Apócrifos aberrantes...*, p. 248.
27. Nesse sentido, cf. LLABRÉS, P. O culto a Santa Maria, Mãe de Deus. Op. cit., p. 206.

A compreensão de Maria como portadora e mãe de Deus foi o ponto de partida da mariologia na história da Igreja. Durante o processo dogmático em relação a Jesus, foi se desenvolvendo a figura de Maria. No entanto, foi na Idade Média que Maria entrou definitivamente na história da Igreja para influenciar a liturgia, a religiosidade popular e, sobretudo, a doutrina eclesial.

Os dogmas marianos encarregaram-se de estabelecer o seu papel no catolicismo. Outras correntes do cristianismo, como o protestantismo, seguiram o caminho inverso em relação a ela.

São dois mil anos de história do cristianismo que entendeu de modo diferenciado e até contraditório o papel de Maria na história da salvação.

2
Apócrifos marianos biográficos e assuncionistas

A Idade Média foi marcada por um acentuado enfoque dos evangelhos apócrifos na perspectiva da devoção. Vários deles foram traduzidos para diversas línguas do Ocidente e, em menor escala, no Oriente. O interesse pelos apócrifos, nessa época, não foi mais pelos de cunho gnóstico, como aconteceu nos primeiros séculos do cristianismo, mas pelos edificantes e alguns apologéticos[28]. O que preocupava a Igreja não era mais a visão alternativa dos apócrifos gnósticos. Essa corrente de pensamento já havia sido expurgada do cristianismo romano. Irineu de Lyon foi um dos ferrenhos combatentes dos apócrifos gnósticos. O que passou a interessar a Igreja da Idade Média foram os apócrifos complementares marianos. Alguns desses textos foram traduzidos para o latim.

O fortalecimento da catequese mariana, a partir do imaginário criado pelos apócrifos marianos narrativos biográficos e assuncionistas, fez com que a devoção mariana ganhasse um novo fôlego e fizesse história na Igreja. Os apócrifos marianos enquadravam-se bem na vida da Igreja da Baixa Idade Média, que procurava se fortalecer no poder religioso e social.

A arte nas Igrejas do Ocidente e do Oriente ficou repleta de elementos apócrifos marianos: Dormição de Maria; Maria morta no leito; o encontro dos pais de Maria, Joaquim e Ana, e tantos

---

28. GIANOTTO, C. *I Vangeli apocrifi*. Vol. 1. Milão: San Paolo, 2010, p. 36-37.

outros detalhes da vida apócrifa de Maria ocuparam espaço e influenciaram na devoção mariana, que avançava tanto quanto os livros apócrifos. A história do cristianismo foi outra com a influência dos apócrifos marianos. Do imaginário catequético mariano para uma visão do Inferno devorador de almas e medos, Maria assumiu o papel de advogada dos moribundos diante do seu Filho, Jesus. Uma relação profícua entre Maria apócrifa e Cristandade marcou o cristianismo medieval e moderno.

O perfil de Maria decorrente dos apócrifos marianos narrativos biográficos, seguidos dos traços devocionais oriundos dos assuncionistas, está na origem da devoção mariana à Dormição e a Nossa Senhora da Boa Morte.

2.1 Apócrifos marianos narrativos biográficos e assuncionistas

A biografia de Maria nos apócrifos abrange todas as etapas de sua vida, do nascimento à assunção. Os apócrifos marianos podem ser divididos em dois blocos: os narrativos biográficos[29] e os assuncionistas.

Os narrativos biográficos são: Protoevangelho de Tiago (séculos II-IV); Evangelho dos Hebreus (século II); Odes de Salomão (século II); Carta dos Apóstolos (século II); Evangelho de Bartolomeu (século III); Natividade de Maria, Papiro Bodmer V (século III); História de José, o carpinteiro (séculos II-V); Livro da Natividade de Maria (séculos IV-V); Evangelho de Gamaliel (séculos V-VI); Evangelho armênio da Infância (século VI); Mu-

---

29. Optamos por nos referir às narrativas apócrifas sobre a vida de Maria como textos narrativos biográficos por entender que não são informações históricas. No entanto, há de se considerar com A.S. Otero (*Los evangelios apócrifos*. 2. ed. Madri: BAC, 1991, p. 131-132) que informações contidas no *Protoevangelho de Tiago* sobre a vida de Maria foram consideradas históricas pela Igreja grega, a partir do século IV, e pela Igreja latina, a partir do século XIII.

lheres no túmulo e Aparição a Maria (séculos V-VII); Evangelho do Pseudo-Mateus (século VII).

Os assuncionistas são: Livro do Descanso (século III); Livro de São João Evangelista, o teólogo, sobre a passagem da Santa Mãe de Deus (século IV); Livro de João, arcebispo de Tessalônica (século IV); Trânsito de Maria do Pseudo-Melitão de Sardes (século IV); Trânsito de Maria do Pseudo-José de Arimateia (séculos XIII-XIV).

A análise dessa literatura apócrifa evidencia fatos desconhecidos da literatura canônica sobre Maria. Os livros do primeiro grupo narram possíveis dados biográficos da vida de Maria, e os do segundo possibilitaram a devoção à Assunção de Maria.

2.1.1 Apócrifos marianos narrativos biográficos

Os apócrifos biográficos de Maria estão presentes em onze evangelhos e em um fragmento, sendo somente quatro deles específicos sobre Maria.

2.1.1.1 Protoevangelho de Tiago

Esse apócrifo[30] é o mais antigo escrito sobre Maria. Os capítulos 1 ao 20 e um são do século segundo, bem como outros capítulos, tendo sua redação final no século IV. Sua influência foi grande nos apócrifos posteriores, bem como nos dogmas e devoções marianos.

Protoevangelho de Tiago foi atribuído a Tiago Menor, o irmão de Jesus, por ser, segundo a tradição, o filho do primeiro casamento de José. Tiago foi bispo em Jerusalém. Seu autor, no

---

30. DE STRYCKER, E. Le Protévangile de Jacques: problèmes critiques et exègètiques. In: Studia Evangelica – Texte und Untersuchungen. Vol. III, fasc. 2. Berlim: Akademie, 1964, p. 339-359. • TISCHENDORF, C. Evangelia Apocrypha. Leipzig: Hermann Mendelssohn, 1851, p. 1-48.

entanto, seria um helenista conservador do Egito que se propõe a escrever um tratado biográfico sobre o nascimento da Mãe Santíssima de Deus e sempre Virgem Maria. Ele utilizou muitos elementos do evangelho de infância de Mateus e de Lucas para falar de Maria e sua relação com Jesus.

Sobre Maria, o autor desse evangelho nos oferece os seguintes dados biográficos sobre ela, os quais podemos resumir do seguinte modo: Joaquim, o justo e rico, vai ao templo e tem sua oferta rejeitada pelo sacerdote Rúben, que lhe diz: "Não toca a ti oferecer primeiramente as tuas ofertas, porque não tiveste descendência em Israel". Joaquim vai para o deserto e jejua quarenta dias, esperando ser recompensado como fora Abraão. Ana chora e lamenta dizendo a Deus que ela não pode ser comparada com a natureza, animais, terra e aves, pois esses são fecundos e ela, não. Um anjo de Deus lhe aparece e lhe promete fecundidade que será conhecida em toda a terra. Um anjo aparece a Joaquim e lhe pede para voltar e fazer o sacrifício no templo, onde percebe que Deus o havia perdoado. Ana dá à luz uma menina e lhe põe o nome de Maria, dizendo: "Neste dia, foi magnificada minha alma". Quando Maria completou um ano, Joaquim fez uma festa e chamou os sacerdotes e sumos sacerdotes que a abençoaram. Ana fez um santuário para Maria no seu quarto. Quando Maria completou três anos, ela foi ao templo para ser consagrada e aí viveu até os doze anos. Completada essa idade, os sacerdotes, preocupados com a possível contaminação do templo pelo sangue menstrual de Maria que havia se tornado mulher, mandaram chamar os viúvos da Judeia para ser escolhido dentre eles um que cuidaria de Maria. Cada um trouxe um bastão. O sumo sacerdote entrou no templo com os bastões. Quando entregou a José o seu bastão, desse saiu uma pomba que voou e pousou sobre a sua cabeça. José, mesmo se opondo à solicitação dos sacerdotes, levou Maria para a sua casa. Os sacerdotes escolhem Maria para confeccionar um véu para o templo. Um anjo aparece a Maria, em Nazaré, prometendo que dela nasceria o Salvador e a chama de "cheia de graça". O anjo lhe diz que a sombra de Deus a cobriria, ela não seria como as outras mulheres e que dela nasceria o Filho do Altíssimo, a quem ela poria o nome de Jesus. Em seguida, Maria vai ao templo para levar o véu e recebe a bênção dos sacerdotes. Maria aproveita a ocasião e visita a prima Isabel, que a saúda como a "mãe do meu Senhor". Maria permanece três meses com Isabel e volta para Nazaré, ocultando o fato ao povo. Após seis meses, José volta do seu trabalho e encontra Maria grávida. José tem medo e chora amargamente. Um anjo aparece em sonho a José e lhe diz que o que aconteceu com Maria é obra do Espírito Santo. O escriba Anás descobre a gravidez de Maria e denuncia José de a ter engravidado. José e Maria foram chamados ao templo para dar explicações. Eles passaram pelo teste da água e foram absolvidos. José e Maria viajam para Belém para a realização do recenseamento. Aproximando-se de Belém, Maria diz a José que aquele que estava nela tinha pressa para vir para fora. José encontra uma gruta e deixa Maria e seus filhos nela. José sai para procurar uma parteira, mas o menino nasce antes de sua chegada. José lhe conta que era a sua noiva que iria dar à luz e não a sua mulher. A parteira, ao chegar perto da gruta, vê uma grande luz e exclama: "Hoje é para mim um grande dia, porque vi esta nova maravilha". Outra parteira, Salomé, chega e não acredita no fato. Ela faz a prova da virgindade de Maria, colocando o dedo na natureza de Maria e, por isso, tem a mão separada do corpo por causa da sua incredulidade. Salomé reconhece o seu erro e é curada. Maria recebe a visita dos magos. Herodes persegue os recém-nascidos. Maria enrola o menino e coloca-o na manjedoura. Sua prima Isabel esconde João Batista na fenda de uma rocha. Maria, José e o Menino Jesus fogem para o Egito.

2.1.1.2 Odes de Salomão

Escrito, possivelmente, por um judeu-cristão, na Síria, no século II, *Odes*[31] foi atribuído a Salomão. Trata-se de cantos (odes), uma composição poética lírica, os quais poderiam também ser chamados de salmos cristãos.

O livro não diz muita coisa sobre Maria, mas em *Odes* 19 diz que o útero da Virgem se tornou Mãe com grande ternura. Depois de ficar grávida, ela deu à luz sem dor, não precisou de parteira, gerou um homem pela vontade de Deus, para a manifestação e o recebeu com grande poder. Por fim, afirma que ela amou Jesus, guardou-o com ternura e manifestou sua grandeza.

2.1.1.3 Carta dos Apóstolos

Datado, possivelmente, entre os anos 160 e 180, na Ásia Menor, esse apócrifo pode ser encontrado em suas versões etíope e copta. Os apóstolos João, Tomé, Pedro, André, Tiago, Bartolomeu, Mateus, Natanael, Judas Zelota e Cefas escrevem uma carta às Igrejas do Oriente e do Ocidente, falando sobre a vida de Jesus Cristo, seus milagres, paixão, sua ressurreição corporal, o fim do mundo, a Parusia etc. Trata-se de uma polêmica contra os gnósticos Simão e Cirino, considerados falsos apóstolos.

Em relação a Maria, o texto declara fé na concepção de Maria por obra do Espírito Santo. Jesus não nasce pelo desejo da carne. O próprio Jesus diz que ele desceu do Céu na forma do Arcanjo Gabriel, falou com Maria. Ela aceitou a proposta divina e ele (Jesus) entrou nela e se fez carne.

---

31. TESTUZ, M. *La onzieme Ode de Salomon* – Papyrus Bodmer X-XII. Colônia: Genève, 1959, p. 47-69. • CHARLESWORTH, J.H. *The Odes of Salomon* – Edited with Translation and Notes. Oxford: Oxford University Press, 1973. • BATIFFOL, P. & LABOURT, J. *Les Odes de Salomon*: une oeuvre chrétienne des environs de l'an 100-120. Paris: Gabalda, 1911. • SPARKS, H.F. The Odes of Salomon. In: *The Apocryphal Old Testament*. Oxford/Nova York: Clarendon Press/Oxford University Press, 1984 [*Revista Bíblica Brasileira*, vol. 2, n. 17, 2000, p. 30-71. Fortaleza (Trad. de C.M. Tillesse)].

2.1.1.4 Evangelho de Bartolomeu

Atribuído ao apóstolo Bartolomeu, esse apócrifo[32] foi escrito, originariamente, em grego, podendo ser datado do século III.

Em relação a Maria, é dito que ela, a pedido dos apóstolos, narra como recebeu a anunciação do anjo e da concepção daquele que é inconcebível. Maria é impedida pelo Senhor de narrar todo o mistério aos apóstolos. Maria é também questionada por Pedro se foi ela quem eliminou a transgressão de Eva.

2.1.1.5 Natividade de Maria, Papiro de Bodmer V

Escrito[33] do século III ou até mesmo do início do século II, sendo, assim, um dos testemunhos mais antigos sobre Maria. Descoberto em 1958, esse papiro é, provavelmente, a versão mais antiga do *Protoevangelho de Tiago*[34].

Os relatos sobre Maria são: apresentação dos pais de Maria como justos e ricos. Joaquim, no entanto, não pode fazer a sua oferta, porque não havia dado descendência para Israel. Ocorrem o lamento de Ana e a aparição do anjo do Senhor, prometendo descendência e a grandiosidade de Maria. O nascimento de sete meses de Maria. Ana põe-lhe o nome de Maria e reserva no quarto um lugar sagrado para a menina, de modo que ela não pudesse se contaminar. Joaquim oferece uma festa no primeiro ano de vida de Maria, sendo convidados o povo, os escribas e os sacerdotes, os quais a abençoam. Os pais levam Maria ao templo

---

32. ELLIOT, J.K. *Apocryphal New Testament*: a collection of apocryphal christian literature in english translation. Oxford: University Press, 1993, p. 652-672. • KAESTLI, J.D. & CHERIX, P. *L'Évangile de Barthélemy*. Turnhout: Brepol, 1993 [Apocryphes 1].

33. MORALDI, L. *Evangelhos apócrifos*. São Paulo: Paulus, 1999, p. 55-90.

34. STRYCKER, E. de. *La forme la plus ancienne du Protévangile de Jacques*: recherches sur le Papyrus Bodmer 5 avec une édition critique du texte grec et une traduction annotée. Bruxelas: Société des Bollandistes, 1961 (SHG 33). • *Protevangelium Jacobi*: a commentary. Assen: Van Gorcum, 1965 (ANT 1). Bodmer é o nome da biblioteca que coleciona esse papiro.

para ser consagrada ao Senhor. No templo, Maria é cuidada pelos anjos. José, viúvo e velho, é escolhido para cuidar de Maria. Já em Nazaré, ela é escolhida para fiar o véu do templo. Maria recebe o anúncio do anjo Gabriel e coloca-se à disposição do Senhor, dizendo: "Eis a serva do Senhor diante dele. Faça-se em mim segundo a tua palavra". Maria visita sua prima Isabel. Tendo o ventre aumentado e com dezesseis anos, Maria volta para casa. José encontra-a grávida. Angustiado, José golpeia seu próprio rosto, chora amargamente e condena Maria, que se defende dizendo que ela era pura. José teve medo. O anjo aparece em sonho a ele. O escriba Anás denuncia José ao sacerdote. Maria e José passam pela prova da água e são absolvidos. Eles viajam para Belém e ocorre o nascimento de Jesus em uma gruta. O menino nasce, e logo Maria amamenta-o. Maria recebe a visita dos magos que oferecem presentes ao menino. Herodes persegue os recém-nascidos Jesus e João. Zacarias é assassinado.

2.1.1.6 História de José, o carpinteiro

Escrito, possivelmente, no Egito, entre os séculos II ao V, esse apócrifo[35] mostra Jesus contando as histórias de José, seu pai, e de sua mãe.

Sobre Maria, destacam-se: Jesus recorda que sua mãe foi levada do templo por seu pai José. Jesus declara que amava muito Maria e que se tinha encarnado nela. Ele conta como foi o comportamento de José quando descobriu que Maria estava grávida. Maria havia sido confiada a José, de modo que ele pudesse cuidar dela até o dia do casamento. Depois de dois anos que ela estava na casa de José, ela foi encontrada por José grávida. José e

---

35. PEETERS, C. *Histoire de Joseph le Charpentier* – Rédactions copte et arabe, traduites et annotées. 2. ed. Paris, 1924. • BATTISTA, A. & BAGATTI, B. *Edizione critica del testo arabo della Historia Iosephi Fabri Lignarii e recirche sulla sua origine*. Jerusalém, 1978. • RAMOS, L. *São José e o Menino Jesus* – História de José o carpinteiro e Evangelho do Pseudo-Tomé. Petrópolis: Vozes, 1990.

Maria viajam para Belém. Jesus nasce numa gruta. Maria e José, diante da perseguição de Herodes, fogem com o menino para o Egito e ali permanecem por dois anos. José, no leito de morte, é consolado por Maria e Jesus. Maria, a virgem, está aos pés do velho e piedoso José.

2.1.1.7 Livro da Natividade de Maria

Livro da Natividade de Maria[36] foi atribuído na Idade Média a São Jerônimo, portanto do século IV e V. Ele foi considerado também uma versão abreviada do *Pseudo-Mateus*. O livro poderá ter tido influência de doutores dos séculos VIII e IX. De fato, diante de uma devoção mariana mais desenvolvida, o livro elimina narrativas que poderiam chocar os leitores mais piedosos, como o primeiro casamento de José, a prova das ervas amargas e o teste que a parteira Salomé fez, colocando o seu dedo na genitália de Maria[37].

Sobre a biografia de Maria são oferecidos os seguintes dados: Maria nasceu em Nazaré, mas era nazarena por parte de pai e belemita por parte de mãe. Sua família era de descendência da realeza de Davi. A maldição de não poder gerar filhos dada aos seus piedosos pais, Joaquim e Ana. Voto que eles fizeram que, se Deus lhes concedesse uma descendência, ela seria consagrada ao Senhor. A não aceitação da oferta no templo e a fuga de Joaquim. O aparecimento do anjo a Joaquim e Ana, fazendo promessa de descendência e enaltecimento futuro de Maria. O nascimento e a consagração de Maria no templo. O voto de virgindade feito por Maria. A entrega de Maria a um cuidador, José. A história da vara de José apresentada no templo, como no relato do *Pseudo-Mateus*, que floriu. A pomba vinda do Céu, que sobrevoou o templo. O casamento de Maria com o idoso José.

---

36. THILO, J.C. *Codex Apocryphus N.T.* Vol. I. Leipzig: F.C.G. Vogel, 1832, p. 319-336.
• OTERO, A.S. *Los evangelios apócrifos.* Op. cit., p. 243-258.
37. OTERO, A.S. *Los evangelios apócrifos.* Op. cit., p. 243.

2.1.1.8 Evangelho de Gamaliel

O *Evangelho de Gamaliel* tornou-se conhecido pela homilia do Bispo Heryâqos de Al Bahnasâ[38]. Van den Oudenrijn descobriu uma recensão completa dele[39]. Esse manuscrito é posterior aos séculos V e VI d.C. E trata-se de uma homilia do Bispo Heryâqos que levou o nome de "Lamentações de Maria". Sua autoria é atribuída a Gamaliel, doutor da lei e mestre de Paulo, é patronímica. Maria aparece no livro lamentando a traição de Pedro, chora por não poder ir ao sepulcro de Jesus; Maria vai ao sepulcro e conversa com Jesus, mas não percebe que era ele. Desse modo, Maria tem um papel importante nos últimos acontecimentos na vida de Jesus.

2.1.1.9 Evangelho árabe da Infância

Datado no início do século VI, esse evangelho[40] é a releitura que o mundo árabe fez de Jesus. Além das peripécias e milagres do Menino Jesus no Egito, a narrativa apresenta vários elementos da vida de Maria, que corroboram a nossa pesquisa. A narrativa mais original do relato, compreendida entre os capítulos 11 e 41, conta inúmeros fatos da vida do Menino Jesus no Egito e seu retorno com os pais para Israel.

Maria aparece como a misericordiosa na relação com as pessoas que chegam até ela para pedir cura por meio de seu filho Jesus. "Oh, Maria, Senhora minha! Tem compaixão desse meu filho que sofre dores agudas" (XXVII), pediu-lhe uma mãe que tinha seu filho enfermo de uma peste que atacava os meninos de

---

38. LACAU, P. M. *Fragments d'apocryphes coptes*. Vol. 9. Cairo: L'IFAO, 1904. • BAUMSTARK, A. Un évangile de Gamaliel. In: *Revue Biblique*, n. 3, 1906, p. 253-259. Paris.

39. VAN DEN OUDENRIJN, M.A. *Äthioptische Texte zur Pilatus Literatur:* das Evangelium Gamaliel. Friburgo: Universitätsverlag, 1959.

40. PEETERS, P. *Evangiles Apocryphes II: l'évangile de l'infance* – Rédactions syriaques, árabes et arméniennes traduites et annotées. Paris: A. Picard, 1914. • OTERO, A.S. *Los evangelios apócrifos*. Op. cit., p. 305-338.

Belém. Maria escutou e ofereceu à mulher a água que ela tinha acabado de banhar o Menino Jesus. O menino foi curado. Em inúmeros outros relatos, Maria possibilita a realização de curas e milagres do Menino Jesus. Maria age diretamente na cura, quebra um encanto de homem que se tornara um mulo. Maria toma o Menino Jesus e coloca-o sobre o dorso do animal e suplica-lhe: "Eia, Filho meu, cura por tua grande misericórdia a este mulo e faze-o homem racional como era antes" (XXI, 2).

2.1.1.10 Evangelho armênio da Infância

Assim como os outros evangelhos da infância de Jesus, esse evangelho[41] do século VI apresenta Maria e sua relação com o Menino Jesus. Ele traz também pormenores da concepção de Maria. É dito que o *Verbo de Deus* penetrou em Maria pela orelha (V,9), o que não deixa de ser uma linda metáfora. Maria é considerada a nova Eva e mãe da humanidade. É Eva mesma quem dá a notícia a Salomé: "Te dou uma boa e feliz notícia: uma terna donzela acaba de trazer um filho ao mundo sem ter conhecido varão algum" (IX, 3).

2.1.1.11 Mulheres no túmulo e Aparição a Maria

São dois fragmentos de textos escritos em língua copta. Eles têm caráter eminentemente litúrgico. De autoria difícil de ser identificada, *Mulheres no túmulo* e *Aparição a Maria* têm data provável do século V ao VII.

Maria e outras mulheres vão ao sepulcro de Jesus. Lá, Maria, a mãe de Jesus, reconhece o jardineiro Filogênio, ao qual pergunta pelo corpo de Jesus. Ele responde que sugeriu aos judeus que o colocassem no sepulcro perto do seu jardim. Ele conta

---

41. OTERO, A.S. *Los evangelios apócrifos*. Op. cit., p. 359-365. • GONZÁLEZ-BLANCO, E. *Evangelios apócrifos*. Vol. 2. Madri: Libreria Bergua, 1935.

que assim foi feito e que à noite entrou no túmulo com intenção de tirar o corpo de Jesus, mas ele já não estava mais lá. Ele havia ressuscitado. Enquanto falava, Jesus aparece a Maria e a enaltece com vários títulos: mãe do Filho de Deus, minha mãe, minha arca santa, minha morada etc. Jesus pede a Maria que conte o fato aos apóstolos e que não o toque. Maria pede a Jesus que abençoe o seu seio. Ele o faz e lhe promete que ela assentaria à sua direita no seu reino. Jesus a abençoa, dizendo: "Tu serás bendita no Céu e na terra, pelos anjos será chamada de cidade do Grande Rei". Jesus ainda lhe promete que voltaria para buscá-la, quando ela saísse do corpo, para levá-la para sua realeza, e lhe pede que não tenha medo da morte.

2.1.1.12 Evangelho do Pseudo-Mateus

Esse apócrifo[42] é o resultado de uma tradução do hebraico para o latim feita no início do século VII, pelo presbítero Jerônimo, a pedido dos bispos Cromácio e Heliodoro, de um manuscrito antigo denominado de *Nascimento da Bem-aventurada Virgem Maria e a infância do Salvador*. Os bispos estavam preocupados com textos antigos apócrifos sobre Maria e Jesus que circulavam entre o povo, e pensaram oferecer para os leitores latinos um texto de qualidade. O resultado dessa empreitada foi que o *Evangelho do Pseudo-Mateus* exerceu forte influência na literatura e na arte da Idade Média.

Sobre Maria o texto oferece vários elementos: os nomes de seus pais, Joaquim e Ana. A rejeição de Joaquim pelo sacerdote quando foi apresentar sua oferenda, pois não havia tido filho com Ana. O anjo que aparece a Ana, quando Joaquim estava

---

42. TISCHENDORF, C. *Evangelia Apocrypha*. Op. cit., p. 51-112. • GIJSEL, J. & BEYERS, R. *Libri de nativitate Marie*: Pseudo-Matthaei Evangelium/Libellus de natividade Sanctae Marie. Turnhout: Brepols, 1997 [CChr.SA, 9-10]. • MORALDI, L. *Evangelhos apócrifos*. Op. cit., p. 118-161.

longe de casa. A concepção de Ana por meio do anúncio de um anjo, que também aparece para Joaquim e lhe diz que o "Espírito Santo repousaria sobre ela (Maria) e que ela seria maior do que todas as mulheres santas" (III, 2). O nascimento e a consagração de Maria no templo, onde vive de forma piedosa e decidida a manter a sua virgindade como consagração a Deus. A escolha de um marido (alguém que pudesse custodiá-la) para Maria feita pelos sacerdotes, quando completou 14 anos; a eleição de José, o idoso, que também levou, junto com varões da tribo de Israel, uma vara. O pontífice a apresentou e a entregou ao velho José. Da vara de José saiu uma pomba que sobrevoou o templo e voou em direção ao Céu. José foi escolhido para acolher Maria na sua casa. Foram escolhidas cinco virgens para estar em companhia de Maria até o dia em que José a desposaria. O aparecimento do anjo a Maria, em uma fonte, prometendo-lhe que uma luz iria morar nela, e que, por ela, todo o mundo seria iluminado. O aparecimento de outro anjo que lhe diz: "Não temas, Maria, porque encontraste graça aos olhos de Deus. Conceberás em teu seio e darás à luz um rei cujo domínio alcançará não somente a terra, mas também o Céu, e cujo reinado será para sempre" (IX, 2). A concepção de Maria por obra do Espírito Santo. O anjo que aparece a José e sua relutância em aceitar a obra divina. Ida de Maria ao templo para passar pela prova da água do Senhor e consequente declaração de sua inocência feita pelos sacerdotes do templo. Povo, sacerdotes e virgens levam Maria de volta para casa, louvando a Deus pela inocência de Maria. Viagem com José para Belém e nascimento de Jesus em uma caverna. Maria dá à luz a seu filho e se mantém virgem durante e depois do parto. Permanência em Belém e viagem em fuga para o Egito; realização de milagres e curas pelo Menino Jesus, sendo que o milagre da palmeira que se curva foi realizado em prol de Maria que estava com fome. Volta do Egito para Judá. As peripécias do Menino Jesus e a intervenção de Maria em sua educação.

Outros escritos apócrifos de teor gnóstico também acrescentam dados sobre a vida de Maria, tais como: Maria é considerada o poder celestial, isto é, o Espírito Santo. Jesus mesmo a chama de "minha mãe, o Espírito Santo" (Evangelho dos Hebreus). Maria é a virgem que concebeu Cristo para apagar a queda original. O Espírito é a Virgem Maria (Evangelho de Filipe). Esses dois apócrifos contribuíram para a divinização de Maria, fazendo dela uma deusa e não humana.

2.1.1.13 A biografia de Maria

A mais completa biografia de Maria encontra-se no primeiro apócrifo escrito sobre ela, o *Protoevangelho de Tiago* (século IV). A partir dele, outras tradições de fé foram sendo acrescidas ao longo dos séculos, proporcionando-nos a seguinte biografia:

1) Joaquim, o esposo justo e rico de Ana, pais de Maria, vai ao templo e tem sua oferta rejeitada pelo fato de não ter tido filhos com a esposa. Desiludido, ele vai para o deserto jejuar e pedir misericórdia de Deus. Sua esposa, Ana, da mesma forma lamenta e roga a Deus clemência. A oração de ambos é aceita. Um anjo entra em cena, e Ana concebe uma menina, que nasce depois de sete meses de gravidez. Maria é o nome dado à menina. Ela nasceu em Nazaré, mas era descendente de Belém por parte de mãe. Ela era, portanto, descendente da realeza davídica. Joaquim volta para a casa e faz sacrifício no templo.

2) Os três primeiros anos de Maria foram marcados por um santuário que Ana fez construir no seu quarto, para evitar a contaminação de Maria. O primeiro aniversário de vida de Maria foi celebrado na presença de sacerdotes. Quando ela completou três anos, foi levada ao templo para aí viver como consagrada.

3) No templo, Maria viveu até os doze anos de idade numa vida de santidade, como virgem e sendo alimentada pelos

anjos. Chegando o período menstrual, com medo de o seu sangue contaminar o templo, os sacerdotes escolheram o viúvo, pai de seis filhos e idoso, José, para ser o seu cuidador/esposo. A escolha de José foi por meio de um bastão que floriu e uma pomba que sobrevoou o templo.

4) Maria foi morar em Nazaré com o ainda noivo José. Um anjo lhe aparece e promete que dela nasceria o Salvador. Maria concebe pelo Espírito Santo. O Verbo de Deus penetrou em Maria pela orelha. Mais tarde, Maria narra aos apóstolos como foi a anunciação do anjo, mas não todo o mistério.

5) Ao ter recebido dos sacerdotes o encargo de confeccionar o véu do templo, Maria volta a Jerusalém para entregá-lo e aproveita para visitar a prima Isabel, que a saúda como mãe do Salvador. Maria volta para Nazaré e José percebe a sua gravidez.

6) José, com medo de punições, tem medo e chora. Um anjo de Deus, em sonho, lhe explica a situação divina do fato, como obra do Espírito Santo. José é denunciado. O casal é submetido a interrogatórios e testes, mas é absolvido.

7) Ao seguir o decreto de recenseamento, José e Maria viajam para Belém, cidade natal de José. No caminho, em uma gruta, Maria dá à luz Jesus, sem dor e sem necessidade de parteira, permanecendo virgem antes e durante o parto. Outros testes são feitos, os quais comprovam os fatos. Na gruta, Maria recebe a visita de magos.

8) Diante da perseguição de Herodes Antipas (4 a.C.-39 d.C.) a Jesus, provocando a matança de inocentes, Maria, José e o recém-nascido fogem para o Egito e ali permanecem por dois anos. O Menino Jesus faz milagres e curas; dois deles, o da palmeira e o da quebra do encanto masculino, tiveram relação direta com a ação e a pedido de Maria.

9) Maria cuidou de Jesus com ternura e carinho de mãe durante toda a sua vida, bem como do idoso e piedoso José. No momento da morte de José, aos seus pés estava Maria.

10) Maria encontra-se primeiramente com Jesus ressuscitado, e não Maria Madalena, como nos canônicos. Jesus deseja-lhe feliz ressurreição e anuncia o fato aos apóstolos. No túmulo, Maria é enaltecida pelo Filho ressuscitado, recebe a sua bênção, ouve o pedido dele para não ter medo da morte e lhe promete que voltaria para levá-la para sua glória, quando ela deixasse o corpo.

2.1.1.14 Conclusão: uma biografia de vida nos apócrifos semelhante à de seu Filho

Como podemos perceber na sequência dos fatos sobre a vida de Maria, embora divergentes, a literatura apócrifa construiu uma biografia de Maria, a qual teve grande impacto na fé do cristianismo a partir do século segundo até o início da Idade Média. Essa biografia ganhou contornos de fé na Igreja latina e se solidificou no catolicismo e chegou aos dias atuais.

A literatura apócrifa mariana estabeleceu o papel de Maria na história da Salvação e sua relação intrínseca com o Salvador, seu filho Jesus. Diferentemente dos evangelhos canônicos, nos quais Maria é uma discípula na missão de Jesus, nos apócrifos narrativos biográficos, especialmente no *Protoevangelho de Tiago*, grande parte da narrativa está centrada em Maria[43].

Portanto, nos apócrifos, o nascimento de Maria é previsto por Deus. Seus pais são descendentes de Davi. Durante sua infância e adolescência, Maria vive como consagrada no templo e protegida pelos sacerdotes, os quais legitimam sua importância para Israel. Maria estava preparada para receber o Messias prometido para Israel. Quando seu marido José é escolhido, numa cena pitoresca de um bastão que floresce, uma pomba sobrevoa o templo. A pomba é semelhante à que aparece no batismo de Jesus.

---

43. TAVARD, G.H. *As múltiplas faces da Virgem Maria*. Op. cit., p. 31.

Em relação à morte, um dos objetos de nossa pesquisa, destaca-se o fato de Jesus garantir que voltaria com os anjos para buscar Maria depois que ela morresse, bem como o fato de pedi-la para não ter medo da morte. Ressalta-se também o fato de Maria estar aos pés de José no momento de sua morte.

Como veremos adiante, os apócrifos assuncionistas narram que Jesus avisou a Maria, no Monte das Oliveiras, que ela morreria três dias depois daquele encontro com Ele. Esse detalhe de sua biografia levou a tradição cristã a ampliar o leque da vida de Maria, isto é, a compilar narrativas sobre sua morte. Desse modo, a vida de Maria estaria completa.

Nos apócrifos, na vida de Maria há acontecimentos e coisas que se assemelham aos que ocorrem na vida de Jesus: Maria e Jesus são da descendência de Davi; quando Maria foi escolhida para ir para a casa de José, uma pomba sobrevoa o templo, assim como no batismo de Jesus etc. No entanto, há de se considerar que a narrativa apócrifa apresente dados divergentes sobre a vida de Maria e de Jesus. O que não ocorre nos canônicos. No entanto, no paralelo apócrifo estabelecido entre Jesus e Maria, não podia faltar também a questão da morte de Maria. É o que vem descrito nos apócrifos da Dormição (adormecimento), Trânsito e Assunção de Maria.

2.1.2 Apócrifos marianos assuncionistas

Não menos importantes do que os narrativos biográficos, os quais tratam da vida terrena de Maria, sua humanidade, do nascimento até a morte de seu filho Jesus, são os textos apócrifos assuncionistas que tratam da Dormição (adormecimento) e Trânsito (passagem) e a Assunção de Maria. A tradição em relação à morte de Maria foi diferenciada no Oriente e no Ocidente. Os bizantinos usavam o termo grego *Koimesis* para referir-se ao sono da morte que havia passado Maria. Já no

Ocidente latino, utilizavam-se *Dormitio* e *Transitus*, termos latinos para referir ao momento da morte, considerado sono, no primeiro caso, e morte e assunção para o segundo.

Depois dos relatos da crucifixão de Jesus, perguntas surgiram para os leitores: o que terá acontecido com Maria depois da morte de Jesus? Onde ela foi morar? Seria em Éfeso, na casa de João, ou ela teria permanecido em Jerusalém? Maria, de fato, morreu ou não? A sua carne, tendo gerado o Filho de Deus, não teria tornado-se divina e, consequentemente, não poderia morrer?

Os apócrifos marianos assuncionistas, considerando as várias possibilidades de datação propostas pelos pesquisadores, podem ser datados no século IV. No entanto, a partir do século V em diante, dezenas de manuscritos assuncionistas, escritos em várias línguas (grego, latim, etíope, árabe, copta, armênio etc.), foram produzidos. Nesse período, era forte a devoção mariana assuncionista. Essa literatura exerceu grande influência em tratados, na liturgia, pinturas e discursos homiléticos. Ela surgiu no ambiente de pensamento não calcedônico, isto é, de opositores ao Concílio de Calcedônia (451) que definiu as duas naturezas de Cristo, a divina e a humana. Jesus nasceu da humanidade de Maria, a Virgem. Os apócrifos assuncionistas contribuíram para a divinização de Maria.

Textos surgidos mais tarde, como *Transitus Romanus* (século XI) e *Trânsito de Maria do Pseudo-José de Arimateia* (séculos XIII-XIV), tiveram como base os apócrifos assuncionistas. A Baixa Idade Média retomou os apócrifos assuncionistas e deu-lhes muita importância.

Na introdução do livro apócrifo assuncionista *Trânsito de Maria do Pseudo-Melitão de Sardes*, recensão B[1], capítulo 1, Pseudo-Melitão menciona um apócrifo escrito por volta do século II sobre a Assunção de Maria, o *Trânsito da Santa Maria*, de Lêucio, discípulo dos apóstolos. Ele diz:

Lembro-me de vos ter escrito a respeito de um certo Lêucio, que conviveu com os apóstolos junto conosco, mas afastou-se temerariamente do caminho da justiça e introduziu muitas coisas estranhas em seus escritos sobre os feitos dos apóstolos. Disse muitas coisas estranhas a propósito dos milagres realizados por ele e falseou suas doutrinas, afirmando que tinham ensinado coisas diferentes, fazendo passar como apostólicos seus argumentos iníquos. Não se limitou a isto, mas corrompeu de tal modo a narração do Trânsito da Virgem Maria Mãe de Deus, que não está permitido lê-lo na Igreja e não é permitido sequer escutá-lo[44].

O pensamento de Lêucio foi considerado herético pela Igreja por causa de sua vertente gnóstica. No Decreto Gelasiano (século VI), ele é chamado de *discípulo do Diabo*.

A hipótese de que havia já nos primeiros séculos uma clara tradição da Assunção de Maria não é evidente. Lêucio viveu no século II, foi contemporâneo de Melitão de Sardes, mas isso não implica afirmar que o texto *é* dele, mas *atribuído* a ele[45]. No entanto, a consciência dessa tradição de fé parece ter seus fundamentos, de modo claro, somente no fim do século IV[46] e não no início do cristianismo, que estava preocupado em estabelecer as bases doutrinais da fé em Jesus. Maria, nos canônicos, foi interpretada na perspectiva do evento Jesus, o histórico e o da fé, mas não havia ainda uma indicação de fé em sua Assunção. Como vimos, há apócrifos do século II que apresentam somente possíveis dados biográficos de Maria.

Vamos considerar a seguir quatro apócrifos assuncionistas antigos do início da Alta Idade Média e um da Baixa Idade Média.

---

44. RAMOS, L. *Morte e assunção de Maria: Trânsito de Maria* – Livro do Descanso. 5. ed. Petrópolis: Vozes, 2002, p. 29.
45. GIANOTTO, C. *I Vangeli apocrifi*. Op. cit., p. 377. Gianotto argumenta também a partir de dados sobre a tradição do sepulcro de Maria.
46. OTERO, A.S. *Los evangelios apócrifos*. Op. cit., p. 576-577.

2.1.2.1 Livro do Descanso

Texto[47] conservado na versão etíope, escrita, provavelmente, entre o século III e o século VI. Essa versão é considerada a mais antiga versão de texto apócrifo sobre a morte de Maria, conforme observa Ramos[48]. A versão etíope provém de um original grego e tem influência do pensamento da igreja etíope. É conhecido um fragmento siríaco, intitulado *Exéquias de Maria* (século IV), o qual tem semelhança com o *Livro do Descanso*.

Livro do Descanso está organizado em 36 capítulos, sendo 20 deles específicos sobre a morte de Maria, e outros de narrativa biográfica sobre Maria e os apóstolos. Maria morre, descansa e fica esperando a ressurreição final.

2.1.2.2 Livro de São João, o teólogo, sobre a passagem da Santa Mãe de Deus

Esse apócrifo[49,] escrito em grego no século V, em Jerusalém, é atribuído a João, aquele que recebeu de Jesus o encargo de cuidar de sua mãe (Jo 19,25-27). João é o apóstolo de Jesus e evangelista. Portanto, o seu testemunho é verdadeiro. O livro trata o fim da vida de Maria.

Ser escrito em Jerusalém é significativo. Ali, assim como Belém, eram lugares onde os peregrinos enfermos iam buscar cura. Maria teria vivido em Belém, mas visitava todos os dias o túmulo de Jesus em Jerusalém. Segundo a narrativa, parágrafo 27[50], bastava ao enfermo tocar a parte externa da parede da casa de Maria para ser curado. Eles faziam o gesto de tocar e gritavam: "Santa

---

47. RAMOS, L. *Morte e assunção de Maria...* Op. cit., p. 43-150. Para a edição crítica, versão latina do texto etíope, cf. ARRAS, V. *De Transitu Mariae Apocrypha Aethiopice.* Lovaina, 1973 [Corpus Scriptorum Christianorum Orientalium, 343].

48. RAMOS, L. *Morte e assunção de Maria...* Op., cit., p. 23.

49. OTERO, A.S. *Los evangelios apócrifos.* Op. cit., p. 580-606. Para a edição crítica, cf. TISCHENDORF, C. *Evangelia Apocrypha.* Op. cit., p. 95-112.

50. Seguimos o texto de Tischendorf, traduzido e publicado em KLAUCK, H.-J. *Evangelhos apócrifos.* Op. cit., p. 234-243.

Maria, que deste à luz o Cristo, nosso Deus, tem piedade de nós!". Muitos milagres ocorreram desse modo, embora o papel principal de Maria descrito não tenha sido o de cura, mas de intercessora[51]. No parágrafo 40, Maria diz a Jesus, após receber dele a bênção: "Tu que achaste por bem nascer de mim, a humilde, ouve a tua serva: salva o gênero humano em teu desígnio insondável. Estende o teu auxílio a todo ser humano que invoca o nome de sua serva, implorando por meio dele ou citando-o".

Livro de São João, o teólogo, foi o apócrifo assuncionista completo mais popular entre os cristãos do Oriente. Ainda hoje, ele é usado na liturgia bizantina da Dormição de Maria, no dia 15 de agosto. Sobressai no livro o uso de incenso, próprio da liturgia bizantina, por Maria nos seus momentos de oração. No Ocidente, na Idade Média, esse apócrifo teve bastante difusão entre o povo, a partir da popularidade da *Legenda Áurea*, coletânea hagiográfica sobre a vida de santos, escrita entre 1253 e 1270, por Jacopo de Varazze[52]. Nesse livro, o apócrifo em questão foi popularizado de forma edificante. Os sacerdotes usavam a Legenda Áurea em seus sermões para pregar sobre a Dormição e Assunção de Maria.

João narra, além de outros detalhes sobre a morte de Maria, que a sua glorificação ocorreu em um dia de domingo. Maria não encontra empecilhos para chegar ao Paraíso. A narrativa da morte é construída da seguinte forma: Maria morre. Jesus vem, a acolhe e leva a sua alma à "casa do tesouro", a morada celeste. O seu corpo permanece incorruptível por três dias no túmulo. Depois, é levado para o Paraíso, onde é venerado pelos que lá estavam.

Suspeitamos que o culto a Maria como intercessora, mediadora da humanidade junto a Jesus, tão largamente difundido entre os cristãos, sobretudo na Idade Média, deve muito ao *Livro*

---

51. Ibid., p. 244. Para a narrativa da intercessão de Maria, cf. os parágrafos 40 a 42, p. 241.
52. VARAZZE, J. *Legenda Áurea*: vida de santos. Trad. de Hilário Franco Júnior. São Paulo: Companhia das Letras, 2003.

de São João, o teólogo. Aliás, esse é o papel mais importante de Maria que decorre desse apócrifo, que apresenta de modo claro sua Dormição, o diálogo com Jesus que confirma sua condição de intercessora e mediadora junto aos que lhe pedirem misericórdia, e Trânsito para o Paraíso.

2.1.2.3 Trânsito de Maria do Pseudo-Melitão de Sardes

Escrito no final do século IV, esse livro[53] trata especificamente da morte, ressurreição e assunção de Maria em corpo e alma aos Céus, sem os detalhes do *Livro do Descanso*.

Diferentemente do *Livro do Descanso*, o texto de Melitão apresenta Maria em trânsito, isto é, em passagem, em um cortejo fúnebre, sendo levada de corpo e alma para os Céus por Jesus. O original está em latim e foi atribuído a Melitão, bispo de Sardes, na Lídia, no século II. Ele que foi, possivelmente, um discípulo do apóstolo João. Esse apócrifo, em contrapartida ao *Livro de São João, o teólogo*, se tornou a referência mariana para o Ocidente cristão.

Autor de livros com temas sobre a páscoa, batismo, criação, alma e corpo, encarnação, Melitão travou disputas teológicas com Marcião, importante pensador, tido como herético pela Igreja, por apresentar ideias diferentes do pensamento hegemônico.

2.1.2.4 Livro de São João, arcebispo de Tessalônica

Livro[54] organizado em forma de homilia, tendo como objetivo levar os moradores de Tessalônica, onde João exercia o ministério de arcebispo, a celebrar a Festa da Dormição de Maria, sem os exageros de outros textos assuncionistas da época. O

---

53. RAMOS, L. *Morte e assunção de Maria...* Op. cit., p. 27-41. Para a edição crítica, cf. JUDIE, M. Homilia de João de Tessalônica. In: *PaOr*, vol. XIX, 1926, p. 3.438-3.444. Paris: Graffin-Nau.
54. OTERO, A.S. *Los evangelios apócrifos*. Op. cit., p. 607-645.

Arcebispo João tem consciência de que existia uma tradição, oriunda dos tempos apostólicos, de celebrar a Festa da Dormição de Maria. Ele crê que tal tradição foi corrompida por muitos escritos apócrifos. Portanto, ele se propõe a expurgar os erros cometidos e escrever um texto que justifique e convença a população de Tessalônica a celebrar a Dormição de Maria[55].

A datação desse livro é do início do século IV. Ele teve muita influência na devoção mariana nos séculos subsequentes, sobretudo na Idade Média, como leitura edificante nos mosteiros e representação da Dormição de Maria nas artes, como podemos visualizar na iconografia de uma igreja ortodoxa:

Figura 1 A Dormição de Maria
Autoria: Duccio di Buoninsegna (1308). Museo dell'Opera del Duomo, Siena
[Disponível em http://www.buddhachannel.tv/portail/spip.php?article9361 – Acesso em 20/08/2018].

---

55. Ibid., p. 611.

Jesus recebe a alma da Virgem em forma de um bebê enrolado em panos. Pedro e João estão ajoelhados, junto com os outros apóstolos, aos pés da cama. Paulo está em pé na cabeceira da cama. Maria está deitada, e Jesus está em pé no centro

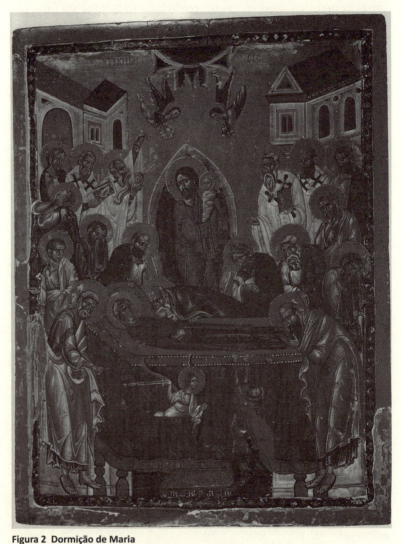

Figura 2 Dormição de Maria
Autoria: Século XIII, Mosteiro de Santa Catarina (Egito) [Disponível em https://pt.wikipedia.org/wiki/Assun%C3%A7%C3%A3o_de_Maria#/media/File: Koimesis_Icon_Sinai_13th_century.jpg – Acesso em 23/08/2018].

da imagem. Ele é o ressuscitado. Ela dorme e espera uma mão que a ressuscite. A criança, uma recém-nascida, nas mãos de Jesus, simboliza a alma de Maria sendo acolhida por ele para uma vida nova.

Nesta imagem da figura 2, a alma de Maria está envolta em panos como um bebê nas mãos de Jesus. Aparecem prelados e os onze apóstolos ao lado do esquife. Abaixo, chama a atenção o judeu que aparece nos apócrifos tentando derrubar o corpo de Maria.

2.1.2.5 Trânsito da Bem-aventurada Virgem Maria de José de Arimateia

Este livro[56] foi atribuído erroneamente a José de Arimateia. Os códices usados para o texto são dos séculos XIII e XIV. Trata-se de um livro apócrifo bem recente e de grande penetração entre o povo, na Idade Média.

Esse apócrifo contribuiu sobremaneira para o incremento, na Idade Média, da devoção à Assunção de Maria no Ocidente. Para nossa pesquisa, ressalta-se o fato de que esse apócrifo retoma os apócrifos assuncionistas dos séculos V e VI para reforçar a devoção a Maria na Baixa Idade Média.

2.1.2.6 Dormição e Trânsito de Maria no *Livro do Descanso*

Nesse relato, Jesus aparece em forma de um grande anjo a Maria e lhe entrega um livro, o *Livro do Descanso*, o qual narra como aconteceria sua morte em três dias, seu sepultamento e a vinda de Jesus para levá-la ao Paraíso. Maria questiona o motivo de somente ela receber o livro e o fato de não ter um para cada apóstolo. Maria pede também ao anjo que revele o seu nome, e ele a convida para ir ao Monte das Oliveiras.

---

56. Edição crítica: TISCHENDORF, C. Evangelia Apocrypha. Op. cit., p. 113-123. Apud OTERO, A.S. *Los evangelios apócrifos*. Op. cit., p. 646-660.

Maria vai ao monte com o livro. À sua chegada, o monte resplandece como o anjo. Ela reconhece que o anjo era Jesus, seu Filho, revestido de grande poder. Jesus faz Maria recordar cenas de sua infância, como a ida ao Egito, os detalhes da palmeira que se curva para dar de comer a Maria e a volta ao Paraíso da palmeira de onde ela viera. Todos esses relatos demonstram o poder de Jesus no qual Maria deveria acreditar e reconhecer como verdadeiro.

Jesus reconhece que Maria é justa e promete-lhe: "No dia em que saíres do teu corpo, eu mesmo virei ao lugar onde teu corpo descansar. Virei no quarto dia, deixando transcorrer um dia. Nosso Salvador ressuscitou no terceiro dia; tu ressuscitarás no quarto dia"[57].

Mediante a preocupação de Maria sobre como Ele seria reconhecido, Jesus pede para ela não se preocupar com isso e promete-lhe que viria com milícias de anjos para levá-la, bem como os apóstolos. Jesus ainda lhe promete: "Te direi: hoje é o dia que te dirá o dia de tua saída do teu corpo, e acontecerá ao nascer do sol"[58].

Maria diz a Jesus, que reforça a sua opinião, sobre o poder da oração no momento da saída deste mundo, local de luta contra Satanás, que tem ódio de todos. Jesus compara a oração com uma pedra verde, dizendo:

> Como esta pedra verde que cai do Céu e aparece ao nascer do sol, assim a oração, ó Maria, tem a natureza de sua origem e tem valor para toda criatura sujeita à morte. Ela ressuscita os mortos, dará a ressurreição a todos e eles verão o decreto de Deus[59].

Jesus interpreta a história de Israel, de Adão ao Egito, demonstrando nela o seu poder de interferência nos fatos e na

---

57. RAMOS, L. *Morte e assunção de Maria...* Op. cit., p. 53.
58. Ibid., p. 13.
59. Ibid., p. 16.

vitória contra Satanás, apresentando elementos novos que não estão nos canônicos. O objetivo dos relatos é demonstrar o poder de Jesus.

O anjo, que era Jesus, revela a Maria que seu nome é Misericordioso, e volta ao Paraíso. Maria volta para casa com o livro na mão, reza uma prece a Deus em favor dela no momento em que a alma sairia do seu corpo. Ela expressa a consciência da dificuldade que teria na hora da morte no confronto com os poderes do mal, o Diabo e seus comparsas, que se colocariam de prontidão para levar as almas. Essa era uma crença egípcia que aparece nos apócrifos. Maria demonstra sua certeza de que a promessa de Jesus aconteceria. Ele viria com os anjos para guardar a sua alma. Jesus havia feito o mesmo com José, quando ele morreu. Jesus expulsou as forças diabólicas que estavam diante de seu pai[60].

Maria manda chamar os parentes e explica-lhes o que aconteceria com ela: "Meus pais e meus irmãos, ajudai-me. Amanhã sairei do meu corpo e irei para o descanso eterno... Cada um tome uma lâmpada e não a deixe apagar até o terceiro dia"[61].

Após dizer essas palavras, Maria demonstrou medo diante da morte, pois um dia em sua vida não acreditou no seu Senhor. No relato, ainda diz que, na hora da saída do corpo, aparecem dois anjos, um da justiça e outro do pecado. Ambos tocam o corpo para certificar se José era justo ou não. José não sendo justo, a sua alma seria levada com o anjo do pecado.

Também os apóstolos, primeiro João, chegam à casa de Maria. João recebe o livro de Maria, a qual lhe explica tudo o que aconteceria com ela. Para João, Maria também expressa o medo da perseguição dos sumos sacerdotes que haviam prometido que tomariam o seu corpo e o atirariam no fogo, pelo fato de o sedutor, Jesus, ter nascido dela[62]. Os outros apóstolos, com

---

60. RAMOS, L. *São José e o Menino Jesus...* Op. cit., n. 1-9.
61. RAMOS, L. *Morte e assunção de Maria...* Op. cit., p. 39.
62. Ibid., p. 77.

destaque para Pedro e Paulo, chegam, discutem, rezam e consolam Maria. Pedro discursa para os apóstolos:

> Vós todos, meus irmãos, que vos encontrais aqui neste momento junto a esta nossa mãe Maria, que ama os homens, vós que acendestes as lâmpadas visíveis com o fogo da terra, vós agistes corretamente... Assim a luz de nossa irmã Maria encheu o mundo e não se extinguirá até o fim dos dias. Aqueles que quiserem salvar-se receberão dela a confiança. Tomando a forma da luz, receberão também o seu descanso e a sua bênção[63].

Pedro também diz que a morte de Maria não é morte, mas vida para sempre, pois a morte bendiz o justo diante de Deus. Ela fala de uma segunda morte, a condenação ao suplício.

Maria levanta-se, sai de casa e reza sua oração. Volta para casa, deita-se. Um terremoto se faz sentir. Todos dormiram, exceto as virgens. Um suave odor do Paraíso se espalhou pelo ambiente. Jesus chegou ao local com um anjo. Ele pegou a alma de Maria, santa e cândida, a enrolou em um lençol e entregou ao Anjo Miguel. Jesus pede a Pedro que tire e prepare o corpo de Maria que deveria ser depositado em um sepulcro novo. O corpo de Maria suplica a Jesus que não se esqueça dele. Jesus promete que não o abandonaria.

Os apóstolos saem em cortejo com o corpo de Maria. Os sumos sacerdotes atacam o corpo de Maria. Eles não têm sucesso na iniciativa. No entanto, um deles fica com a mão presa no esquife. Na sequência, ele se arrepende. É curado e faz milagres com páginas do livro. O corpo é colocado no sepulcro.

Enquanto os apóstolos discutiam no túmulo sobre várias questões, Jesus chega com o anjo Miguel, ordena que o corpo de Maria seja levado ao Paraíso. Chegando ao Paraíso, a alma de Maria é colocada novamente no corpo. Quando Maria estava sendo levada aos Céus, os apóstolos Pedro e Paulo foram transportados junto. Chegando ao Paraíso, os apóstolos pedem, e Jesus

---

63. Ibid., p. 55.

lhes concede, bem como a Maria, conhecer o lugar dos tormentos, a morada dos mortos. Nesse local, um dos atormentados suplicou a Maria:

> Maria, te suplicamos, ó Maria, luz e mãe das luzes, Maria, vida e mãe dos apóstolos, ó Maria, lâmpada de ouro, que trazes toda lâmpada verdadeira, Maria, Senhora nossa e mãe de nosso Senhor, Maria, nossa rainha, suplica a teu filho que nos permita ter um pouco de descanso[64].

Essa invocação é uma oração de intercessão pelas almas dos mortos. Findadas essas visitas, Maria permanece no Paraíso em um trono como rainha, como podemos ver na imagem que segue:

Figura 3 Coroação da Virgem
Autoria: Fra Angelico (1432). Galleria degli Uffizi, Florença [Disponível em https://pt.wikipedia.org/wiki/Coroação_da_Virgem_(Fra_Angelico,_Uffizi)#/media/File: Fra_Angelico_081.jpg – Acesso em 02/04/2018].

---

64. Ibid., p. 99.

2.1.2.7 Dormição e Trânsito de Maria no *Livro de São João, o teólogo*

O apócrifo *Livro de São João, o teólogo*, acrescenta outros detalhes à narrativa da morte e assunção de Maria. Após a morte de Jesus, Maria tinha o costume de ir ao túmulo, sem ser vista pelos guardas, e ali invocava a Jesus que viesse até ela para ajudá-la no momento de sua morte. O Anjo Gabriel lhe aparece e lhe diz:

> Deus te salve, ó mãe de Cristo nosso Deus; tua oração, depois de atravessar os Céus, chegou até a presença de teu Filho e foi ouvida. Por isto, abandonarás o mundo daqui a pouco e partirás, conforme teu pedido, para as mansões celestiais, ao lado de teu Filho, para viver a vida autêntica e perene[65].

Maria também pede a Jesus que envie todos os apóstolos para estarem junto dela no momento de sua partida, sobretudo o apóstolo João. Todos chegam a Belém, oriundos de várias partes do mundo, onde estavam em missão na Índia, Roma, Alexandria, Jerusalém, Éfeso, Tebaida. Eles vieram por ordem do Espírito Santo, que os conduziu até Maria de forma milagrosa, rapidamente, por meio de nuvens, com o argumento de que a "Mãe de teu Senhor está para partir". Até mesmo os apóstolos que tinham morrido foram despertos de seus túmulos pelo Espírito Santo para prestarem homenagem a Maria: André, Filipe, Lucas e Simão.

Maria agradece a presença de todos e pede-lhes que contem para ela como foi o chamado de cada um para estar com ela. Após os relatos, Maria louva e agradece a Deus por ter posto os seus olhos sobre ela, a humilde serva. Enquanto Maria rezava, um forte trovão e uma voz se ouviram no Céu, e o sol

---

65. *Livro de São João, o teólogo*, III. Seguimos a edição crítica de Tischendorf, traduzida por A.S. Otero (*Los evangelios apócrifos*. Op. cit., p. 583). A tradução portuguesa desse apócrifo encontra-se em: PROENÇA, E. (org.). *Apócrifos e pseudo-epígrafos da Bíblia*. Vol. 1. São Paulo: Fonte, 2005, p. 747-757.

apareceu. A lua ficou sobre sua casa. Primogênitos dos santos apresentaram-se na casa de Maria. Uma multidão se aglomerou perante sua casa. O povo gritava: "Santa Maria, mãe de Cristo, nosso Deus, tem compaixão de nós"[66]. Milagres e curas de judeus aconteceram em grande quantidade.

Sacerdotes dos judeus, opondo-se a Maria, irritaram-se com os fatos e denunciaram o caso ao governador, que enviou um representante a Belém. Nesse ínterim, o Espírito Santo intervém e pede aos apóstolos que se dirijam à casa de Maria, em Jerusalém. Enquanto caminhavam, uma nuvem os transportou para Jerusalém. O representante do governador chegou a Belém e não encontrou nada de anormal.

Em Jerusalém, o povo gritava diante da casa de Maria: "Santa Virgem, mãe de Cristo nosso Deus, não te esqueças da raça humana"[67.] Muitos judeus atearam fogo contra a casa de Maria. Nada aconteceu com ela e nem com os apóstolos. Ao contrário, o fogo voltou-se contra aqueles judeus. Atônito, o governador reconheceu, diante dos judeus, as obras de Deus operadas por Jesus, por meio da Virgem, e se converteu.

Após o Espírito Santo dizer para os apóstolos e Maria que muitos fatos da salvação ocorreram no domingo, Maria, naquele domingo, anunciou aos apóstolos que Cristo estava vindo com um exército de anjos. Jesus chega e diz a Maria que, como ele, a ela foi dada a graça de poder contemplar a glória de Deus. Ele ainda lhe diz que o corpo dela seria transportado ao Paraíso e sua alma levada aos Céus. Maria suplicou a Deus com a seguinte oração:

> Oh Deus, que por tua bondade enviaste teu unigênito Filho para habitar no meu humilde corpo e dignastes encarnar através de mim, a pobrezinha, tem compaixão do mundo e de toda alma que invoca teu nome[68].

---

66. *Livro de São João, o teólogo*, XXVII.
67. Ibid., XXXIV.
68. Ibid., XLI.

O pedido de Maria transformou-se em uma oração de intercessão pelos mortos. Os apóstolos pedem a bênção para Maria. Ela insiste com Jesus para ter compaixão do mundo. E ainda reza:

> Ó Senhor Jesus Cristo, que podes no Céu e na terra, esta é a súplica que dirijo ao teu santo nome: santifica o lugar onde se celebra a memória de meu nome e concede glória aos que te dão graças por mim, recebendo deles a oferenda, toda a súplica e toda a oração[69].

Jesus responde à oração de Maria e lhe diz:

> Alegra-te e regozija-te, pois todas as formas de graças e de dons foram dados por meu Pai celestial, por mim e pelo Espírito Santo. Toda a alma que invocar teu nome estará livre da confusão e encontrará misericórdia, consolo, ajuda e amparo neste século e no futuro diante de meu Pai celestial[70].

Maria abençoou os apóstolos. Jesus estendeu as mãos e nelas recebeu a alma santa e imaculada de Maria. Um perfume suave tomou conta do ambiente. Uma voz do Céu exclamou: "Bendita és tu entre as mulheres".

Os apóstolos tomam o corpo de Maria, colocam-no no ataúde e levam-no para um sepulcro novo, no Getsêmani. No percurso, um judeu chamado Jefonias ataca o corpo de Maria, é castigado e, depois, professa a fé em Jesus.

No túmulo, os apóstolos ouvem vozes de anjos durante três dias. Findado esse tempo, eles param de ouvir vozes e concluem que o corpo de Maria teria sido levado ao Paraíso. Os apóstolos presenciaram o Trânsito de Maria, bem como tiveram visões do acontecimento no Paraíso: Maria estava junto de Ana, sua mãe, e da prima Isabel, enquanto Abraão, Isaac, Jacó e Davi cantavam

---

69. Ibid., XLII.
70. Ibid., XLIII.

o aleluia. Os apóstolos, depois de presenciarem o translado do corpo de Maria, louvaram a Deus por ter presenciado tamanha maravilha, conforme ilustra a imagem a seguir.

Figura 4 Assunção da Virgem
Autoria: Peter Paul Rubens (1577-1640) [https://pt.wikipedia.org/wiki/Peter_Paul_Rubens#/media/Ficheiro:Baroque_Rubens_Assumption-of-Virgin-3.jpg – Acesso em 03/10/2019].

2.1.2.8 Dormição, Trânsito e Assunção (ressurreição) de Maria no Pseudo-Melitão de Sardes

Dois anos após a morte de Jesus, vivendo em Jerusalém, na casa de seus pais, um anjo aparece a Maria, trazendo nas mãos um ramo de palmeira vindo do Paraíso do Senhor. Ele anuncia que Maria morreria em três dias a partir daquele encontro e que a palmeira deveria ser levada à frente do féretro.

Maria pede ao anjo a bênção, de modo que ela não pudesse encontrar nenhuma potência infernal, nem ver o príncipe das trevas. O primeiro pedido foi aceito pelo anjo, mas o segundo só poderia ser concedido por Jesus. Maria também pede ao anjo a presença dos apóstolos no momento de sua morte.

Maria vai ao Monte das Oliveiras, tendo a palma em mãos. Ela, então, reza:

> Peço-te, portanto, ó Rei da glória, que o poder da Geena não me cause dano. Se tremem diante de ti os Céus e os anjos, quanto mais o homem feito de barro, em que há nada de bom, além daquilo que recebe de tua generosidade. Tu, Senhor, és o Deus eterno[71].

Maria volta para casa. Era domingo. João e os outros apóstolos chegam. Maria acolhe a todos e pede-lhes para manter-se em vigília até a chegada de Jesus, que ocorreria em três dias, momento previsto de sua morte.

Jesus, o Salvador, chega. Maria ajoelha-se diante dele e reza, pedindo que a livre de se encontrar com Satanás, o poder das trevas. Jesus responde-lhe que nenhum mal lhe acontecerá, pois ele estará com ela para ajudá-la no caminho do Paraíso.

Depois da resposta de Jesus, Maria levanta-se, deita-se na cama, dá graças a Deus e entrega o seu espírito. A sua alma sai do

---

71. Trânsito de Maria do Pseudo-Melitão de Sardes, 3. In: RAMOS, L. *Morte e assunção de Maria...* Op. cit., p. 30.

corpo de forma cândida. Jesus pede a Pedro que tome o corpo de Maria e o leve para um sepulcro novo. Jesus promete que voltará em três dias para levar o corpo. Jesus entrega a alma de Maria para o anjo Gabriel, o guardião do Paraíso, e volta para o Céu.

Os apóstolos saem em cortejo com o corpo de Maria, tendo João à frente com a palma oferecida pelo anjo. Uma multidão se maravilhava diante do fato. Um chefe dos sacerdotes dos judeus ataca o esquife e fica com as mãos secas e presas ao caixão. Ele intercede a Pedro, que lhe pede para professar a fé. O judeu converte-se e cura muitos cegos de Jerusalém com a palma de Maria.

Chegando ao Vale de Josafá, depositam o corpo de Maria num sepulcro novo. Fecham o túmulo e assentam-se do lado de fora. Jesus, o Senhor, chega rodeado de anjos. Os apóstolos pedem misericórdia. Pedro intercede em favor de Maria, pede a Jesus que ressuscite o seu corpo e o leve ao Céu para reinar em sua glória. Jesus aceita o pedido de Pedro e pede ao anjo Miguel que traga a alma de Maria e abra o sepulcro.

Jesus chama Maria, e ela sai fora com o corpo perfeito. Jesus a ressuscita. Maria beija Jesus em agradecimento. Jesus deseja a paz aos apóstolos e volta para o Céu com Maria e os anjos. Os apóstolos voltam para o seu trabalho missionário.

2.1.2.9 Dormição e Trânsito de Maria no livro de João, arcebispo de Tessalônica

Depois de incentivar os tessalonicenses a celebrar como os demais a Dormição de Maria, o Arcebispo João passa a narrar o momento da Dormição de Maria, afirmando que, quando a Santa Mãe de Deus, Maria, estava para desprender-se do corpo, ela recebeu de um anjo uma palma vinda do Paraíso, a qual deveria ser entregue aos apóstolos, os quais deveriam levá-la à frente de seu féretro. Maria lhe pergunta pelo seu nome e pede uma palma também para os apóstolos. O anjo não lhe diz o seu nome. Maria, após ser informada de que sua morte ocorreria em três dias, volta para a sua casa, reúne os parentes e amigos. Maria lhes diz:

> Meus pais e irmãos, ajudemo-nos mutuamente e vigiemos, pois não sabemos a que horas vem o ladrão. Foi-me dado a conhecer, meus irmãos, o momento em que vou partir; fiquei sabendo e fui informada sem que o medo me invada, pois é isso que acontece com todos. Tenho medo somente do traidor, aquele que faz guerra com todos; no entanto, ele prevalece sobre os justos e fiéis; mas se apodera dos infiéis, dos pecadores e daqueles que fazem sua vontade, fazendo neles como lhe agrada, mas não é capaz de se apoderar dos justos, pois o anjo mau não tem nada com eles, senão que, envergonhados, fogem dele. São dois os anjos que vêm ao homem: um da justiça e outro da maldade. Ambos vão ao encontro da morte. A morte aflige a alma. Depois, chegam esses dois anjos e apalpam o seu corpo. E, se fez obras de justiça, o anjo bom se alegra. Então, vem mais anjos sobre a alma, cantando hinos até o lugar onde estão todos os justos. Entretanto, o anjo mau entristece, pois não tem nada para ele... Então, meus pais e irmãos, ajudemo-nos mutuamente para que nada de mau se encontre dentro de nós[72].

Depois de Maria dizer essas coisas, as mulheres lhe disseram que, se ela que é a mãe do Senhor demonstra medo, elas não teriam para onde fugir. Elas compararam o medo de Maria com o do pastor que tem medo do lobo. Elas, sendo ovelhas, para onde fugiriam? Maria repreendeu a todos e convocou-os a rezar e não chorar.

João chegou à casa de Maria e recebeu a notícia de que ela sairia do corpo. Após um diálogo entre eles, ambos se puseram a chorar. Em seguida, Maria mostrou-lhe a palma recebida do anjo, a qual João deveria levar à frente de seu féretro. Ela lhe mostrou também os seus poucos pertences, uma mortalha e

---

72. Livro de São João, arcebispo de Tessalônica, V. In: JUDIE, M. Homilia de João de Tessalônica. Op. cit. Trad. por A.S. Otero (*Los evangelios apócrifos*. Op. cit., p. 611-645).

duas túnicas. João retrucou que não poderia levar a palma sem o consentimento dos apóstolos, os quais, no mesmo momento, chegaram à casa de Maria voando sobre as nuvens.

Paulo também chegou com eles. Pedro e Paulo dialogaram. Paulo demonstrou-se neófito no apostolado, reconhecendo a liderança de Pedro, o qual confortou a todos, ressaltando que a morte de Maria não seria autêntica. Ela seria glorificada por Deus.

Quando chegou o momento da morte de Maria, ela se levantou, saiu para fora e rezou. Ela voltou e se deitou. Pedro colocou-se à sua cabeceira, João aos seus pés, e os apóstolos ao lado. Um forte trovão ressoou, uma fragrância de perfume exalou, e todos dormiram, exceto os apóstolos e as três virgens. Era a terceira hora. Uma multidão de anjos, Jesus e Miguel chegaram das nuvens.

Miguel e Jesus entraram no quarto de Maria. Jesus saudou a todos. O corpo de Maria ria, e sua boca bendizia a Jesus que viera cumprir o prometido, buscar a sua alma. Ela, a pobre, foi considerada digna. Jesus tomou sua alma e a entregou nas mãos do Arcanjo Miguel.

Os apóstolos viram como a alma de Maria era semelhante a um corpo, radiante e branca. Pedro pergunta a Jesus sobre quem deles poderia ter a alma branca como a de Maria. Jesus responde que é pela sua pureza de vida.

Jesus pede aos apóstolos que levem o corpo de Maria para um sepulcro novo e que esperem lá, pois ele voltaria para levar o corpo. O corpo de Maria insiste com o Salvador para não o esquecer, ao que ele responde:

> Não te deixarei, tesouro de minha margarida, não te deixarei, tu que foste encontrada como fiel guardiã do depósito que te foi confiado; longe de mim abandonar-te, arca que governaste o governador; tesouro selado, até que seja buscado[73].

---

73. Livro de São João, arcebispo de Tessalônica, XII. In: JUDIE, M. Homilia de João de Tessalônica. Op. cit., p. 636-638.

O Salvador foi embora. Pedro, as virgens e os apóstolos prepararam o corpo de Maria e saíram em procissão, tendo João à frente com a palma. Os sacerdotes, enfurecidos com a cena, saíram ao encontro dos apóstolos para matá-los e queimar o corpo de Maria. Os anjos, que acompanhavam do alto o cortejo, os cegaram. Um deles, um pontífice, chegando perto do corpo, quis derrubá-lo e ficou preso ao caixão com as mãos secas. Ele estava irritado com a glória que Maria estava recebendo. Ele implorou clemência aos apóstolos. Depois de reconhecer o papel de Maria, a filiação divina de Jesus, ele foi curado. Em seguida, conforme recomendação de Pedro, entrou em Jerusalém e curou a muitos de cegueira com a palma de Maria.

Os apóstolos chegaram ao sepulcro e ali colocaram o corpo, custodiando-o. Ao final de três dias, abriram o túmulo e não mais encontraram o corpo, mas somente os lençóis. Ele tinha sido transportado para a eternidade por Cristo Deus.

O relato termina com os dizeres:

> Este mesmo Jesus Cristo, Senhor Nosso, que glorificou Maria, sua mãe imaculada e mãe de Deus, dará glória aos que a glorifiquem, livrará de todo perigo os que celebram com súplicas anualmente sua memória, e encherá de bens suas casas, como fez com a de Onesífero. Esses receberão, além disso, o perdão de seus pecados, aqui e nos séculos futuros, pois Ele a escolheu para ser seu trono querúbico na terra e seu Céu terreno, bem como para ser esperança, refúgio de nossa raça; de maneira que, celebrando misticamente a festa de sua gloriosa Dormição, encontremos misericórdia e favor no momento presente e no futuro, pela graça e benignidade de Nosso Senhor Jesus Cristo, ao qual seja dada a glória e o louvor, juntamente com seu Pai, que não tem princípio, e o santíssimo vivificador Espírito, agora e para sempre em todos os séculos dos séculos. Amém[74].

---

74. Livro de São João, arcebispo de Tessalônica, XIV. In: JUDIE, M. Homilia de João de Tessalônica. Op. cit., p. 643.

2.1.2.10 Trânsito e Assunção de Maria no livro de José de Arimateia da Bem-aventurada Virgem Maria de José de Arimateia

No *Trânsito da Bem-aventurada Virgem Maria de José de Arimateia*, a narrativa inicia com um diferencial dos outros apócrifos do gênero: Maria pede a Jesus, em momentos que antecedem sua morte, que Ele a faça saber três dias antes de sua morte, quando a alma iria deixar o corpo. Jesus não só promete avisá-la, mas que viria para levá-la ao Céu.

Quando João chega à casa de Maria, momentos antes de seu Trânsito, ela o repreende por a ter abandonado, não cumprindo o pedido que Jesus lhe fizera no momento de crucifixão: o de cuidar dela.

No domingo, às três horas, Cristo, acompanhado de anjos, desce e recebe a alma querida de sua mãe. O povo pode ver a assunção da alma de Maria e constatar sua morte. No entanto, esse mesmo povo, tomado por Satanás, procura atacar o corpo de Maria para queimá-lo. Na sequência, os apóstolos levam o corpo de Maria para um sepulcro.

Tomé tem destaque no livro. Ele presencia a assunção de Maria, recebe dela o seu manto que cai do Céu em suas mãos no Monte das Oliveiras. Logo em seguida, ele vai ao sepulcro, encontra os apóstolos que haviam levado o corpo de Maria e os desafia, dizendo que o corpo de Maria não estava ali. Os apóstolos discutem com ele e, depois, o exaltam, pedindo perdão por não terem acreditado nele.

O livro termina com Arimateia dizendo:

> Eu sou José, aquele que depositou o corpo do Senhor no meu sepulcro e o vi ressuscitado... Roguemos constantemente àquela, cuja assunção é hoje venerada e honrada por todo o mundo, que se lembre de nós ante seu piedosíssimo Filho no Céu. Ao qual é

devido louvor e glória por todos os séculos e séculos sem fim. Amém[75].

2.1.2.11 Eixos comuns na história da Dormição e Trânsito de Maria

As narrativas assuncionistas têm um eixo comum, acrescido de várias nuanças. São elas: o anjo aparece, anunciando a Maria que ela morreria em três dias; uma palma lhe é dada como garantia da palavra de Jesus; Maria se prepara para o dia em que sua alma sairia do corpo; os apóstolos chegam, primeiro João, seguido dos outros; Jesus e o anjo Miguel também chegam; Maria dorme; a alma de Maria é levada ao Céu pelo anjo Miguel e Jesus; os apóstolos, sob a liderança de Pedro, organizam o funeral para levar o corpo para um sepulcro novo; durante o cortejo, judeus querem destruir o corpo de Maria; Maria é sepultada; os apóstolos custodiam o corpo; Jesus e anjos voltam e levam o corpo para o Céu, o qual recebe a alma.

O itinerário da narrativa segue o esquema comum: Dormição, sua alma é levada ao Céu, translado (trânsito) do corpo ao Céu, o que evidencia o fato de o fim da vida de Maria ser diferente de todos os seres humanos. Somente um apócrifo, o do *Pseudo-Melitão de Sardes*, é que acrescenta a ressurreição de Maria, antes de ir para o Paraíso com Jesus. A sua alma é colocada novamente no corpo, ainda na terra.

Acrescente-se a isso que Maria tem Dormição (morte) parecida com a de Jesus. Vários elementos que aparecem na morte Jesus estão presentes na dela: três dias, trovões, luz resplandecente, perseguição etc.

Dentre os apócrifos marianos assuncionistas, os que mais repercutiram entre os cristãos não calcedônios no Oriente bizantino

---

75. TISCHENDORF, C. *Evangelia Apocrypha*. Op. cit., p. 113-123. Apud OTERO, A.S. *Los evangelios apócrifos*. Op. cit., p. 659.

foram o *Trânsito do Pseudo-Melitão de Sardes* e o *Livro de São João, o apóstolo*. No entanto, o livro que se tornou modelo da Dormição foi o de São João de Tessalônica. A intenção litúrgica do autor o levou a tomar os relatos antigos que mais se aproximavam, segundo ele, das testemunhas oculares da Dormição de Maria para reconstituir outro texto, didático e convincente da necessidade de celebrar a Dormição de Maria[76].

O *Trânsito do Pseudo-Melitão de Sardes* teve, com certeza, influência no Ocidente cristão, quando da institucionalização da Festa da Assunção de Santa Maria no século VIII. No Oriente, onde se celebrava a Festa da *Theotókos* (Mãe de Deus) até o século V, passou-se a celebrar a Dormição e Assunção de Maria já no século VI.

2.1.2.12 Maria dorme ou morre? Ressuscita? É glorificada? Vence ou não a morte?

As narrativas apócrifas assuncionistas tiveram como primeira preocupação demonstrar o mérito de Maria de poder receber a recompensa por parte de seu Filho e, consequentemente, de Deus, pelo fato de ela ter aceitado ser a mãe de Deus.

Maria morre ou dorme? Eis uma questão controversa teologicamente. Santo Epifânio, bispo de Salamina, morto em 403, levantou a questão da morte de Maria e respondeu:

> Nem a morte de Maria nem se ela morreu ou não morreu, nem se ela foi enterrada. Embora eu não o afirme totalmente. Nem digo que tenha ficado imortal nem posso afirmar que tenha morrido. A Escritura guarda silêncio total por causa da magnitude do prodígio. Portanto, se ela morreu, não sabemos. E mesmo que tivesse sido sepultada, jamais teve comércio carnal: longe de nós essa blasfêmia! Quanto a mim,

---

76. TAVARD, G.H. *As múltiplas faces da Virgem Maria*. Op. cit., p. 42.

não ouso falar a respeito disso; guardo isso em minha mente e guardo silêncio[77].

Epifânio de Salamina também aventa a possibilidade de Maria ter sido assassinada, visto que Lc 2,35 fala que uma espada traspassaria o seu coração. Outras tantas questões decorrem do que teria ocorrido com Maria nos últimos dias de sua vida terrena. O dormir de Maria seria a morte de fato ou não? A sua alma foi levada ao Céu, mas o seu corpo foi sepultado como ocorre com todos os mortais, tendo sido preservado da corrupção? O corpo esperaria a ressurreição final de todos os mortos para se unir à alma? A sua alma, no entanto, foi para o Paraíso para ser glorificada? Por último, alma e corpo foram levados pelos anjos e por Jesus para junto de Deus para aí ser glorificado, tendo como consequência a sua não morte física?

Como vimos nos textos analisados, todas essas questões são possíveis. Maria é a primeira humana a ser elevada à glória da ressurreição, como ocorreu com Jesus que ressuscitou e ascendeu aos Céus. A diferença é que Maria foi assunta pelo seu Filho aos Céus.

Nos apócrifos assuncionistas, podemos identificar quatro modelos de morte de Maria[78]:

1) Ela dorme (morre), sua alma é acolhida por Cristo e levada para o Céu. Seu corpo é levado para um sepulcro e, depois de três dias, é levado ao Paraíso. Alma e corpo serão reunificados somente no fim dos tempos. Nesse modelo, encontramos a Dormição e Trânsito de Maria. Trata-se da mais antiga tradição sobre a morte de Maria.

2) O seu corpo é separado da alma e reunificados após um tempo determinado de 206 dias, ocorrendo, assim, sua ressurreição. Modelo também antigo.

---

77. Apud TAVARD, G.H. *As múltiplas faces da Virgem Maria*. Op. cit., p. 41.
78. KLAUCK, H.-J. *Evangelhos apócrifos*. Op. cit., p. 232-233.

3) Maria não morre, mas é arrebatada de corpo e alma para o Céu, onde é acolhida em vida e glorificada como Rainha do Céu. Nesse modelo, pode-se falar também de Assunção de Maria. Modelo que aparece depois do século VI.

4) Maria dorme (morre). Durante três dias, seu corpo fica separado da alma, mas são reunificados. Maria volta a ser humana completa e é levada para o Céu por Jesus, ocorrendo, portanto, a sua assunção. Esse quarto modelo é mais claro quanto à Assunção de Maria e é também mais recente historicamente. Nele se encontra a união da Dormição com a Assunção. Esse modelo serviu de base para o estabelecimento do Dogma da Assunção de Maria de 1950.

Na história da Mariologia, partindo da declaração dogmática da *Theotókos*, a Dormição e a Assunção de Maria foram sempre uma questão em debate. O dogma recente da Assunção de Maria (1950) não resolveu a questão. Ele deixa em aberto as duas possibilidades: a de que Maria foi acolhida em vida no Céu e a de sua passagem ou não pela morte física.

A teologia paulina (1Ts 4,13-18) ensina que, se cremos que Jesus morreu e ressuscitou, os que já morreram em Jesus, Deus há de levá-los para a sua companhia. No momento, da segunda vinda do Senhor, os mortos ressuscitarão primeiro, "em seguida, nós, os que estivermos lá. Seremos arrebatados com eles nas nuvens para o encontro com o Senhor, nos ares. E assim, estaremos para sempre com o Senhor" (4,17).

Paulo fala de arrebatamento dos vivos e ressurreição dos mortos. No entanto, o desafio teológico e pastoral em relação a Maria é: se ela não morreu (dormiu), a morte não teve incidência sobre ela, e se não teve incidência sobre ela, como justificar sua ressurreição? Como o Filho, sendo divino, morreu e ela não? Maria, então, teria tido mais privilégio diante de Deus que seu próprio Filho? Com a ressurreição, a morte é vencida, mas se Maria não morreu, mas foi assunta, isto é, arrebatada de corpo e alma ao Céu, como Henoc e Elias, com ela, a morte não foi vencida. Por outro lado, não reside nessa questão o fato de ela passar a ser vista como mediadora na hora da morte? O fato de Maria não ter passado pela morte poderia conferir-lhe condições de interceder pelos seus irmãos, também humanos, diante de seu Filho divino. Por outro lado, se ela está no Céu, ela vive a glória dos ressuscitados, sendo o primeiro ser humano a fazer essa experiência, depois de Jesus, o que também lhe confere poder de interceder.

2.1.2.13 Elementos apócrifos que serviram de base para a devoção a Maria, como Nossa Senhora da Boa Morte

Os elementos constitutivos que decorrem dos apócrifos assuncionistas, os quais serviram de base para a fé celebrada na liturgia, explicada na catequese mariana, e base para a devoção medieval em Maria como Nossa Senhora da Boa Morte, são:

1) Maria pede em oração a Jesus e ao Anjo, quando ele conversa com ela, que os apóstolos possam estar presentes na casa dela no momento de sua morte. Daí o desejo do fiel de que Maria esteja com ele no momento derradeiro de sua vida, intercedendo por ele junto a Jesus.

2) Maria pede a Jesus que o anúncio da morte feito a ela, a partir da entrega do *Livro do Descanso*, fosse dado também aos apóstolos. Assim, Maria intercede em favor dos apóstolos, de modo que a eles também pudesse ser revelado o modo como aconteceriam as suas mortes. Na piedade popular, decorre dessa tradição o fato de o fiel pedir a Maria que interceda a Jesus por ela, já que ela teve esse poder de receber a ajuda de Jesus.

3) A certeza dada, seja pelo anjo, seja por Jesus, de que Maria morreria em três dias, confere privilégio e poder a Maria. Ademais, Jesus revela, em diálogo, detalhes de sua morte. O

número três é simbólico. Na visão judaica, o três representa a relação com o Sagrado, bem como as três dimensões da profissão judaica: amar a Deus com o coração, a alma e as posses (Dt 6,5-9)[79]. Essa questão dos três dias aparece na tradição profética, em Oseias, quando afirma: "Depois de três dias nos fará reviver, no terceiro dia nos levantará" (Os 6,2). Tertuliano aplicou esse texto à ressurreição de Cristo no terceiro dia. Antes, Paulo (1Cor 15,4) e Lucas (Lc 24,46), ao citar a expressão "conforme as escrituras" poderiam estar referindo-se à interpretação de Os 6,2 conforme a tradição de fé e a interpretação da época.

4) Maria e Jesus ressaltam o poder da oração para as pessoas no momento da morte, na luta contra o poder de Satanás, para salvar o corpo e a alma. Maria, nos dias que antecedem sua morte, está sempre em oração. Disso decorre o fato de o fiel interceder a Maria por meio de oração.

5) Jesus revela seu poder na história de Israel, dando a certeza a Maria de que ela poderia confiar na sua ação como juiz da história. Assim como Ele não a abandonaria, simplesmente pelo fato de ela ser a sua mãe terrena, Ele também não deixaria sem socorro os "Filhos de Maria".

6) O nome do anjo que fala com Maria é Misericordioso. Daí o fato de Maria, na piedade popular, receber o encargo de suplicar ao seu Filho, o Misericordioso, para salvar o cristão da condenação na hora da morte. A clássica obra de Ariano Suassuna, *Auto da Compadecida*, revela o lado amoroso de Manuel, o Jesus negro, que não precisa da ação de sua mãe para aplacar sua ira, como ocorre na visão medieval, quando no momento da morte do fiel ele necessitava da intervenção de Maria para aplacar a ira do poderoso juiz implacável, seu

---

79. FARIA, J.F. A releitura do *Shemá Israel* nos evangelhos e Atos dos Apóstolos. In: *Ribla*, n. 40, 2001, p. 52-65. Petrópolis.

Filho Jesus. Há uma mudança, com Suassuna, da imagem medieval do juízo[80].

7) A consciência de Maria de que na hora da morte a alma travaria uma luta com o poder de Satanás, dito de forma clara nos apócrifos o *Livro do Descanso* e do *Pseudo-Melitão de Sardes*, livros antigos, mas também no apócrifo recente *Trânsito de José de Arimateia*, poderá ter influenciado o pensamento do cristão da Idade Média em relação ao poder de Maria diante de Satanás. Com a promessa de Jesus de que Ele estaria com ela nesse momento, de modo que nada lhe sucederia, fortalece o pensamento devocional a Nossa Senhora da Boa Morte.

8) Depois de levada ao Paraíso, Maria, guiada por Jesus, visita a morada dos mortos. Um dos atormentados suplica a Maria que interceda por ele, fato que elucida a convicção dos vivos de que é preciso interceder a Maria antes de morrer.

9) Maria recebe também do povo de Jerusalém a súplica para não esquecer a raça humana. Maria pede a Jesus que conceda sua graça a todo aquele que rogar ou invocar seu nome, bem como que santifique o lugar em que se celebrar a memória de seu nome. Jesus responde, dizendo que todo aquele que invocar em nome de Maria receberá misericórdia no tempo presente e no futuro. Esses relatos evidenciam o caráter intercessor de Maria em favor do povo por meio dela. Isso ocorreu no momento de sua morte, tendo a confirmação da ação misericordiosa de Jesus. Não estaria aí um sinal do que, mais tarde, seria a devoção a Nossa Senhora da Boa Morte?

10) Maria é reconhecida como refúgio e esperança para todos. Jesus dá-lhe o poder de libertar de todos os perigos aqueles que celebram sua Dormição, é o que afirma o arcebispo de

---

80. COSTA, J.N. *O tribunal de Manuel* – Aspectos teológicos na obra *Auto da Compadecida*. São Paulo: Loyola, 2015, p. 167.

Tessalônica em seu relato da Dormição. Ademais, ao celebrar a Dormição, o fiel receberá, por meio de Maria, o perdão dos seus pecados do presente e do futuro, pois Maria foi escolhida para ter seu trono querúbico na terra e no Céu, ser esperança da raça humana e canal de misericórdia no presente e no futuro pela graça e benignidade de Nosso Senhor Jesus Cristo. A homilia do arcebispo contribuiu sobremaneira para a devoção a Nossa Senhora da Boa Morte.

11) Quando Maria chega ao Paraíso, ela se encontra com seus familiares. Isso aconteceu porque ela e os seus foram salvos pela ação misericordiosa de Jesus. Essa crença permanece viva em nossos dias.

12) O final do *Livro de São João*, arcebispo de Tessalônica, afirma que Jesus glorificará quem glorificar sua mãe e o livrará do perigo, lhe concederá o perdão de seus pecados no presente e no futuro. Da mesma forma, Jesus diz que escolheu Maria para ser seu trono querúbico na terra e no Céu, ser esperança e refúgio da raça humana. João, evocando essa memória da relação de Maria com Jesus, incentiva os tessalonicenses a celebrar a Dormição de Maria, o que veio a fortalecer a devoção a Nossa Senhora da Boa Morte.

2.2 Conclusão

Ainda sobre a relação entre Dormição, Assunção e Ressurreição de Maria nos apócrifos, considerando também outras fontes, vale ressaltar a opinião de Simon Claude Minouni que apresenta três possibilidades[81]: 1) Dormição sem ressurreição; 2) Dormição e Assunção; 3) Assunção com ou sem ressurreição. No primeiro caso, Maria morreu, teve o corpo sepultado, sua alma foi translada para o Céu e aí está aguardando a ressurreição

---

81. MIMOUNI, S.C. *Dormition et Assomption de Marie...* Op. cit., p. 16.

final dos mortos. No segundo caso, Maria dormiu (morreu) e foi assunta ao Céu. Já no terceiro caso, consideram-se os textos apócrifos que declaram que Maria morreu, foi sepultada e assunta ao Céu com corpo e alma; bem como outra possibilidade: Maria teve o seu corpo e alma assuntos ao Céu sem passar pela morte e sepultamento.

Compreendidos desse modo, os apócrifos dormicionistas e assuncionistas, considerando as suas etapas de composição, mas não evolução histórica, a Dormição sem ressurreição é a tradição mais antiga, da segunda metade do século V; a Dormição e Assunção é da primeira metade do século VI; e a Assunção com ou sem ressurreição é da segunda metade do século VI[82].

Como ocorreu nos apócrifos narrativos biográficos, os assuncionistas também procuram estabelecer um paralelo entre Maria e Jesus, mas na perspectiva da morte. No momento da morte de Maria, há trovões, luzes e terremoto. Depois de três dias, seu corpo é levado aos Céus por Jesus e anjos. Jesus também ressuscitou ao terceiro dia. O corpo de Maria é levado ao Céu e reencontra a alma.

Os apócrifos que narram o *Trânsito de Maria* influenciaram nas celebrações litúrgicas da Dormição e Assunção de Maria. A devoção nasce junto com essa literatura que trará desdobramentos inevitáveis para o culto à Mãe de Deus, antes celebrada somente como a *Theotókos*.

Os apócrifos marianos narrativos biográficos e assuncionistas retratam uma Maria extraordinária, quase um ser divino, superior ao ser humano por causa dos privilégios advindos do seu Filho e também Deus, Jesus. Os apócrifos narram o início e o fim de sua vida de forma miraculosa. A sua vida adulta é silenciada[83].

---

82. Ibid., p. 37-73.
83. TAVARD, G.H. *As múltiplas faces da Virgem Maria*. Op. cit., p. 46.

Maria nasce como a prometida e gerada sem pecado, é consagrada no templo. Torna-se mãe e acompanha os percalços de seu Filho levado, malvado, milagreiro e dotado de poderes vingativos[84].

Quando morre o Filho na cruz, a vida de Maria é novamente marcada por fatos miraculosos. Seu Filho, em forma de Anjo, aparece e lhe anuncia sua morte monumental: presença de apóstolos no funeral, mesmo os que já tinham morrido; judeus querendo destruir o seu corpo; cortejo triunfante; alma e corpo livres da corrupção, sendo levados ao Céu por anjos e o próprio Jesus. Trata-se de relatos maravilhosos que saltam aos olhos do fiel.

Nasce uma Maria triunfalista que será utilizada para justificar o seu poder e o da Igreja da Cristandade. Maria passa a ser a Nossa Senhora, a Rainha, a repleta de poder diante do Filho para interceder em favor de seus devotos. Nossa Senhora do Rosário, do Carmo, da Boa Morte etc. São tantas as devoções quanto o seu poder e elementos da piedade popular oriundos desses apócrifos. Acrescentem-se a isso as muitas imagens e devoções, e os dogmas marianos de origem apócrifa, o da Imaculada Conceição e o da Assunção de Maria.

Como se não bastasse o lado triunfalista de Maria apócrifa, surge entre os poucos apócrifos marianos de cunho gnóstico, como o *Evangelho de Filipe*, o seu lado divino. Ela passa a ser também o Espírito Santo e superior aos anjos. A humana Maria passa a ser divina.

A Dormição de Maria e o fato de ela ser levada em corpo e alma para o Céu divinizam a sua humanidade. A Portadora de Deus preserva o lado divino de Jesus.

O monofisismo foi uma corrente de pensamento contrária à decisão de Calcedônia que definiu Jesus com duas naturezas,

---

84. Para um estudo da infância de Jesus nos apócrifos, cf. o nosso livro *A infância apócrifa do Menino Jesus*: histórias de ternura e travessuras. Petrópolis: Vozes, 2010.

a divina e a humana. Os monofisistas acreditavam que Jesus era somente divino e não humano. Essa visão cristológica foi muito popular entre os cristãos da Alta Idade Média e foi causa de divisão na Igreja, dividindo-a em ortodoxa oriental de um lado e ortodoxa e católica romana de outra. O Concílio de Calcedônia (451) definiu as duas naturezas de Jesus, a divina e a humana, nenhuma em detrimento da outra. Jesus foi humano e divino e não somente divino. Ele é uma só pessoa em duas naturezas. Esse Concílio rejeitou, desse modo, a teoria monofisista de *Eutiques*, a qual negava a natureza humana de Jesus.

No caso em questão, a Maria humana recebe o divino em seu corpo e o preserva, tornando sua humanidade divinizada. Mesmo a Igreja tendo eliminado o monofisismo, ele continuou presente no meio dos cristãos. Não teria sido de origem monofisista a crença na assunção, entre os séculos V e VI? Ela só poderia ter sido levada para o Céu de corpo e alma porque era somente divina ou a presença de Jesus no seu corpo a divinizou.

A Maria dos apócrifos ganhou vida própria e fortaleceu-se na história a partir da devoção e da liturgia que se criaram em torno dela[85]. Ela inspirou virgindade, sofrimento, glória, poder e maternidade. Por vezes, o seu poder passou a ser maior que o de seu Filho.

Para compreender isso, na perspectiva da devoção a Nossa Senhora da Boa Morte, vejamos como o processo devocional em torno de Maria foi se sedimentando ao longo dos séculos de cristianismo.

---

85. TAVARD, G.H. *As múltiplas faces da Virgem Maria*. Op. cit., p. 49.

3
A devoção mariana na perspectiva do medo da morte e do Inferno na Idade Média e Moderna

Para compreender a devoção mariana em relação à morte, buscaremos compreender, nesse momento de nosso ensaio, o contexto do medo que assolou o Ocidente entre os séculos XIII e XVIII, especificamente o medo da morte, do fim dos tempos, do Juízo Final, do Inferno e do Diabo. Veremos como a teologia da Igreja e sua pregação catequética se comportaram diante dessa realidade depressiva que levou o fiel ao imaginário de uma viagem para o Além: Paraíso, Purgatório ou Inferno. Procuraremos compreender os sentidos desses termos e outros correlatos.

Trataremos do imaginário de *Ars Moriendi*, a arte de morrer, e sua relação com o Juízo Particular, as xilogravuras, as pinturas, as consequências do medo, sobretudo o de morrer e seus desdobramentos no momento da morte dos fiéis, o cuidado deles nas irmandades, nas confrarias da Boa Morte, como as de Nossa Senhora da Boa Morte.

Uma atenção especial será dada ao sentido da morte na tradição bíblica, sua relação com o sofrimento humano, bem como o lugar que a morte ocupou na composição do pensamento religioso medieval e moderno.

Por fim, procuraremos estabelecer as origens da devoção a Nossa Senhora da Boa Morte. Apresentaremos algumas orações a Maria, as quais estão relacionadas ao medo da morte, do Inferno etc.

3.1 Devoção e devocionismo

O termo "devoção" pode ser entendido de três sentidos: amplo, como adjetivo e estrito. No sentido amplo, devoção é a "atitude habitual/permanente numa pessoa que, com fervor, presteza e constância, oferece a Deus o seu serviço, de várias formas"[86]. Daí que devoção é servir com fidelidade, respeito e dedicação.

Já uma pessoa que expressa seu sentimento religioso com atitudes interiores na oração, adoração e respeito ao Sagrado, recebe o adjetivo de devoto ou, jocosamente, de beato. O devoto está quase sempre visitando os santuários de devoção mariana.

O terceiro sentido, o estrito, aplica-se à forma específica, diferente da realizada no culto, mas que completa a liturgia, com práticas devocionais como terço, procissão, consagração a Maria, rosário, novena etc.[87]

As práticas devocionais na Igreja, quase sempre, caminharam de forma independente, livres no meio do povo. Houve momentos na história em que papas, bispos e imperadores difundiram tipos de devoção, mas a essência da devoção consiste sua não obrigatoriedade. Caso contrário, ela deixa de ser devoção.

O grande risco da devoção, no entanto, é tornar-se devocionismo, isto é, a valorização extremada de práticas devocionais intimistas sem acentuar a devida centralidade de Jesus e seu apelo à prática da caridade e da justiça social, com o demasiado valor a Maria, bem como o distanciamento dos fundamentos bíblicos[88].

---

86. Devoção. In: GENIO, M.R. *Dicionário de Mística*: São Paulo: Loyola, 2003, p. 321.
87. MURAD, A. Devoção a Maria e a "Igreja em saída". In: *Studium*: Revista teológica, n. 17, 2016, p. 13. Curitiba.
88. Ibid., p. 21.

3.1.1 História da devoção mariana

A Igreja dos três primeiros séculos do cristianismo não estava preocupada com o papel de Maria na devoção e na teologia[89]. O foco estava na devoção aos mártires, aos santos que, segundo a fé, estavam junto de Deus na glória eterna. Esses recebiam a honra do culto. Maria, por não ser mártir, não recebia e não era venerada de maneira formal[90].

Como vimos, a literatura apócrifa biográfica mariana desses três primeiros séculos apresentou elementos da vida de Maria que serviram para fundamentar, a partir do século IV, a piedade popular devocional em relação à celebração de sua Dormição/Morte e Assunção. O Concílio de Éfeso, como veremos mais adiante, será divisor de águas para a devoção mariana com o Dogma de Maria, Portadora de Deus.

A primeira hora do cristianismo tem como ponto de reflexão teológica a divindade de Jesus e sua humanidade. Por outro lado, a partir da visão oriunda do pensamento dos primeiros cristãos perseguidos, de que os santos estavam nos Céus junto de Deus, Maria passa a ser lembrada companheira no louvor eucarístico a Deus. Disso decorre que ela foi sendo associada ao mistério de Jesus na celebração eucarística, como atesta a primeira *Oração Eucarística*, baseada no cânone romano, bem como as orações mais recentes[91]. Na primeira Oração Eucarística aparece a seguinte oração:

> Em comunhão com toda a Igreja, veneramos a sempre virgem Maria, mãe de nosso Deus e Senhor Jesus Cristo; e também São José, esposo de Maria, os santos apóstolos e mártires: Pedro e Paulo, André (Tiago e

---

89. Para um estudo da história da devoção mariana, cf.: VILLER, M. *La spiritualité des premiers siècles chrètiens*. Paris: Beauchesne, 1930. • MALDONADO, L. *Genesis del catolicismo popular*. Madri: Cristiandad, 2000.

90. JOHNSON, E.A. *Nossa verdadeira irmã... Op. cit.*, p. 153.

91. Ibid., p. 153.

João, Tomé, Tiago e Filipe, Bartolomeu e Mateus, Simão e Tadeu, Lino, Cleto, Clemente, Sisto, Cornélio e Cipriano, Lourenço e Crisógono, João e Paulo, Cosme e Damião), e todos os vossos santos. Por seus méritos e preces, concedei-nos sem cessar a vossa proteção.

"Ajudai-nos a trabalhar na construção do vosso reino, até o dia em que, diante de vós, formos santos com os vossos santos, ao lado da Virgem Maria e dos apóstolos, com os nossos irmãos já falecidos que confiamos na vossa misericórdia", atesta a sétima *Oração Eucarística*. Já a mais antiga das orações eucarísticas, a da Tradição apostólica de Hipólito, recorda, ao dar graças a Deus pelo seu Filho, que o Pai: "mandou-o do Céu no seio de uma virgem e que nesse se encarnou e se manifestou como Filho de Deus, nascido do Espírito Santo e da Virgem"[92].

Melitão de Sardes pregou em sua homilia sobre a páscoa, na segunda metade do século II, que Maria era a *cordeira sem mancha*[93]. Confirmando o devocional mariano nos primórdios do cristianismo, a arqueologia descobriu em Nazaré, cidade natal de Maria, a saudação em grego a Maria, *Khaire Marian*, *Salve Maria*, escrita no local que poderia ter sido sua residência. Em Roma, na catacumba de Priscila, foram encontradas figuras do século II de veneração a Maria[94], bem como em outras catacumbas do século III, e em um papiro grego desse mesmo século que contém orações a Maria.

Como vimos no capítulo anterior, o princípio do processo devocional mariano teve sua expressão decisiva, de modo oficial, no I Concílio de Éfeso (431), com a declaração da Igreja de que Maria é a Mãe de Deus, a portadora de Deus (*Theotókos*).

---

92. Apud LLABRÉS, P. O culto a Santa Maria, Mãe de Deus. Op. cit., p. 200.
93. CANTALAMESSA, R. Omelia sulla Pasqua. In: *I più antichi testi pasquali sulla Chiesa*. Roma, 1972. Apud LLABRÉS, P. O culto a Santa Maria, Mãe de Deus. Op. cit., p. 200.
94. CAMPOS, L.C. *Piedade popular no cristianismo* – A formação do marianismo na antiguidade tardia popular [Disponível em http: //www.unicamp.br/chaa/rhaa/downloads/Revista%2017%20-%20artigo%202.pdf – Acesso em 20/02/2019].

Um século depois, no II Concílio de Constantinopla, em 533, com a declaração da perpétua virgindade de Maria, e em 649, com a proclamação da virgindade perpétua de Maria, no Sínodo de Latrão, seguida da declaração de veneração de Maria como Rainha do Céu, no II Concílio de Niceia, em 787.

O I Concílio de Éfeso foi o mais importante fator no que se refere à devoção mariana. Após Éfeso, igrejas no Ocidente e Oriente foram dedicadas a Maria. A maternidade de Maria foi evidenciada e celebrada por todos. Templos foram erigidos ou construídos no Império Romano do Ocidente e do Oriente. O povo, entusiasticamente, compôs hinos, ampliou o culto devocional à mãe de Deus. Maria ganhou espaço no calendário litúrgico. Festas marianas foram se firmando no meio do povo[95].

O século V marcou no Oriente a celebração única da *Theotókos*, a Mãe de Deus, celebrada também no dia de Natal, uma semana antes ou um dia depois dele. Na verdade, o nascimento de Jesus era celebrado junto com a sua mãe. Essa devoção foi substituída, com a popularidade dos apócrifos da Dormição, para a Festa da Dormição, com consequente desmembramento dela do evento do Natal. O século VI marcou no Oriente a celebração de duas festas: a da Dormição e a da Assunção.

O Império Romano do Ocidente, no século VII, com o Papa Sérgio I, incorporou festas marianas importantes, como o Nascimento, a Dormição e a Assunção, no seu calendário.

A Festa da Assunção de Maria no Império Romano, ao celebrar o natalício de Maria, isto é, sua assunção, após a Dormição/ Morte, teve como objetivo afirmar que ela é excelsa sobre todos os mártires. Essa festa passou a ser a "festa das festas". Por isso, no dia 15 de agosto, o povo, alegremente, tomava as ruas em honra à Mãe de Deus, assunta aos Céus[96].

---

95. LLABRÉS, P. O culto a Santa Maria, Mãe de Deus. Op. cit., p. 202.
96. RIGHETTI, M. *Historia de la liturgia*. Vol. I. Madri: BAC, 1995, p. 901-904. Apud BOROBIO, D. (org.). *A celebração na Igreja*... Op. cit., p. 205.

No período da Alta Idade Média (séculos V ao X), a devoção a Maria se expandiu em demasia na piedade popular, influenciada pelos apócrifos marianos assuncionistas, largamente difundidos entre os cristãos. A Igreja assumiu, como parte de seus ensinamentos e celebrações litúrgicas, a Festa da Assunção de Maria de corpo e alma para o Céu. A Dormição evolui para Assunção.

A devoção mariana na Alta Idade Média tem como centro a maternidade de Maria e a celebração litúrgica de sua Dormição/ Morte e Assunção. A maternidade de Maria foi associada ao fato de sua condição de virgem mãe pura, a santa toda pura e, portanto, modelo de santidade. São João Damasceno (675-749) afirma sobre Maria: "Ser vosso devoto, ó Virgem Santíssima, é uma arma de salvação que Deus dá àqueles que ele quer salvar"[97].

A devoção mariana no primeiro milênio do cristianismo foi caracterizada pela relação teológica estabelecida pelo cristianismo hegemônico entre Maria e Jesus, a partir de uma fé que se baseava nos textos bíblicos, expressa no credo e na liturgia. Maria era reverenciada de forma objetiva, isto é, uma devoção que não exigia entusiasmo pessoal por Maria, mas simplesmente reverenciá-la ao lado dos santos e mártires[98].

A religiosidade popular, no entanto, conforme atesta a literatura apócrifa, seguiu outro caminho, o de uma relação com Maria de forma subjetiva, gloriosa e misericordiosa. Não foi, no entanto, somente a literatura apócrifa a responsável para essa mudança de postura na devoção mariana.

O segundo milênio do cristianismo foi marcado pelo medo do Inferno. O fiel era um grande pecador que precisava encon-

---

97. SÃO JOÃO DAMASCENO. *Homilia para o nascimento de Nossa Senhora Santíssima, a Mãe de Deus e sempre Virgem Maria* [Disponível em www.eclesia.com.br/biblioteca/pais_da_igreja/s_joao_damasceno_homilia_sabre_a_natividade_de_maria.html – Acesso em 27/07/2018].
98. SCHEFFCZYC, Leo. *Das Mariengeheimnis in Frömmighkeit und Leher der Karolingerzeit*. Leipzig: St. Benno, 1959. Apud JOHNSON, E.A. *Nossa verdadeira irmã...* Op. cit., p. 156-157.

trar um advogado de defesa perante o grande juiz dos povos, Jesus. A Maria foi atribuído esse papel, enquanto o poder da Igreja funcionava, dentre outros, como fator dificultador para a obtenção da salvação eterna, Maria sobressaía como a mãe que defende os seus filhos, no caso, os cristãos. Ela passa a ser uma supermãe, poderosa e misericordiosa. O poder da Igreja era tanto que impedia o acesso à salvação.

Na Baixa Idade Média, a devoção mariana, presente entre nobres e populares, leigos e clérigos, tornou-se mais evidente. Maria passou a substituir os santos e mártires cultuados nas igrejas locais. Ela não era mais cultuada como Mãe de Deus, que gerou a Salvação, mas como símbolo da Igreja e vínculo de comunhão e unidade eclesial. A popularidade de Maria é já atestada desde o século IV com o surgimento de templos na Europa. No entanto, a partir do século XI, o culto torna-se verdadeiramente popular, o qual fortalecia a Cristandade, o poder clerical. Com a reforma centralizadora da Igreja do papado de Gregório VII, a partir do século XII, catedrais foram construídas e dedicadas preferencialmente a Maria[99]. Fato que já ocorria em séculos anteriores. Na Bélgica, no século IV, por exemplo, na cidade de Tongres, foi construída a primeira basílica dedicada a Nossa Senhora.

Outro fator preponderante na devoção a Maria na Baixa Idade Média foi a identificação de Maria, a partir do século XI, com os sofrimentos e alegrias da vida de seu Filho, com um forte acento à humanidade de Jesus.

O Jesus triunfal da Alta Idade Média passa a estar ao lado dos pobres e sofredores. Maria segue o mesmo caminho. Ela não é mais exaltada como Mãe de Deus, mas como a que está ao lado dos sofredores da terra e ouve as suas preces. Ela é mais humana, sofredora e mãe da misericórdia[100].

---

99. MALDONADO, L. *Introducción a la religiosidad popular.* Santander: Sal Terrae, 1985, p. 67-72.
100. LLABRÉS, P. O culto a Santa Maria, Mãe de Deus. Op. cit., p. 207.

O título de Mãe de Misericórdia a Maria situa-se no fim da Alta Idade Média. O abade de Cluny, França, Santo Otão (942), tendo visto Maria em sonho, no qual ela lhe revelou ser a Mãe de Misericórdia, foi quem concedeu a Maria esse título. Na sequência, a difusão da Salve-Rainha, que explicitamente a nomina de Mãe de Misericórdia, Maria torna-se a defensora do povo diante do medo do Inferno e dos castigos divinos. Maria torna-se a defensora do fiel diante da possibilidade real de ir para o Inferno[101].

Com o advento das ordens religiosas dos séculos XI, XII e XIII, as quais tinham como objetivo reformar a Igreja, a devoção a Maria como Nossa Senhora protetora das ordens chega aos mosteiros e conventos, lugares nos quais a liturgia era clericalizada e em latim, de modo que ao povo restavam outras formas de piedade popular devocional mariana, como o rosário, o canto dos sete gozos, o *Salve-Rainha* e o *Angelus*, que era uma abreviação popular da liturgia das horas, com a Ave-Maria, que mais tarde recebeu o acréscimo do Santa Maria. O foco devocional recaía sobre a contemplação de Maria nos mistérios da vida de seu filho. Dentre as ordens religiosas que tinham especial devoção a Maria, destacam-se os dominicanos, franciscanos, carmelitas, servitas e mercedários. A Igreja apoiava as ordens religiosas e as devoções populares marianas, não mais litúrgicas, com o objetivo de fortalecer a Cristandade[102].

Maria torna-se a grande advogada dos cristãos. Bernardo de Claraval, o grande pregador do século XII, reformador dos cistercienses e animador das cruzadas, conclamava os cristãos a acreditar que Deus quer que tenhamos tudo por intermédio dela. Para ele, Jesus é o Mediador, misericordioso, majestoso, divino e juiz severo. O melhor caminho para se dirigir a Ele é por meio de sua amável, meiga e misericordiosa mãe. O caminho

---

101. NERY, I.J. Maria, mãe de misericórdia: rogai por nós. In: *Studium*: Revista teológica, n. 17, 206, p. 33. Curitiba.
102. LLABRÉS, P. O culto a Santa Maria, Mãe de Deus. Op. cit., p. 206-208.

seguro da salvação é pedir para a mãe, pois o Filho ouve a mãe, e o Pai ouve o Filho[103].

Nesse contexto de Idade Média, época do medo de perder a salvação eterna, Maria, a mãe de Deus, passa a ter o papel de ajudar os pecadores. Nesse sentido, Johnson escreve:

> Nessa situação, a mãe de Deus passou a ser vista como ajuda particularmente forte para os pecadores, poder celeste que, graças ao seu coração materno, tomava partido do pecador. Como era também a mãe do Juiz que certamente a reverenciava com devoção filial, ela estava singularmente posicionada para persuadi-lo a salvar os pobres pecadores[104].

O papel de mediadora de Maria que poderia influenciar o seu Filho, considerado o Justo Juiz, no momento do julgamento dos pecadores, implorando misericórdia, ficou registrado em um sermão atribuído a Boaventura, que viveu no século XIII, o qual diz: "A Santíssima Virgem escolheu a melhor parte, pois se tornou Rainha da Misericórdia, enquanto seu Filho permaneceu Rei da Justiça"[105].

Bernardino de Sena, o grande pregador franciscano do século XV, declara: "Não hesito em dizer que a Virgem recebeu certa jurisdição sobre todas as graças [...], que são ministradas por suas mãos a quem ela quer, quando quer, como quer e tanto quanto quer[106].

Muito antes de Bernardino de Sena, o poder de Maria, por causa de sua relação direta com Jesus, havia sido dito em uma

---

103. CLARAVAL, B. Sermo in Nativitate B.V. Mariae (*De aqueductu*). In: *Patrologiae cursus completus*, series latina, n. 183, 441. Apud JOHNSON, E.A. *Nossa verdadeira irmã...* Op. cit., p. 158.

104. JOHNSON, E.A. *Nossa verdadeira irmã...* Op. cit., p. 157.

105. GRAEF, H.C. *Mary*: A History of Doctrine and Devotion. Nova York: Ave Maria Press, 2009, p. 289. Como veremos adiante, o poder de mediadora de Maria e sua capacidade de influênciar Jesus foi alargado para o seu poder de defender o devoto diante dos ataques de Satanás.

106. BERNARDINO DE SENA. Sermo V nativitate B.V.M., c. 8. In: *Opera Ommia*. Lugduni, 1650, p. 496.

carta falsamente atribuída a Santo Agostinho[107], escrita por volta do ano 1100, a qual afirmava que o corpo de Maria está no Céu, porque a "carne de Jesus é a carne de Maria". Assim, Maria, gerando o Filho de Deus, garantiu tamanha relação carnal com a divindade. Disso também resultou o poder que lhe foi atribuído.

Maria passou a substituir o Espírito Santo nas pregações, o que desembocou em inúmeras preces dirigidas a ela e devoções nas mais variadas formas. O século XVI foi marcado por inúmeras expressões de devoções marianas. Maria ganhou o *status* de tratado, uma Mariologia emerge para apresentar o seu papel na história e na teologia de modo diferenciado.

Calvino, o grande teólogo da Reforma Protestante do século XVI, criticou os papistas que utilizavam o termo advogada, próprio do Espírito Santo na Bíblia, para referir-se a Maria, bem como a propagação de cultos à Virgem Maria e aos santos, substitutos de Jesus. Para ele, os papistas ultrajavam Maria e por ela serão acusados. Por fim, dizia ele, os papistas estão entregues a Satanás[108]. Calvino, nos seus sermões comentando Lc 1–2, escreve:

> Os papistas atribuem a ela muitos títulos, mas, com isso, eles blasfemam contra Deus e, com os seus sacrilégios, subtraem dele aquilo que era próprio e especial dele. Eles chamam a Virgem Maria de "Rainha do Céu", a "Estrela que guia os pobres transviados", a "Salvação do mundo" e a "Luz" (*claritas*); em síntese, Deus não se apossa de nada nas Sagradas Escrituras que não seja transposto a Maria pelos papistas – esses pobres babuínos que outra coisa não são senão vermes que rastejam sobre a terra –, pobres minhocas com sua ousadia diabólica[109].

---

107. Apud TAVARD, G.H. *As múltiplas faces da Virgem Maria*. Op. cit., p. 131, onde Santo Agostinho afirma que o corpo de Maria está no Céu, porque "a carne de Jesus é a carne de Maria".
108. TAVARD, G.H. *As múltiplas faces da Virgem Maria*. Op. cit., p. 169-170.
109. Sermão sobre Lc 1,45-49, citado em TAVARD, G.H. *As múltiplas faces da Virgem Maria*. Op. cit., p. 169.

Depois de um longo percurso histórico, o devocional mariano foi retomado e afirmado pela Igreja com os dogmas da Imaculada Conceição de Maria em 1854, pelo Papa Pio IX, e a Assunção de Maria, proclamada pelo Papa Pio XII, em 1950.

Pio XII, ao decretar o Dogma da Assunção de Maria, afirmou:

> Pela autoridade de Nosso Senhor Jesus Cristo, dos santos apóstolos Pedro e Paulo e em nossa própria autoridade, pronunciamos, declaramos e definimos como sendo um dogma revelado por Deus: que a Imaculada Mãe de Deus, a sempre Virgem Maria, tendo completado o curso de sua vida terrena, foi assumida, corpo e alma, na glória celeste[110].

Poderíamos não hesitar em afirmar que, no segundo milênio do cristianismo, Maria passou a ter mais poder que Jesus. Um maximalismo mariano tornou-se realidade. Ele será combatido pelo Vaticano II, seguido de uma retomada da leitura bíblica de modo renovado, bem como na liturgia e, por fim, de um diálogo ecumênico capaz de dialogar com as diferenças. O embate no Vaticano II foi grande. Havia os que defendiam uma Mariologia renovada e os que queriam permanecer na herança mariológica do segundo milênio. A votação em favor da primeira opção foi quase um empate técnico. O Concílio não teve um decreto sobre Maria, mas a questão foi incorporada na *Lumen Gentium*.

Decisivo, depois do Concílio, para o lugar de Maria na devoção foi a Carta Apostólica de Paulo VI *Marialis Cultus*[111], que colocou balizas e incentivou o culto mariano renovado, orientando a devoção dos fiéis pela Mãe de Deus e da Igreja. Para ele, o culto a Maria tem seu lugar singular no culto tributado a Jesus, dentro do ciclo anual litúrgico dos mistérios do Filho[112].

---

110. PIO XII. *Carta Apostólica Munificentissimus Deus*. Op. cit.
111. PAULO VI. *Carta Apostólica Marialis Cultus* [O culto da Virgem Maria]. São Paulo: Loyola, 1974.
112. Ibid., 2.

A relação com Maria no cristianismo ocidental percorreu um longo caminho, no qual o seu papel foi sendo delineado. Como vimos no capítulo II, no oriente e no ocidente cristãos, vários fatores estabeleceram a importância de Maria na história da Salvação e da Igreja, estabelecendo princípios de fé e devoção. Basicamente, podemos resumir esse percurso histórico da seguinte forma[113]:

1) Os evangelhos, no primeiro século do cristianismo, retrataram Maria como mãe de Jesus e parte integrante da ação salvífica de Deus na história, testemunho de fé e da ressurreição de Jesus, repleta do Espírito Santo e discípula.

2) Nos três primeiros séculos do cristianismo, Maria não foi venerada publicamente. Ela não foi mártir e, por isso, não teve o mesmo destaque que os mártires. Como vimos, no entanto, a primeira oração eucarística, baseada no antigo cânone romano, recorda Maria junto aos santos no Céu, e nada mais.

3) No bojo das discussões cristológicas nos séculos III e IV sobre Jesus, sua humanidade, divindade e encarnação, apareceu a figura de Maria, sua mãe. Uma pergunta se impôs: O nascimento de Jesus lhe teria conferido a mesma condição de humanidade de Maria? E: Como ocorria a articulação entre a humanidade e a divindade de Jesus? A solução da questão veio com a afirmação de fé da divindade de Cristo, o seu nascimento do corpo da Virgem Maria, o que lhe conferiu a humanidade.

4) Na sequência dos fatos, a discussão continuou com outra questão: Maria é a mãe de Cristo (*Christotokos*) ou de Deus (*Theotókos*)? Embora o foco fosse Jesus, é Maria que iria receber definitivamente, no Concílio de Éfeso, em 431, um

---

113. Para a síntese a seguir nos baseamos em JOHNSON, E.A. *Nossa verdadeira irmã...* Op. cit., p. 150-173.

título especial, a de *Theotókos*, a "Paridora de Deus", aquela que gerou fisicamente Jesus.

5) Com a definição de Éfeso, a relação com Maria na Igreja do Oriente, sobretudo a de língua grega, tomou um rumo devocional, diferentemente do Ocidente que preferiu manter o caminho original de sua relação com Cristo. Evidentemente, devoções orientais que chegavam ao Ocidente ganhavam força entre o povo. Festas marianas foram sendo incorporadas no calendário romano.

6) Nos primeiros séculos do segundo milênio, no Ocidente, a relação com Maria foi assumindo outros papéis. Ela passou a ser vista como medianeira no processo salvífico e advogada junto a Jesus em favor da salvação dos fiéis.

7) No movimento de reforma eclesial pelas ordens mendicantes, surgiram as ordens religiosas, as quais passaram a ter Maria como padroeira.

8) Outro papel importante que Maria assumiu foi o de símbolo da Igreja e vínculo de unidade eclesial. Ela passou a ter maior proeminência que os santos. Catedrais foram dedicadas a ela. Uma enorme quantidade de devoções proliferou entre os devotos marianos.

9) Entre 1500 e 1601, período da Europa quinhentista, a devoção mariana ganhou contornos de forte piedade. Maria passou a ser a mãe poderosa que promete a salvação aos depravados pecadores. Maria tornou-se símbolo de identidade católica ocidental. No contraponto desse movimento, Lutero não aceitou tais posicionamentos e lutou contra.

10) A devoção mariana aumentou no século seguinte, com festas religiosas, devocionais e grande produção literária sobre a temática. Surge em 1602 o tratado de Mariologia,

Summa Sacrae Mariologiae, cunhado por Nicolau Nigido[114]. Esse tratado deu base teológica para a piedade mariana. Partindo da maternidade e sua consequência para a glorificação de Maria, *Summa Sacrae Mariologiae* serviu para propagar a devoção mariana. A Mariologia passou a ser um tratado independente na Teologia.

11) Os séculos XIX e XX foram marcados pelo movimento mariano, que resultou nos dogmas da Imaculada Conceição e Assunção de Maria, no nascimento de novas ordens religiosas dedicadas a ela, de peregrinações aos santuários marianos, na criação de associações de leigos marianos como a Legião de Maria, coroações de Maria, imagens itinerantes, academias e congressos marianos.

12) O movimento mariano estabeleceu a visão de Maria, imaculada, concebida virgem mãe de Deus, obediente, serva e Rainha do Céu, poderosa, capaz de interceder pela nossa salvação, levada ao Céu de corpo e alma[115].

13) A partir de 1950, surge outro movimento mariano, o de renovação da teologia e da devoção marianas. Procurava-se voltar às fontes, às origens da teologia cristã que ligava Maria ao Evangelho.

14) O Concílio Vaticano II (1962-1965) pôs em discussão se o ensinamento mariano deveria estar incorporado ao esquema da Igreja. Mesmo que por poucos votos de diferença, venceu o movimento que defendia a volta às fontes. O Vaticano II possibilitou a renovação da teologia mariana.

15) Em 1974, o Papa Paulo VI lança a exortação apostólica *Marialis Cultus* de modo a incentivar a devoção mariana renovada, isto é, baseada em quatro princípios: bíblico, litúrgico, ecumênico e antropológico. Com Paulo VI, a devoção maria-

---

114. NIGIDO, N. *Summa Sacrae Mariologiae*. Palermo, 1602.
115. JOHNSON, E.A. *Nossa verdadeira irmã...* Op. cit., p. 161.

na se reveste de um contato com uma mulher próxima e não distante e poderosa como foi a devoção mariana tradicional, sobretudo a do segundo milênio, vivida até o Vaticano II.

Assim, os dois milênios de cristianismo ocidental a respeito de Maria se dividiram em dois modos distintos, conforme explica Elizabeth Johnson:

> Durante o primeiro milênio, em especial nos séculos iniciais, a teologia, se é que chegou a tratar de Maria, entendeu que sua importância estava em grande parte na economia da salvação centralizada na misericórdia de Deus concedida em Cristo por intermédio do Espírito. Em contraste, o segundo milênio, principalmente em seus últimos séculos, viu a tendência crescente a separar Maria desse contexto, o que resultou em reflexões cada vez mais exaltadas sobre seus privilégios, poderes e glórias[116].

A devoção mariana, como vimos acima, sobretudo no segundo milênio, caminhou para um devocionismo, quando o medo do Inferno e tantos outros medos assolavam o ser humano medieval e moderno. Portanto, para compreender o contexto no qual se desenvolveu a devoção mariana, impõe-se um acurado estudo da Idade Média e Moderna na perspectiva do medo do Inferno, da morte, do Juízo Final etc., para daí compreender a devoção a Nossa Senhora da Boa Morte.

3.1.2 A devoção mariana no contexto dos medos na Idade Média e Moderna

Ninguém pode afirmar que nunca teve medo. Ele é parte da constituição humana. Nascemos com medo. A criança chora ao sair do útero da mãe, pois ela se vê insegura diante do novo mundo.

---

116. Ibid., p. 151.

Tomando consciência dessa realidade de morte, diferentemente dos animais, o ser humano vive num medo eterno. Jean Delumeau, citando Delpierre, diz: "O homem é o único no mundo a conhecer o medo em um grau tão terrível e duradouro"... "Sem o medo nenhuma espécie teria sobrevivido"[117]. Por outro lado, o medo paralisa as pessoas, impede o crescimento, pode ser usado como arma de domínio, controle. Pior ainda quando vem associado ao fator religioso.

No mundo antigo, o medo estava associado a divindades. Os gregos adoravam *Deimos* e *Fobos*, o primeiro representava o temor, e o segundo, o medo. Essas divindades estavam associadas e interferiam na vida das pessoas. Portanto, era necessário prestar-lhe culto para obter favores. Foi assim entre gregos e romanos[118].

A Europa da Idade Média conheceu várias pestes que dizimaram populações inteiras, sendo as mais importantes a peste de Justiniano (século VI), a peste negra (1348-1351) e a peste de Marselha (1720). Essas epidemias, associadas às guerras, criaram situações de medo da morte e da peste nas populações.

A arte do italiano Buffalmacco, no cemitério de Pisa, no afresco "Triunfo da morte" retratou mortos sendo comidos pelos vermes, anjos bons e maus brigando pelas almas dos defuntos. Na peste negra, os mortos eram tantos que não se podia enumerá-los, escreveu o poeta Guillaume de Machaut[119]. A peste negra provocou mudanças no comportamento dos cristãos em relação à morte e ao morto. Não havia mais como prestar as devidas homenagens aos falecidos. Os cemitérios das igrejas lotaram rapidamente. O medo da peste imperava entre todos.

Ao longo da história, outros tantos medos aterrorizavam as pessoas: medo de lobos, da natureza, do mar, de cemitérios, das

---

117. DELUMEAU, J. *História do medo no Ocidente, 1300-1800*: uma cidade sitiada. 3. reimpr. São Paulo: Companhia das Letras, 1996, p. 19.
118. Ibid., p. 20-21.
119. SCHMITT, J.-C. *Un tempo di sangue e di rose*: pensar la morte nel Medievo Cristiano. Bolonha: Dehoniane, 2015, p. 7-10.

almas penadas, do Diabo, dos torturadores, do pregador (padre) etc. Frei Tito de Alencar Lima, torturado na época da repressão militar no Brasil, exilado na França, enforcou-se em uma árvore, em 1974, possivelmente por medo do torturador que carregava dentro de sua mente. Não conseguiu superar a situação.

O medo de almas penadas faz parte da cultura portuguesa e está associado à crença de que as almas que foram para o Purgatório, depois de um determinado tempo, poderiam voltar ao mundo dos vivos para penar, isto é, buscar soluções para situações não resolvidas[120]. Na tradição portuguesa acredita-se que "as almas daqueles que morrerem sem restituir o que devem voltam a este mundo, por favor de Deus, e imploram de algum amigo e parente que restitua a cousa roubada"[121].

Os medos da Idade Média ganharam força com a Inquisição na Igreja (séculos XIII-XVIII). Delumeau afirma que:

> Uma ameaça global de morte se viu assim segmentada em medos, seguramente temíveis, mas "nomeados" e explicados, porque refletidos e aclarados pelos homens da Igreja... O discurso eclesiástico reduzido ao essencial foi, com efeito, este: os lobos, o mar e as estrelas, as pestes, as penúrias e as guerras são menos temíveis do que o Demônio e o pecado, e a morte do corpo menos do que a da alma. Desmascarar Satã e seus agentes e lutar contra o pecado era, além disso, diminuir sobre a terra a dose de infortúnios de que são a verdadeira causa[122].

Para Delumeau[123], o cristão era levado a ter medo de si mesmo, o que equivaleria a ter medo de Satanás, para não se tornar agente dele. Diante de uma angústia coletiva, o Juízo Final

---

120. PARAFITA, A. O maravilhoso popular: contos, lendas, mitos. Lisboa: Plátano, 2000.
121. VASCONCELOS, J.L. Tradições populares de Portugal. Lisboa: Imprensa Nacional/ Casa da Moeda, 1986.
122. DELUMEAU, J. História do medo no Ocidente... Op. cit., p. 32.
123. Ibid., p. 32-33.

estabeleceria a punição para os culpados, os quais impediam a ação de Cristo no mundo. Para a inquisição, os culpados tinham nomes: turcos, judeus, heréticos, mulheres feiticeiras etc.

A Igreja influenciava diretamente na cultura, na arte, na sociedade do medo. Os pregadores incutiam medos na sociedade. Esperar uma outra vida, para além do medo, era a tarefa incessante de cada cristão. Recorrer à proteção divina por meio de anjos e protetores foi o caminho encontrado na religiosidade popular, daí a devoção a Nossa Senhora da Boa Morte, bem como a São José, o patrono da boa morte.

3.2 Morte: seu sentido na Bíblia, na história e no sofrimento

A Bíblia, um modo antigo e atual de entender a condição humana, abre suas páginas iniciais, no Livro do Gênesis, falando de morte e sofrimento. No centro, a poesia em forma de oração, os Salmos. Em muitos deles o sofrimento interioriza a relação com Deus e abre as portas da esperança que serão fechadas com o último livro, o Apocalipse, que expressa a luta ferrenha contra o poder da morte, Roma, em códigos de pura esperança em meio ao sofrimento e morte dos primeiros cristãos.

Tratando da morte, a Bíblia a considera como destino final de cada ser humano, mas também a relaciona com as suas atitudes errôneas durante a vida. A retribuição no pós-morte é consequência de seu agir na vida e na relação com Deus. A morte na Bíblia também foi entendida como castigo. A visão bíblica da morte influenciou a concepção dos medos da morte e do Inferno, que a Idade Média desenvolveu.

A Bíblia é uma história de morte e sofrimento que são superados pela vida em Deus. A certeza da ressurreição de Jesus conferiu um novo sentido à existência humana.

3.2.1 Relação do ser humano com a morte na Bíblia

O imaginário em torno da morte sempre deixou o ser humano inquieto. O judaísmo é base para o cristianismo no que se refere ao imaginário da morte. Não por menos, o pensamento greco-romano, mas sobretudo a paixão, a morte e a ressurreição de Jesus[124].

A primeira experiência de morte, ainda que de forma mitológica, que aparece na Bíblia é a de Gn 4,1-16[125]. Trata-se da morte fratricida de Abel, que morreu por obra do violento irmão Caim. Abel morreu no campo, sem testemunha. É uma história de culpa e castigo de dois irmãos, um agricultor e outro, pastor, que ficou na Bíblia como explicação do destino do mal e do malvado na história da humanidade. A violência estava já presente nas origens e parece ser congênere ao ser humano. A violência causa a morte e impede que a vida continue. O indefeso Abel é morto pelo irmão malvado. Abel, em hebraico, *hêbêl*, significa vento, sopro, hálito, respiro, vapor, névoa, fumaça, vão, fútil, inútil, vaidade, fugaz, coisa caduca, que flui rapidamente, que desaparece, frustração, ilusão, mentira, aborto, desengano, luto, lamento, choro. Abel quer nos dizer que, na vida, tudo é fumaça, tudo é passageiro. Abel é símbolo de todas as frustrações do ser humano: luto, dor, fraqueza, morte. Abel, segundo filho de Eva, quer mostrar a fragilidade do ser humano, já no início da criação, não obstante o triunfo magistral do seu antecessor, Caim. Abel representa também todo Adão, ou seja, aquele que veio do pó da terra. Assim, Eva dá à luz Abel, aquele que "nasceu somente para morrer" e explicar, mitologicamente, o motivo da violência humana impetrada pelo seu próprio irmão, que não aceita ter um irmão, alguém que lhe é semelhante. Nessa relação

---

124. BERKENBROCK, V.J. & NIERO, L.A. As virtudes pós-morte – O imaginário cristão sobre práticas virtuosas em favor da salvação da alma no Purgatório. In: *REB*, vol. 75, n. 300, out-dez./2015, p. 910-934. out./dez. 2015. Petrópolis.

125. FARIA, J.C. *As mais belas e eternas histórias de nossas origens*: mitos e contramitos. Petrópolis: Vozes, 2015, p. 78-82.

não prevalece o amor. Aquele que nasceu para morrer sofre a morte pelas mãos do irmão.

São também do Livro do Gênesis as narrativas sobre os patriarcas e matriarcas, os quais morreram em idade avançada, isto é, sábios, e de forma natural (Gn 25,8; 25,17; 35,29; 49,33). O Rei Davi compreendeu que o fim de sua vida era seguir o caminho de todos, a morte (1Rs 2,2). A morte para eles era vista como consequência natural de uma vida[126] seguindo o chamado de El, o Deus que ficou conhecido como Deus dos pais na fé. Abraão viu a esposa Sara morrer; teve o cuidado de comprar uma terra para sepultá-la, o que significou também a posse da terra (Gn 23). Quando Abraão morreu, ele foi colocado na sepultura de Sara. Seus filhos e filhas, com destaque para Isaac, o filho de Sara, e Ismael, o filho de sua escrava Agar, se reuniram todos diante de sua sepultura. O lugar dos mortos uniu os seus familiares (Gn 25,7-18).

Dando continuidade às narrativas de origens sobre a morte de Gn 3,11ss., quando o ser humano perdeu a vida plena no Paraíso, a morte para os patriarcas e matriarcas passou a ser entendida como algo natural da condição humana.

Na tradição dos textos legislativos bíblicos, a morte é relacionada com a Lei. Quem não a cumprisse seria punido de morte. O filho que não obedecesse aos pais seria apedrejado até à morte na porta da cidade (Dt 21,18-21). Os culpados de crime deveriam ser penalizados com morte. Adúlteros e fornicadores, da mesma forma, deveriam receber a pena de morte (Dt 22,22). Vários exemplos desse tipo estão nos códigos da Aliança (Ex 20,22–23,33) e Deuteronômico (Dt 12–26). A pena de morte tornou-se um critério para regular a vida do povo[127]. A mor-

---

126. FERET, H.-M. *La muerte en la tradición bíblica*. Barcelona: Centre de Pastoral Litúrgica, 2007 [Cuadernos Phase, 173].
127. FONSECA, J. *Música ritual de exéquias*: uma proposta de inculturação. Belo Horizonte: O Lutador, 2010, p. 79.

te passou a ser permitida, a partir da Lei, por Deus, mesmo sendo algo violento. Não se pensa mais na morte natural, como no tempo dos patriarcas e matriarcas. A morte tornou-se um castigo de Deus. Historicamente, essa visão da morte possibilitou o pensamento de castigo que deveria passar o corpo e, sobretudo, a alma, no pós-morte, como veremos mais adiante.

Na tradição profética bíblica, Deus passa a ter o direito de livrar o pecador da morte, desde que ele se converta. Ezequiel profetizou:

> Tu, filho do homem, dize à casa de Israel: Vós afirmais: "As nossas transgressões e os nossos pecados pesam sobre nós. Por eles estamos perecendo. Como poderemos viver?" Dize-lhes: "Por minha vida, oráculo do Senhor *Iahweh*; certamente não tenho prazer na morte do ímpio; mas antes, na sua conversão, em que ele se converta do seu caminho e viva. Convertei-vos, convertei-vos dos vossos maus caminhos. Por que haveis de morrer, ó casa de Israel?" (Ez 33,11).

Segundo essa visão profética, Deus quer a morte. No entanto, Ele coloca como condição para a vida continuar a mudança de vida da casa de Israel. Deus está acima da morte. Por outro lado, é também da tradição profética de cunho apocalíptico a profecia de Daniel:

> Nesse tempo levantar-se-á Miguel, o grande Príncipe, que se conserva junto dos filhos de teu povo. Será um tempo de tal angústia qual jamais terá havido até aquele tempo, desde que as nações existem. Mas nesse tempo o teu povo escapará, isto é, todos os que encontrarem inscritos no livro. E muitos dos que dormem no solo poeirento acordarão, uns para a vida eterna e outros para o opróbrio, para o horror eterno. Os que são esclarecidos resplandecerão, como o resplendor do firmamento; e os que ensinam a muitos a justiça hão de ser como as estrelas, por toda a eternidade. Quanto a ti, Daniel, guarda em segredo

essas palavras e mantém lacrado o livro até o tempo do Fim. Muitos andarão errantes, e a iniquidade aumentará (Dn 12,1-4).

No texto de Daniel aparecem elementos importantes que influenciaram a concepção posterior na tradição cristã de Céu e Inferno, que trataremos mais adiante. Destaque especial para a presença de Miguel que fará parte do imaginário religioso na hora do julgamento final, no momento do despertar do sono da morte para a vida eterna ou para o horror eterno.

Contemporâneo ao Livro de Daniel, o Segundo Livro dos Macabeus (7,9.14.23.33; 14,46) registrou o testemunho de piedosos judeus que professaram a fé na vida eterna, na ressurreição, baseando-se nas profecias de Daniel e no testemunho que eles deram diante do opressor que os obrigava a não seguir a lei e a fé judaicas. Aceitaram morrer como mártires a transgredir os preceitos divinos, o que lhes assegurava a vida eterna. Corrobora também para a ligação entre a morte e sofrimento como prêmio para vida eterna o testemunho do Servo do Senhor de Is 53,9-12.

A tradição sapiencial bíblica, presente nos livros de Eclesiástico, Provérbios, Eclesiastes, Jó e Sabedoria, e escrita nos séculos finais do Antigo Testamento, deu uma nova conotação ao sentido da morte. Ela passou a ser vista não somente como consequência natural, mas fruto de atitudes justas e injustas. A morte passou a ser relacionada, além de sua naturalidade, com a retribuição, o bem viver, a imortalidade, a vida eterna etc.

No Livro do Eclesiastes, afirma-se de forma trágica: "Tudo caminha para um mesmo lugar: tudo vem do pó e tudo volta ao pó" (3,20). Nessa máxima, escrita em muitos portais de cemitérios, uma certeza: a vida começa e a vida termina. Ninguém pode fugir dessa realidade. Morre o sábio. Morre o insensato. Morre o pobre. Morre o rico. Morreremos todos e todos voltaremos ao pó.

Os vivos sabem que irão morrer (Ecl 9,5). Todos temos essa certeza registrada em nossos corações já desde o nascimento. Ninguém jamais conseguiu impedir esse destino. Por isso, "mais vale o dia da morte do que o dia do nascimento" (Ecl 7,1b). Parece trágico, mas não é. Saber que a morte é o fim de todos deve levar-nos a viver com intensidade, pois, no dia da morte, já não há mais nada para fazer. Quem não viveu bem a vida não terá como se arrepender no dia da morte. Morte é o fim e basta (Ecl 9,3). Já dizia Dante[128]: "o viver é um correr para a morte". E nesse correr para a morte, torna-se mais trágico ainda o fato de que "ninguém é senhor do dia da morte" (Ecl 8,8).

O Livro da Sabedoria, contrário ao modo trágico de Eclesiastes, ilumina a realidade da morte com esperança, apesar da situação de injustiça entre seres humanos: "Não procureis a morte com vossa vida extraviada, não vos proporcioneis a ruína com as obras de vossas mãos. Pois Deus não fez a morte, nem tem o prazer de destruir os viventes" (Sb 1,12-13). Com um olhar voltado para o justo, que está junto de Deus e protegido por Ele, o autor de Sabedoria afirma de forma contundente:

> A vida dos justos está nas mãos de Deus, nenhum tormento os atingirá. Aos olhos dos insensatos pareceram morrer, sua partida foi tida como desgraça, sua viagem para longe de nós como aniquilamento, mas eles estão em paz (Sb 3,1-3).

No entanto, a mesma constatação de Eclesiastes se encontra no Livro da Sabedoria: "Breve e triste é nossa vida, não tem remédio quando o homem morre, não se conhece quem tenha voltado do *Hades*. Nós nascemos do acaso e logo passaremos como quem não existiu" (Sb 1,1-2).

---

128. ALIGHIERE, D. *Divina comédia*: purgatório, canto XXXIII. Trad. de J.P.X. Pinheiro, 1822 [Disponível em http: //www.ebooksbrasil.org/adobeebook/purgatorio.pdf – Acesso em 18/11/2018].

O Livro de Jó segue a mesma linha de pensamento: "O homem, nascido de mulher, tem a vida curta e cheia de tormentos. É como a flor que se abre e logo murcha, foge como a sombra sem parar" (Jo 14,1-2). "Bem vejo que me devolves à morte ao lugar do encontro dos mortais" (Jo 30,23). Todos morreremos, sem distinção.

O Livro dos Provérbios propõe prolongar a vida para retardar a morte. Não há como fugir da morte, mas posso ter uma morte serena como recompensa por ter agido de forma justa. A Teologia da Retribuição, que sustenta o Livro dos Provérbios, mostra que a retribuição para os justos, aqueles que buscam e amam a sabedoria, é uma vida longa, conforme suas máximas:

> Meu filho, não esqueças minha instrução, guarda no teu coração os meus preceitos: porque te trarão longos dias e anos, vida e prosperidade (Pr 3,1-2). Meu filho, escuta e recebe minhas palavras, e serão longos os anos de tua vida (Pr 4,10). Por mim prolongarás os teus dias, e ajuntar-se-ão anos em tua vida (Pr 9,11).

Não somente a sabedoria, mas o temor do Senhor também prolonga os dias de vida do justo, sendo os anos dos ímpios abreviados (Pr 10,27). Ademais, o temor do Senhor é fonte de vida que evita os laços da morte (Pr 14,27). Da mesma forma, o ensinamento dos sábios é fonte de vida para evitar os laços da morte (Pr 13,27), e quem odeia o lucro tem os seus dias prolongados (Pr 28,16). O justo terá uma vida longa, cheia de dias felizes, e a sua memória será eterna.

Quando não é possível prolongar os dias, resta a imortalidade mnemônica como consequência de uma vida justa, o que garante a retribuição. É o que vemos no Livro do Eclesiástico (44,1-15), quando inicia um grande relato de elogio aos antepassados, os quais foram justos e tiveram um bom nome (Eclo 41,11-13). Acreditava-se que, no mundo dos mortos, no *Sheol*, havia também divisão de pessoas. Para tanto, criou-se a imortalidade mnemônica, ou seja, a virtude do falecido era perpetuada na memória dos pósteros e inscrita em tábuas de pedra. Os mortos continuavam vivendo na lembrança de seus descendentes e amigos sobreviventes, ou, mais ainda, porque o nome deles ficava escrito em tábuas de pedra. Assim, ninguém poderia esquecer o morto.

Contrário a essa visão da Teologia da Retribuição, o Livro do Eclesiastes afirma que os mortos não sabem que irão morrer, nem terão recompensa, porque a memória deles cairá no esquecimento (Ecl 9,5). Assim escreve:

> Ninguém se lembra dos antepassados, e também aqueles que lhes sucedem não serão lembrados pelos seus pósteros (Ecl 1,11). Não há lembrança durável do sábio e nem do insensato, pois nos anos vindouros tudo será esquecido: o sábio morre como o insensato (Ecl 2,16).

Eclesiastes nega a possibilidade de memória eterna. Isso é pura ilusão! No *Sheol*, o mais famoso dos reis se assentará com o mendigo. Essa terrível afirmação tem o endereço certo, o que vale é a vida presente. Ela, sim, deve ser igual para todos. Ninguém pode, além de cometer injustiças contra o outro, ainda achar que o seu poder continuará após a morte[129].

O Livro da Sabedoria afirma que a esperança do justo está plena de imortalidade (Sb 3,4). Para os injustos, a morte é uma tragédia, mesmo que eles tenham um pacto com ela (Sb 1,16). A morte do justo não é uma tragédia, mas a do ímpio, essa, sim, é uma punição, pois é uma morte eterna e um castigo (Sb 17,24). Mazzinghi afirma:

> No Livro da Sabedoria a verdadeira punição é a morte eterna dos ímpios, da qual a morte física é somente

---

129. FARIA, J.F. A morte com sentido de vida em Eclesiastes. In: MOREIRA, G. et al. *O povo sabe das coisas* – Eclesiastes ilumina o trabalho, a vida e a religião do povo. São Leopoldo: Cebi, 2006, p. 93.

o prelúdio. A morte não é consequência da maldade, mas o contrário. O ímpio encontra a morte porque rejeita a própria condição mortal. A morte física não é consequência do pecado. Para o justo, de fato, ela é a "irmã morte" que, mesmo conservando sua ambiguidade, ela é a passagem para a vida[130].

A retribuição no Livro da Sabedoria acontecerá no pós-morte. Aquele que procura a sabedoria será como ramos que florescem, como uma vida longa na eternidade. "A raiz da sabedoria é temer ao Senhor, os seus ramos são uma longa vida" (Sb 1,20). "No entanto, antes da morte não beatifiques a ninguém, pois em seu fim é que se conhece o homem" (Sb 11,28), pois o morto será julgado no dia de sua morte. Porém, se o justo agradou a Deus, Deus o amou; vivia entre pecadores, Deus o transferiu. Arrebatou-o para que a malícia não lhe pervertesse o julgamento e a perfídia não lhe seduzisse a alma. Sua vida era agradável ao Senhor, por isso saiu às pressas do meio do mal (Sb 4,10.11.14). O Juízo Particular da Idade Média encontra apoio nesses textos do Livro da Sabedoria.

Desse modo, para o autor do Livro da Sabedoria, a imortalidade consiste na vida plena com Deus, junto dele eternamente. A imortalidade pessoal é conferida por Deus. Trata-se de uma sabedoria beatífica e não de longos dias como recompensa de uma vida justa. Assim, "o justo, ainda que morra cedo, terá repouso. Velhice venerável não é longevidade, nem é a medida pelo número de anos; as cãs do homem são a inteligência e a velhice, uma vida imaculada" (Sb 4,7-9). Ademais, "o justo que morre condena os ímpios que vivem, e a juventude em breve consumada, a velhice longa do injusto" (Sb 4,16); "Feliz a estéril imaculada que desconhece a união pecaminosa" (Sb 4,13).

---

130. MAZZINGHI, L. "Dio non há creato la morte" (Sap 1,13): il tema dela morte nel libro dela Sapienza. In: *Parola Spirito e Vita*, vol. 32, n. 2, jul.-dez./1995, p. 75. Bolonha.

Para o autor do Livro da Sabedoria, conforme Ravasi:

> a visão otimista do justo longevo, saciado de dias e de felicidade, acompanhado de uma recordação mnemônica, é contestada por uma teologia mais sofisticada que não concorda com o simples mecanismo da retribuição, punição para o delito e justiça como prêmio já na terra[131].

Dessa forma, na visão do autor de Sabedoria, ainda que o justo sofra durante sua vida, ele terá a vida eterna após a sua morte. E foi esse modo de compreender o mistério da morte que levou os cristãos a terem a Sabedoria como livro de cabeceira, diante da morte redentora do justo Jesus.

Receber a retribuição em vida é a proposta da Teologia da Retribuição. O Livro do Eclesiastes propõe aproveitar a vida sem esperar recompensa, pois a morte é certeira, e não há nada de novo debaixo do sol (Ecl 1,9). Para ele, a Teologia da Retribuição não tem fundamento. Tudo que recebemos é um dom de Deus e não retribuição[132].

Buscar sempre a felicidade e aproveitar a vida com boa comida, lazer e desfrutando o produto do trabalho (3,12-13; 9,9). Não se trata do *carpe diem* (aproveite o dia) de Horácio, do viver sem responsabilidade, mas viver a vida de forma intensa, procurando a felicidade e refletindo sobre a morte.

Para Eclesiastes, não há vida no pós-morte:

> Os vivos sabem ao menos que irão morrer; os mortos, porém, não sabem, e nem terão recompensa, porque sua memória cairá no esquecimento. Seu amor, ódio e ciúmes já pereceram, e eles nunca mais participarão de tudo o que se faz debaixo do Sol (Ecl 9,5-6).

---

131. RAVASI, G. La morte del vechio sazio di gioni. In: *Parola Spirito e Vita*, vol. 32, n. 2, jul.-dez./1995, p. 35. Bolonha.
132. SILVA, C.M.D. & LÓ, R.C. *Caminho não muito suave* – Cartilha de literatura sapiencial bíblica. Campinas: Alínea, 2011, p. 88.

Nisso, Coélet concorda com a tese da Teologia da Retribuição. No entanto, discorda quando afirma que o que poderia ser retribuição nessa vida não procede, pois tudo não passa de vaidade, um correr atrás do vento. A morte iguala a todos, o ser humano não é melhor que o animal. Todos, justos e injustos, vão para o mesmo lugar (Ecl 2,15-18; 3,20; 9,2-3). A morte é a aniquilação total.

Para Coélet, na vida, há um tempo para tudo: nascer e morrer, plantar e colher etc. (Ecl 3,1-8). Aproveitar cada momento e realizá-lo com intensidade é ser sábio. Viver a alegria de estar vivo. De que me adianta pensar ou viver em função de um futuro que tampouco conheço ou que nem sei como será? O que vale é a vida vivida com intensidade. E é a certeza da morte que me leva a viver plenamente a vida em todos os sentidos. Viver com intensidade é amar a vida. "E compreendi que não há felicidade para o ser humano a não ser a de alegrar-se e fazer o bem durante a sua vida. E que o ser humano coma e beba, desfrutando do produto de todo o seu trabalho, é dom de Deus" (3,12-13). Vida feliz é aquela que sabe desfrutar os produtos de seus trabalhos, sem o acúmulo e com dignidade. Todo o resto é pura vaidade, fugacidade.

O Novo Testamento entendeu a morte como consequência e castigo do pecado[133]. São Paulo, o Teólogo da ressurreição, ensinou que o pecado entrou no mundo por um só homem, mas todos pecaram, e, consequentemente, veio a morte para todos por causa de um. Nesta mesma linha de raciocínio, ele argumenta que a graça de Deus, por meio também de um só homem, Jesus Cristo, veio sobre todos os homens (Rm 5,12.15). A ressurreição de Jesus foi a vitória dele sobre a morte (1Cor 15,25). Ele passou a ser o Senhor dos mortos e vivos (Rm 14,9). Ele, o Vivente, esteve morto, mas está vivo pelos séculos dos séculos e tem a chaves da Morte e do *Hades* (Ap 1,18). Como Senhor dos

---

133. FONSECA, J. *Música ritual de exéquias...* Op. cit., p. 84.

mortos e vivos e detentor das chaves da morte, Jesus passou a ser interpretado, posteriormente, como Aquele que pode julgar e definir o futuro dos mortos. Recorrer a Ele pode levar o cristão à salvação e ao livramento do opróbrio, o horror eterno.

3.2.2 Relação da morte com o sofrimento na condição humana

O sofrimento em relação à morte foi no passado vivido com intensidade. A morte ocorria nas casas. O falecido estava rodeado dos parentes. Na última agonia, uma vela era colocada nas mãos do moribundo. Os familiares expressam o sofrimento por meio de roupas pretas ou tarjas pretas nos bolsos das camisas. O velório acontecia nas casas, e até o caixão era produzido pelos familiares. O tempo passou, vieram as funerárias para preparar o corpo no caixão. A morte passou a ocorrer nos hospitais; ela ocorre, muitas vezes, no isolamento de um Centro de Tratamento Intensivo (CTI). O falecido é velado em lugares apropriados, em velórios públicos. O enterro é rápido. Parece que o morto perdeu sua dignidade e deve ser esquecido logo. Como entender a condição humana do sofrimento? Será que ele deixou de existir?

A primeira explicação do sofrimento humano pelo viés do mito ocorre em Gn 2,4a–3,24. A mulher aceita a proposta da serpente, come do fruto proibido e oferece-o ao homem. Depois desse ocorrido, a mulher passa a ter dores de parto. Assim como a serpente, que representa a fertilidade, a mulher torna-se fecunda, mas com dores. Mulher e serpente são desqualificadas na narrativa mítica[134]. Por outro lado, a mulher também, por causa da ação da serpente, torna-se súdita do homem. Ela terá desejo pelo homem, que a dominará (3,16). Essa é a terrível sentença de punição para a mulher. Ela sofrerá nas mãos do marido, que

---

134. REIMER, H. A serpente e o monoteísmo. In: REIMER, H. & SILVA, V. (orgs.). *Hermenêuticas bíblicas* – Contribuições ao I Congresso Brasileiro de Pesquisa Bíblica. São Leopoldo/Goiânia: Oikos/UCG, 2006, p. 119.

passa a governar a mulher. E se esse era o desejo da serpente e, considerando sua relação com os poderes reais do Faraó e monarquia israelita, podemos afirmar que há uma transferência de domínios, mantendo a cadeia de dominação. A parceria entre a mulher e a serpente resulta em opressão. Pelo fato de o homem ter aceitado a proposta dela, receberá a punição do trabalho exaustivo na terra, e ele se torna maldito por causa da atitude de desobediência humana (3,17). O poder da serpente leva o homem a viver de suor e fadigas, sofrimento sem fim. A serpente, o poder dominador, precisa desse trabalho forçado para sobreviver[135]. O homem torna-se pó da terra e morre de tanto trabalhar. O mito explica o sofrimento pelo viés da opressão, que o lavrador conhecia.

Por que ou para que sofrer? Essas duas perguntas acompanham o ser humano em sua trajetória de vida em direção à morte. A única certeza que a condição humana tem, apesar de toda sua capacidade tecnológica, científica, é que vamos morrer, e da morte nenhum vivente escapará: rico, pobre, justo e injusto, todos caminham para um mesmo fim. Diz o salmista que o homem não pode comprar o resgate de sua morte, nem pagar a Deus seu preço. O resgate de sua vida é tão caro que seria sempre insuficiente para o homem sobreviver, sem nunca ver a cova (Sl 49,8-10).

Viver, então, é a sua sina. Viver sofrendo, buscando sempre a felicidade e explicando o inexplicável. O sofrimento preenche a metade de nossas vidas. A outra metade reside na explicação do Sagrado ou no mistério que nos envolve. A felicidade consiste em momentos, segundos, que chegam e vão logo. Ninguém é feliz eternamente, nem plenamente.

Perguntar pelo sentido das coisas. Por quê? Para quê? Duas perguntas que acompanham nossas vidas. A primeira nos remete ao passado, a segunda, ao futuro.

---

135. SCHWANTES, M. *Projetos de esperança* – Meditações sobre Gênesis 1–11. Petrópolis: Vozes, 1989, p. 80-81.

Com perguntas infindáveis, o "porquê" busca razões diante da morte. E vêm as respostas dos vivos diante da morte: Eu podia ter evitado o acidente. Eu podia ter socorrido o moribundo. Eu podia ter perdoado e recebido o perdão. Eu podia, mas não posso mais!

Já o "para que" remete ao futuro. Ele não justifica, mas dá um sentido para as coisas. O que aconteceu tem uma razão de ser. Com essa pergunta, a morte ganha um novo sentido. Jesus, na hora da morte, na cruz, pergunta: "Pai, por que me abandonastes?" (Mt 27,46). Naquele momento, ele entendeu que sua morte era redentora. Nos Salmos a pergunta é sempre para quê. Daí que o lamento se torna esperança.

A morte faz parte da condição humana. No entanto, os seres humanos sempre tiveram dificuldades de compreender o seu significado e a necessidade de sua presença na história de cada um dos viventes. Quando a morte chega, os corações dos vivos, daqueles que verdadeiramente amaram quem partiu para nunca mais voltar, dilaceram numa dor sem fim. Uma dor que parece interminável. Bate no peito, a cada segundo, a dor de dias e de sofrimento intermináveis, uma vontade de ver de novo, mesmo sabendo que na vida terrena isso nunca mais será possível. Aquele rosto de mãe, pai, filho, filha nunca mais serão vistos na forma humana, mas somente pela fé para aqueles que dela se nutrem. Aqueles lugares onde o falecido e o enlutado festejaram a vida tornam-se um espaço de tédio e sofrimento sem fim. Tudo recorda quem partiu. Tudo é morte. O canto do galo, outrora, sinal de descanso e felicidade, torna-se lembrança da morte. O amor vivido encontra seu inimigo mortal, a morte.

A medida da dor e do sofrimento corresponde ao valor que o morto teve em vida. Por isso, uns sofrem mais e outros, menos. Amor e morte são sinônimos. Morre por amor. Sofre por amor.

O entardecer de um enlutado, quando o dia se fecha nas suas energias vitais, uma dor súbita chega sempre com um vigor inexplicável. E como dói saber que não há o que fazer, a não ser sentir a dor e canalizá-la para a memória do falecido, rezar e seguir a faina do dia que parece declinar como a morte. Quem sabe o dia seguinte será diferente? Não! Não será, pelo menos nos primeiros dias, semanas e meses. Quando o outro dia amanhece, a dor é a mesma. Tudo gira em torno do trágico da vida, e perguntas sem fim acompanham o dia a dia: Por que isso está acontecendo comigo? Por que eu não agi desse ou daquele modo? Por que eu me descuidei na assistência devida? Por que eu não amei mais? Os porquês se tornam infinitos. Nada de resposta convincente, mas apenas possibilidades que não são mais passíveis de realização. Tudo passa, e o que podia ter feito não mais poderá ser realizado. Eu podia ter amado mais, mas não amei. Eu podia, mas não posso mais. Agora, tudo é passado. E como dói perguntar sem poder voltar ao túnel do tempo.

Com o tempo, a própria condição humana se encarrega de amenizar a dor, mas libertar-se dela é impossível. A dor transforma-se em saudade, em memórias de um bom tempo vivido. O ainda vivente parece conversar com o falecido, estreitar laços que nunca foram alinhados. Lembranças de um tempo que já passou e não volta mais. Lembranças! Somente lembranças! E nada mais!

Cada ser humano experimenta de forma diferenciada a dor da morte. Perder o pai não é o mesmo que perder a mãe. Para outros, no entanto, a ordem inversa é também verdade. Tudo depende de como nos relacionamos com eles em vida. A mãe será sempre o cordão umbilical que se rompe com a morte. Rompido, chega o vazio da orfandade.

Mãe é o primeiro olhar, a primeira pessoa que vimos ao vir ao mundo. O último olhar na capela mortuária, antes de entrar na tumba eterna é terrível, é forte, é a dor da morte. Eu quisera que aquele momento de olhar não terminasse nunca.

Foi impossível! E aquela que me amou e eu amei tanto se foi no infinito de uma terna lembrança no sono eterno da morte.

Consolos mil cercam os enlutados. "Ele está melhor, sem dor e sofrimento, afirmam com uma certeza incerta." A história de como ocorreu a morte é repetida infinitamente. Por ironia do destino da morte, abruptamente todos os que passaram pelo velório voltam para o cotidiano de suas vidas à espera da morte. As perguntas cessam. A dor, não! O tempo do enlutado torna-se infindável. O quase terror de estar só, sem ter ninguém ao lado, contrasta-se com a correria de mortais viandantes que seguem o seu percurso alucinante. Não mais se pergunta pelo falecido. Somente os mais próximos, os amigos, é que continuam a se preocupar com os enlutados. E, sobretudo, aquele que já passou pela mesma experiência é que poderá compreender com exatidão o âmago da dor. Paira no ar uma misteriosa e inaudita ordem: "Não falemos mais nisso! Esqueça o morto! Ele está em outra dimensão, feliz e sem dor! Está junto de Deus"!

Nisso há um outro lado trágico da vida: pensamos que somos completos estando ao lado do outro. Ledo engano, somos seres solitários e completos em nós mesmos. Quem não é uma pessoa bem estruturada internamente se desmorona quando se defronta com a morte. Acaba entrando em depressão, pois fica o tempo todo buscando a felicidade onde ela não mais existe, no "amor" de sua vida que já foi embora. O falecido não mais vai resolver os meus problemas, ele não mais vai completar o dia, as horas de solidão, o recarregar as energias. Nisso tudo uma outra constatação não menos trágica: somos felizes por nós mesmos, viver é conviver com a falta.

A fé é fundamental para entender o mistério da morte e sua condição na vida dos humanos. No entanto, o filho que sofre a dor da morte dos pais e a mãe que sofre a dor do filho morto estão todos, igualmente, intrincados por um laço de sangue, um amor conjugal, um cordão umbilical. Compreendi, com a morte de minha mãe Luci Luíza, o seu lamento, o seu sofrimento, durante infindáveis cinco anos, pela morte de meu pai. Como filho, eu procurava consolá-la e, ao mesmo tempo, cuidar dela. Cresci ouvindo o choro de minha mãe pela morte da minha avó materna que morreu no dia em que ela gerou o meu irmão mais velho. Idos anos de 1957. E foi assim, até seu último suspiro, na octogenária caminhada de sua vida. Com a morte de minha mãe compreendi tudo, me senti órfão de pai e mãe. A outra metade de minha vida foi embora.

O amor é um nó de relações que nos mantém vivos, nos ajuda a vencer os sofrimentos e nos coloca no caminho da vida em busca de Deus, o Amor Maior que nos deu como dom a vida. A imagem da vida como se fosse uma viagem de trem me parece elucidativa. Viajamos em comboio, vagões da vida se entrelaçam em uma única corrente, em destinos variados, mas todos chegam à estação final. No entanto, no decorrer do existir, na viagem de nossas vidas, os lugares vão sendo ocupados com esposo(a), filhos(as), amigos(as), parentes. São todos amigos, mas há também os que não são, porém ocupam os seus lugares. No decorrer da vida, por circunstâncias diversas, os amores mudam, conhecidos vão mudando de vagão, mas seguem a viagem. Outros deixam de ser amigos e também mudam de vagão. Uns viajam ao nosso lado e nem nos damos conta. Assim parece ser a vida até o dia em que os amores verdadeiros descem definitivamente para nunca mais embarcarem: mãe, pai, filho(a), esposa(o). Eles descem do "trem" da vida. O comboio segue. A vida continua e não há mais nada a fazer, a não ser conviver com a dor da partida, aceitar a morte dos outros e esperar a própria morte, aumentar a fé e pedir a Deus que nos conforte. Seguir a viagem, apesar do sofrimento, com a mesma fé e a esperança de reencontrar nossos mortos na eternidade que não passa, no encontro definitivo com Deus, no Amor e sem sofrimentos.

O judeu Abraham Heschel escreveu com maestria:

> A mais profunda sabedoria que o homem pode alcançar é saber que seu destino é ajudar, servir. Temos que vencer o medo de sucumbir. Devemos adquirir para dar. Devemos triunfar para sermos subjugados. O homem deve entender para crer, conhecer para aceitar. A aspiração é ter, mas a perfeição é dar. Este é o sentido da morte: a suprema dedicação de si mesmo ao divino. Assim entendida, a morte não será distorcida pelo desejo da imortalidade, pois o ato de entregar é reciprocidade da parte do homem pelo presente da vida dado por Deus. Para o homem piedoso morrer é um privilégio. Este é o sentido da existência: reconciliar a liberdade com o serviço, o passageiro com o permanente, entrelaçar fios da temporalidade no tecido da eternidade[136].

Essa sabedoria judaica, no entanto, não foi a experiência do cristianismo medieval e posterior. A morte foi identificada com o medo de morrer e ir para o Inferno. Textos bíblicos apocalípticos foram relacionados com uma nova era do cristianismo ocidental em relação à morte. O medo da morte e sua relação com condicionamentos históricos da sociedade da época possibilitou o fortalecimento do poder da Cristandade. Por outro lado, não foram somente os textos canônicos, mas também os apócrifos, utilizados para construir um imaginário religioso de medo em relação à morte que ainda está presente em tempos atuais.

O sofrimento humano continua em relação à morte, mesmo sendo vivenciado de outras formas no mundo moderno. Para compreender melhor essa relação morte e sofrimento, vejamos como foi a relação com a morte na história, com destaque para as Idades Média e Moderna.

---

136. HESCHEL, A.J. *O homem não está só*. São Paulo: Paulinas, 1974, p. 302.

3.2.3 Relação com a morte na história e o lugar dos mortos na Idade Média e Moderna

O cristianismo, na sua origem, foi influenciado pelos cultos aos mortos realizados em banquetes fúnebres pelos pagãos junto às sepulturas, o que serviu para justificar a crença na união entre vivos e mortos na vida pós-morte, como afirmou Tertuliano, no fim do século II[137].

Na primeira metade do século III, os banquetes eram precedidos por banquetes eucarísticos pelos cristãos, os quais começaram a ser proibidos pela Igreja no fim do século IV, como fizera Ambrósio em Milão, vendo que esses eram celebrados nos túmulos dos mártires[138].

A Alta Idade Média (séculos V-X), influenciada pela visão cristã, estava mais preocupada com a salvação da alma, a sua entrada na vida eterna. O que importava era o momento da Parusia, da vinda de Cristo, e a ressurreição final dos adormecidos, os mortos em Cristo. O cristão desejava a morte física, pois ela era o acesso à vida eterna. A morte do corpo é sinal de alegria. Esperava-se a morte com entusiasmo[139]. A morte, na Alta Idade Média, é uma passagem para uma vida eterna, o Paraíso.

Por sua vez, a Baixa Idade Média (séculos XI-XV) via a morte e seus mártires em seu centro imaginativo, ritual e celebrativo. Os sacerdotes, monges e religiosos passam a ter o poder de lidar com a morte, propiciando a passagem da morte para a vida. Esse poder religioso foi transferido automaticamente para a Igreja na sociedade. A reforma gregoriana do século XI reforçou ainda mais essa situação[140].

---

137. TERTULIANO. *De testimonio animae*. Viena, 1866, cap. IV, p. 139 [Csel, 20].

138. BRAET, H. & VERBEKE, W. (eds.). *A morte na Idade Média*. São Paulo: Edusp, 1996, p. 54 [Ensaios de Cultura].

139. ARIÈS, P. *O homem diante da morte*. Vol. I. Rio de Janeiro: Francisco Alves, 1981, p. 14.

140. SCHMITT, J.-C. *Un tempo di sangue e di rose...* Op. cit., p. 13. Monges, sacerdotes e religiosos foram cada vez mais se firmando como verdadeiros gestores da morte e da relação com os vivos. A eles era conferido o poder de encaminhar a passagem do falecido.

Na verdade, o cristianismo, em sua origem até a Alta Idade Média, cuidava sim de seus mortos, mas não de forma a render-lhes homenagem no momento da morte com celebrações litúrgicas, como ocorre a partir do século XI, quando os monges de Cluny instituíram, em 1030, a celebração coletiva do dia de todos os mortos, o 2 de novembro, passando a ter uma relação clara entre vivos e mortos. Os vivos rezam pelos mortos e os mortos intercedem pelos vivos[141].

Nos séculos XI e XII, aparecem cemitérios construídos perto da Igreja e murados para contrapor o seu caráter religioso ao espaço sagrado que era a igreja, bem como para subordiná-lo ao poder eclesial. Nos cemitérios não havia demarcação de túmulos, de propriedades privadas, mas uma terra coletiva cheia de cruzes. Em torno aos cemitérios nascem, eventualmente, as cidades[142].

Na verdade, nasce primeiramente o costume de enterrar os mortos dentro dos limites da igreja, já no século VI, seguido do enterro dentro das cidades, e regulamentado, isto é, a possibilidade de ser enterrado junto a uma igreja no ano 900. Os cemitérios deixam de ser construídos fora do espaço da igreja somente a partir da segunda metade do século XVIII[143]. Eles passam a ser construídos fora da cidade.

Ariès cita um historiador de direitos funerários da Idade Média, Bernard: "o cemitério é o lugar mais barulhento, mais agitado, mais turbulento, mais comercial da aglomeração rural ou urbana"[144]. O cemitério era utilizado para celebrações litúrgicas, procissões, cortejos militares, solenidades civis, ações judiciárias, feiras, comércios, encontros de enamorados, danças etc. Ao lado dele viviam mulheres reclusas, eremitas. O cemitério, até o século XVI, era o lugar da praça pública[145].

---

141. Ibid., p. 17.
142. Ibid., p. 19.
143. BRAET, H. & VERBEKE, W. (eds.). *A morte na Idade Média.* Op. cit., p. 59-61.
144. ARIÈS, P. *O homem diante da morte.* Vol. I. Op. cit., p. 69.
145. Ibid., p. 67-70.

A partir do século XV, o desejo de ser enterrado dentro de uma igreja passou a ser expresso em testamentos. O lugar mais desejado era o coro, onde era celebrada a missa. Em segundo lugar, estava o desejo de ser enterrado na capela de Nossa Senhora ou de sua imagem. A partir do século XVII, quando se desenvolveu a devoção a São José, como patrono da Boa Morte, sua capela era também escolhida. A imagem de Nossa Senhora era também colocada em cemitérios. A partir do século XVIII o costume de pessoas – de poder aquisitivo ou não – quererem ser enterradas dentro da Igreja foi abandonado[146].

O cuidado com os mortos na Baixa Idade Média deve-se ao fato de que, nessa época, chegando até o Renascimento (século XV), a relação com o juízo divino no julgamento final após a morte, que era de redenção de Deus, baseada na certeza da ressurreição e no testemunho dos mártires, difundida na Alta Idade Média, estava sendo substituída pelas incertezas. Aventava-se a possibilidade da danação eterna da alma. O medo do castigo tomava conta das pessoas. O medo da morte deu lugar ao medo do castigo. O castigador tinha nome, Satanás, autor da morte e, por conseguinte, causador de tantos medos e males para a humanidade.

Na grande viagem da alma para o Paraíso, a Igreja da Baixa Idade Média e Moderna busca ter o controle sobre a alma da pessoa. Imediatamente, após a morte haveria o julgamento. O destino da alma seria a alegria ou sofrimento eterno. O primeiro no Paraíso e o segundo, no fogo do Inferno.

O papel de Maria intercessora, advogada na hora da morte diante do juiz, seu Filho, invadiu a devoção popular mariana da Baixa Idade Média, tendo como base a tradição apócrifa da Alta Idade Média. Essa devoção voltou para garantir a misericórdia divina, na pessoa de Maria, que, mais tarde, ela receberá a alcunha

---

146. Ibid., p. 82-86.

de Nossa Senhora da Boa Morte. O *transitus*, a viagem de Maria para o Paraíso, ganhou um novo sentido, sendo relido de forma diferente da Alta Idade Média.

Entre os séculos XVI e XVIII, os pregadores da Igreja, membros das ordens religiosas dos capuchinhos, lazaristas, jesuítas, redentoristas, dominicanos e de tantas outras, usavam os púlpitos das igrejas, os cemitérios e os teatros para desenvolver a pastoral do medo. Medo de morrer e ir para o Inferno, medo da morte. Verdadeiras histerias coletivas podiam decorrer dessas acaloradas pregações sobre a morte[147]. Delumeau afirma:

> Tratou-se, portanto, de uma angústia vivida no seu auge e que a pastoral quis comunicar às populações. Então, inevitavelmente, caiu-se na tática; foram procurados os meios próprios para impressionar; foram utilizados "truques" capazes de reforçar a autoridade dos pregadores e tornar verossímil essa mistura de culpabilização, de ameaças e de consolações que constituiu durante séculos o tecido habitual da pregação[148].

Para incutir o medo da morte, pregadores utilizavam crânios em seus sermões. Medo da morte, do julgamento divino e danação eterna no Inferno formam uma trilogia perfeita nessa época. Imaginava-se uma catástrofe final no dia do advento de Nosso Senhor Jesus Cristo para o julgamento. Haveria fogo vindo do Céu e todos os males saindo do mar, local em relação ao qual havia um medo generalizado, pois nele estavam as potências infernais[149].

O medo da morte entra em descrença no século XVIII, época das luzes, da razão, a qual, sendo despertada, colocaria fim

---

147. DELUMEAU, J. *O pecado e o medo* – A culpabilização no Ocidente (séculos 13-18). Vol. II. Bauru: Edusc, 2003, p. 31.
148. Ibid., p. 11-12.
149. DELUMEAU, J. *História do medo no Ocidente...* Op. cit., p. 41-52.

aos monstros do medo e do pavor da morte, como retrata a famosa pintura "O sono da razão", do espanhol Francisco Goya[150].

3.3 Medos da morte, do fim do mundo e do Juízo Final

A relação com os mortos, a morte e a vida pós-morte percorreu um caminho com enfoques diferenciados desde os primórdios do cristianismo, da patrística, na Idade Média e Moderna. Trata-se de uma longa trajetória que inclui, de certa forma, primeira morte, segunda morte, primeira ressurreição, segunda ressurreição, parusia, Paraíso, Juízo Final, Juízo Particular, Inferno, Purgatório etc. Vejamos como esse processo ocorreu no cristianismo, na vida da Igreja, na relação com Maria.

3.3.1 À espera da gloriosa ressurreição dos santos na Parusia

A esperança da vinda iminente de Jesus alimentou os primeiros escritos bíblicos cristãos. São Paulo ensina: os que morreram em Jesus ressuscitarão primeiro e os que ainda vivem estão à espera de Cristo (1Ts 4,12-17). Essa ideia predominou na primeira hora do cristianismo.

No judaísmo havia a crença do sono da morte no *Sheol* antes do destino final do ser humano. Como vimos, no apócrifo fala-se de três dias simbólicos da Dormição de Maria. A literatura apócrifa mariana reforçou essa visão também no cristianismo, a da espera do cristão, antes da ressurreição final, no fim dos tempos.

Várias orações da Alta Idade Média retratavam o desejo dos fiéis de fazer uma boa viagem até o momento da volta de Cristo, mas sem o medo do juízo dele. Seria um momento de glória. O suplicante rezava:

---

150. BRAET, H. & VERBEKE, W. (eds.). *A morte na Idade Média*. Op. cit., p. 23.

Peço-te, Senhor, dá-me depois de minha morte um caminho rápido. Alcançar a suavidade do Paraíso eterno, e lá seja-me dado descansar com as almas dos santos até a hora da ressurreição. E depois permite-me, Pai piedosíssimo, alcançar uma parte da eterna beatitude com os santos e os eleitos e contemplar tua gloriosíssima face com os beatos e os perfeitos pelos séculos dos séculos[151].

Outras orações dessa época refletem o pensamento do fiel que esperava sem medo a glorificação, o momento da parusia definitiva de Cristo. Tratava-se de um desejo, uma visão beatífica, em Paraíso celeste com a presença do Cristo glorioso, baseado na visão apocalíptica da nova Jerusalém: Jesus glorioso no trono, rio de água viva etc. (Ap 21,1-6).

Outro elemento importante na visão cristã da morte e da ida ao Paraíso celeste é a relação com o batismo. Quem recebia o batismo obtinha a ressurreição e a salvação eterna. Em pias batismais ilustradas, já do século XI, foram encontradas iconografias de ressuscitados que saíam nus, marido e mulher, dos sarcófagos, o que relaciona claramente o batismo com a ressurreição e a vida eterna[152].

3.3.2 À espera de um Juízo Final: do milenarismo ao fim do mundo e os medos escatológicos

Passados mil anos de cristianismo, uma nova visão cristã em relação ao pós-morte se estabeleceu. Estamos no século XII. Textos bíblicos são retomados para estabelecer uma nova relação com a morte e o futuro de cada cristão.

---

151. ARIÈS, P. Uma antiga concepção do além. In: BRAET, H. & VERBEKE, W. (eds.). *A morte na Idade Média*. Op. cit., p. 84.
152. DUPONT, J. La Salle do Trésor de la cathédrale de Châlons-sur-Marne. In: *Bulletin des Monuments Historiques de la France*, vol. 3, 1957, p. 183, 192-193. Paris.

O milenarismo é uma forma de pensamento que surgiu no judaísmo. Textos do Antigo Testamento (Is 54–55; Ez 40–48; Dn 2; 7) falam da vinda de um messias que inauguraria um tempo de fartura e de paz. O pensamento judaico influenciou textos do Novo Testamento. Ap 20,4-15 é um deles. Esse texto anuncia que os mortos que deram suas vidas por causa de Cristo participam da primeira ressurreição e reinarão com Cristo por um período de mil anos. Já os outros mortos deveriam esperar o final dos mil anos. Durante o período dos mil anos, Satanás estaria aprisionado. Ao final, ele seria solto para seduzir as nações. O fim desse período seria um grande julgamento, o Juízo Final dos mortos que estavam nos Infernos (*Hades* ou *Sheol*). Os que estavam inscritos no *Livro da Vida* ressuscitariam. Os não inscritos, porém, seriam lançados num lago de fogo. A era milenarista é a época dos santos libertos do poder de Satanás, pois este estaria aprisionado por mil anos. Haveria, portanto, a era dos mil anos de paz, na qual já estaria realizado o primeiro juízo de Deus. Passado esse tempo estabelecido, ocorreria o Juízo Final de Deus, quando, então, a Jerusalém Celeste desceria sobre a terra. Até o século X, a Igreja não pregava o Juízo Final, embora fosse conhecedora dessa possibilidade.

Ao longo dos mil anos, várias interpretações foram sendo feitas dessa profecia. Seria o fim do Império Romano? Seria um tempo, de fato, historicamente cronometrado? Santo Agostinho (354-430) combateu o milenarismo e interpretou-o como sendo um tempo de duração não definida, o tempo de salvação pela Igreja[153].

O milenarismo teve forte influência na sociedade quando os 1000 anos chegaram. A história de um monge francês, Rodulfus Glaber (990-1046), que relata fatos extraordinários ocorridos

---

153. SANTO AGOSTINHO. *De Civitate Dei*, livro XX, c. 7. Apud MIGNE, J.P. *PL*. Vol. XLI. Paris: Bibliotheca Universalis, col. 667-668.

durante três meses no ano mil: cometa brilhante, tremores de terra, incêndios, heresias e depravação do clero. Esses sinais, segundo a narrativa, evidenciavam a chegada do Anticristo[154].

Movimentos com inspirações milenaristas foram surgindo. A Primeira Cruzada, proclamada em 1096, foi um exemplo disso. Antoniazzi afirma:

> A situação é complexa, e os fatores que a determinam são numerosos. De fato, ao lado da Cruzada dos nobres, militarmente preparados para responder ao apelo do Papa Urbano II – que queria mais ajudar o imperador cristão do Oriente do que reconquistar Jerusalém – forma-se uma Cruzada dos pobres, movidos tanto por motivos espirituais – a reconquista de Jerusalém, pensada como a terra da Paixão de Cristo e do perdão de todos os pecados – quanto por motivos materiais: a fome e a insegurança que deixavam para trás e a esperança de encontrar em Jerusalém um lugar de bem estar e felicidade terrena[155].

A Segunda Cruzada (1147-1149) teve mais acentuada a esperança milenarista: um imperador que salvaria os pobres e instauraria a era da felicidade, derrotando o Anticristo.

A visão do Apocalipse sobre os 1000 anos, bem como a de outros textos apocalípticos, como Mt 24–25; Mc 12–13; Is 24–27; Dn 2 e 7 etc. teve forte influência no século XII. O juízo do último dia com a separação de eleitos e condenados do Evangelho de Mateus inspiravam iconografias. O texto de Mt 25,34 diz: "Vinde, benditos de meu Pai, recebei por herança o Reino preparado para vós desde a fundação do mundo". Unido ao versículo 41: "Apartai-vos de mim, malditos, para o fogo eterno preparado para o Diabo e para os seus anjos". E tendo excluído a ligação

---

154. ANTONIAZZI, A. Milenarismo não é só Idade Média. In: *Vida Pastoral*, mai.-jun./1999, p. 23-30. São Paulo.
155. Ibid., p. 26.

com o acolhimento do nu, do doente e do preso, serviu para sedimentar a ideia do Juízo Final que seria realizado por Jesus.

Estamos diante de duas visões, a de Mateus e a de Apocalipse. No século XII, essas duas visões se uniram com o objetivo de estabelecer o grande Juízo Final. Nas abóbodas de igrejas foram pintadas cenas desse julgamento. No século XIII, a visão mateana sobrepôs-se à do Apocalipse nas iconografias[156]. A segunda vinda de Jesus foi entendida como um grande julgamento, um Juízo Final. Dentre as visões milenarista da época, uma se destaca: a que considera a era da felicidade realizada no tempo da Igreja, como ensinara Santo Agostinho, e que o momento era de realização do Juízo Final. Essa visão contribuiu para instaurar o medo na Baixa Idade Média[157].

Nas iconografias inspiradas no julgamento final de Mateus dos séculos XII e XIII aparecem vários elementos: Jesus, o grande juiz, cercado de anjos e apóstolos. O anjo de destaque é Miguel, pois a ele cabe a tarefa de pesar as almas, atitude que se caracteriza pela salvação ou condenação da alma, como mostra a figura 5.

É também desse século a figura do advogado diante do juiz que não aparece no texto de Mateus. Os parentes do juiz podem suplicar em favor dos condenados. Aparecem as figuras de Maria e João Evangelista aos pés da cruz, suplicando, pedindo ao juiz (Jesus) para agir com misericórdia. Maria assume, no século XIII, o papel de suplicante em favor das almas[158]. Já no século XI surgiu a oração da Salve-Rainha que apresenta Maria como advogada dos fiéis, mãe da misericórdia em um mundo degradado, um vale de lágrimas.

Como vimos, alguns apócrifos marianos assuncionistas já haviam apresentado Maria como intercessora no momento da

---

156. ARIÈS, P. *O homem diante da morte*. Vol. I. Op. cit., p. 109-110. Ariès apresenta vários exemplos de iconografias que tratam dessa temática do julgamento final.

157. ANTONIAZZI, A. Milenarismo não é só Idade Média. Op. cit., p. 23.

158. ARIÈS, P. *O homem diante da morte*. Vol. I. Op. cit., p. 110.

Figura 5 São Miguel e Demônio pesando almas
Autoria: Pintura do século XII no altar da Igreja de São Miguel de Soriguerola (Espanha) [Disponível em https://ca.wikipedia.org/wiki/Sant_Miquel_de_Soriguerola#/media/File: Taula_soriguerola-detall.jpg – Acesso em 22/04/2018].

morte, da viagem da alma para o Paraíso, associada ao medo do Demônio e da possível afronta de perseguidores. Neles, Jesus já fora considerado o "misericordioso". Maria como Mediadora surgiu na Igreja do Oriente e chegou ao Ocidente no século VII. Ela é Mediadora, primeiramente, porque possibilitou a encarnação de Jesus e, em seguida, porque pode intermediar em favor dos homens diante do Salvador[159]. Nos séculos XIII e XIV encontramos laudas, orações que retratam o pedido de mediação de Maria[160]:

---

159. PELIKAN, J. *Maria dos séculos*: seu papel na história da cultura. São Paulo: Companhia das Letras, 2000, p. 178.
160. VARANINI, G.; BANFI, L. & BURGIO, A.C. *Laude cortonesi dal secolo XIII al XIV*: 1Cort, 13,39-42; 14,83-86. Vol. I. Città del Castelo: Leo S. Olschki, 1982.

> Oh Maria, com grande piedade / a vós clamamos com humildade / que tu nos deves sempre ajudar / do inimigo que não nos leve. Maria, virgem digna / roga a Cristo que nos tenha / no seu reino, soberana / por nós interceda[161].

Visalli acredita que:

> Maria desempenhou um papel na devoção popular que dificilmente se poderia atribuir a Cristo, pois o tema da punição, do castigo, da vingança, do sangue já havia penetrado por demais na percepção religiosa dos fiéis. Apesar de apresentar Cristo numa fragilidade tão humana, como bebê recém-nascido cercado da atenção materna, mas sem o mínimo conforto, a imagem preponderante ainda será a daquele que julga, muitas vezes mais severo diante da lembrança de seu próprio sofrimento e de Maria que intervém para amenizar[162].

Essa relação com Maria possibilitou o surgimento de confrarias leigas marianas dedicadas ao louvor, à oração e assistência aos pobres e moribundos, como veremos no capítulo seguinte de nossa pesquisa.

A nossa hipótese é de que a piedade popular laical se valeu dessa tradição de Maria Mediadora para retomar o papel de Maria como Nossa Senhora que intercede no julgamento na hora da morte e que, séculos mais tarde, passou a ser Nossa Senhora da Boa Morte, capaz de livrar o cristão da má morte.

As iconografias do Juízo Final permanecem nos séculos seguintes, mas foram perdendo força para a visão de que a ressurreição ocorreria na hora da morte pessoal. Surgem no século XV,

---

161. O Maria, cum gram piedade / a voi kiamàm cum humilitade, / ke tu ce debia sempr'aitare / dal nimico, ke non ce prenda. Maria, virgo degna, / priega Cristo ke ne tegna / al suo regno, ne sovegna; / per noi sai intercedente!

162. VISALLI, A.M. A devoção mariana e a morte na Idade Média: estudo sobre a religiosidade laica através das laudas. In: *Anais do XXIII Simpósio Nacional de História* – História: guerra e paz. Londrina: Anpuh, 2005.

como veremos mais adiante, iconografias, *Ars Moriendi*, nas quais Maria aparece intercedendo pelo moribundo. O anjo Miguel foi substituído pelo anjo da guarda. Satanás continua reclamando a sua parte, mas não se trata mais de um tribunal de justiça, como nos séculos anteriores[163].

Voltando à temática do Juízo Final, ele, sendo divulgado nas artes catequéticas das capelas às catedrais, a qual se baseava nos textos bíblicos de Mt 25,31-46; Jo 5,25-29, deu ao Filho Jesus o poder de Pai para fazer o julgamento. Os mortos ouvirão a voz no sepulcro e sairão. Haverá um julgamento final.

Com base nessa visão bíblica, os pregadores anunciavam tormentos infernais, provas que se abateriam sobre a humanidade no dia do Juízo Final, dia de ira, o Soberano Juiz iria selecionar os eleitos e agir de forma implacável com os demais.

Entre as pessoas reinava o medo de não ser escolhido e de ir para o fogo eterno do Inferno[164]. O descanso da visão milenarista passou a ser visto como Inferno, lugar de castigo e suplício causado por Satanás, Lúcifer. Assim, várias literaturas, iconografias e a liturgia passaram a retratar essa situação de castigo infernal no pós-morte[165].

Pregadores da Igreja difundiam que o fim do mundo estava prestes a acontecer. O dominicano Manfredo de Vercelli induziu mulheres a deixarem seus maridos para se reencontrarem com eles no Juízo Final. "Logo, sem tardar, em muito pouco tempo" era fórmula usada pelos pregadores para se referirem ao fim do mundo[166]. Ademais, peças teatrais sobre o Juízo Final espalharam-se pela Europa.

A literatura escrita produziu *Art de bien vivre et de bien mourir*. Trata-se de textos, acompanhados de gravuras, que apre-

---

163. ARIÈS, P. *O homem diante da morte*. Vol. I. Op. cit., p. 116.
164. DELUMEAU, J. *História do medo no Ocidente...* Op. cit., p. 210.
165. BRAET, H. & VERBEKE, W. (eds.). *A morte na Idade Média*. Op. cit., p. 82-83.
166. DELUMEAU, J. *História do medo no Ocidente...* Op. cit., p. 220.

sentam de forma macabra a preparação para a morte associada a sinais evidentes da proximidade do fim do mundo e de como morrer bem. A literatura produziu também livros, como *Juízo Final*; *Despertar dos mortos* e *Ressurreição dos mortos* etc. A genialidade artística de Michelangelo pintou o Juízo Final na capela Sistina. Lutero divulgou a leitura da Bíblia e acreditou também que o fim do mundo estava prestes a acontecer.

O século XIV foi marcado por uma angústia escatológica. Um pregador, Francesco, em Florença, no ano 1513, dizia a respeito do fim do mundo:

> Haverá sangue por toda parte. Haverá sangue nas ruas, sangue no rio; as pessoas navegarão em ondas de sangue, lagos de sangue, rios de sangue... dois milhões de Demônios estão soltos... porque mais mal foi cometido ao longo destes dezoito anos do que no decorrer dos cinco mil anteriores[167].

A Reforma de Lutero estava impregnada da ideia de fim do mundo, um Juízo Final iminente. Os séculos seguintes seguiram essa cartilha. As dominações portuguesas e espanholas eram vistas como coisa nobre, verdadeiras conquistas para a Igreja e glória para Portugal e Espanha no dia do Juízo Final, diante do soberano Juiz, Jesus, que acolheria os novos convertidos. Esses dois países ofereceriam a Jesus, quando ele voltasse, milhões de convertidos. O frade dominicano Bartolomeu de las Casas, protetor dos índios, pelo contrário, acreditava que a Espanha seria castigada por tamanhas atrocidades cometidas no novo mundo em nome da cruz e da espada[168].

O milenarismo continuou com novas roupagens em Portugal no século XVI. Um novo império português que reinaria sobre o mundo, a ser iniciado em 1670, 1679 e 1700, para o

---

167. Ibid., p. 222.
168. Ibid., p. 213.

bem da Igreja e da nação portuguesa, foi prometido pelo Padre Antônio Vieira ao rei de Portugal[169].

Foi com essa visão que Portugal chegou ao Brasil para colonizá-lo. A chegada dos colonizadores ao Brasil, na América Latina indígena, provocou dominação cultural. A cosmovisão indígena não permitia o dualismo da evangelização portuguesa. Para o indígena, a terra é mãe, a natureza é um espírito acolhedor no pós-vida. Quando morre, o espírito do indígena volta para a natureza. O indígena não conseguia entender o discurso dicotômico de um Inferno ou Purgatório que o esperaria no pós-morte. Natureza é acolhimento, é mãe que possibilita o bem viver. No mundo criado pelas divindades indígenas, muitas delas ligadas à própria natureza, não havia espaço para algo ruim para o ser humano. Maria foi assimilada pela cultura indígena, pois ela conseguiu simbolizar a ligação com a mãe terra.

Os séculos XVI e XVII revestiram-se de uma nova roupagem em relação à morte. O morrer deixou o lado da agonia na hora da morte, como no século XV. O modo macabro de morrer torna-se discreto. O importante, agora, era uma longa preparação, durante a vida, para o "bem morrer" de forma diferente, uma passagem tranquila para o além, isto é, um quase "bem estar". O fiel era seduzido para bem morrer de forma gradual e não no pavor da hora derradeira.

A preparação consistia em orações, retiros, garantia da presença de um padre na hora da morte para confessar e receber a unção. Como literatura, a maioria escrita por padres e religiosos jesuítas e capuchinhos, de preparação para a morte do século XVII, destacamos: *Doce e santa morte; A Preparação para a morte;*

---

169. CANTEL, R. *Prophétisme et messianisme dans l'oeuvre d'A. Vieira.* Paris: Hispano--américaines, 1960. Apud DELUMEAU, J. *História do medo no Ocidente...* Op. cit., p. 210-211.

A Felicidade da morte cristã: Retiro de oito dias e Santos desejos da morte[170].

O desejo de preparar-se bem para a morte levou os jesuítas a criarem, em 1646, uma Congregação da Boa Morte. No último domingo de cada mês, que podia ser o último da vida, era reservado para um retiro de preparação para a morte[171]. Os fiéis eram convocados a pensar sempre na morte, ter contato com mortos, caveiras, visitar cemitérios, desejar a morte para sair do mundo, deste desterro, considerado um vale de lágrimas, como atesta a Salve-Rainha, oração do século XI, que se tornou muito popular no século XVI.

Um dos grandes expoentes de pregações em favor do bem morrer, a aspiração que todo cristão devia ter, já no século XVIII, foi Santo Afonso de Ligório. Em sua *Preparação para a morte*, publicado em 1758, ele escreveu:

> Quem pensa na morte não pode amar a terra... Separemo-nos prontamente da afeição aos bens desta terra antes que a morte nos leve à força... A vida é semelhante a um vapor que um pouco de vento dispensa. As paixões nos fazem agora aparecer os bens desta terra diferentes do que eles são. A morte os revela e os faz ver na sua verdade, isto é, fumaça, lama, vaidades e miséria... De que serve a beleza do corpo, se dele só restam vermes, fedor e horror...[172]

Essa visão da morte de Afonso de Ligório, o fundador dos redentoristas, foi objeto de pregações, missões de seus seguidores.

---

170. DELUMEAU, J. *História do medo no Ocidente...* Op. cit., p. 48-49. Cf. tb. outras obras da época, como: *De Bono mortis; De contemplatione mortis; De Arte bene moriendi; Atrium domus aeternitatis sua praxis praeparationes ad mortem sanctam obeundam; La morte del giusto; L'Arte de ben morire; La morte disarmada; Morte dolce e santa; Scuola della buona morte; La morte felice a chi ben vive; Orologio della morte; La preparazione alla morte; Vero apprecchio per la buona morte; Precursor da eternidade; Anjo condutor; Pensai bem.*
171. PAGLIA, V. *La morte confortata* – Riti della paura e mentalità religiosa a Roma nell'età moderna. Rome: Storia e Letteratura, 1982, p. 57-62.
172. LIGUORE, A. *L'Apparecchio alla morte e opuscoli affini.* In: GREGÓRIO, O. *Opere ascetiche.* Rome: Storia e Letteratura, 1965, p. 23-24.

Outros pregadores, como Bernardino de Sena, que viveu no fim do século XIV e metade do século XV, também haviam feito esse mesmo discurso: "a morte separa elementos incompatíveis entre si, a fim de que eles não mais se ataquem mutuamente (a alma e o corpo) e é o porto para aqueles que, fatigados pela vida neste século, procuram um lugar de repouso"[173].

3.4 Infernos e Inferno na Bíblia

Medo do Inferno ou dos Infernos? Inferno ou Infernos (*ínferos*)? São terminologias com significados diferentes ou elas se referem a uma única coisa? Cristo desceu aos Infernos ou ao Inferno?[174] Vejamos como entender essas terminologias e sua influência a partir da nossa pesquisa em relação ao medo do Inferno.

Infernos, segundo o *Dicionário do Aurélio*[175], é um substantivo masculino, plural de Inferno[176].

Enquanto lugar, Infernos designa seis locais de:

1) habitação das almas dos mortos;

2) destino ao castigo eterno da alma dos pecadores, por oposição ao Céu;

3) residência dos Demônios;

4) refeitório de certas ordens religiosas, onde os frades comiam carne;

5) reservatório para onde escorrem os resíduos do fabrico do azeite;

---

173. BERNARDINO DE SENA. Sermo XV morte, vol. II, 3-4. In: *Opera omnia*. Lugduni, 1650, 1, p. 510-511.

174. Para um estudo do apócrifo *Descida de Cristo aos Infernos* e sua relação com textos bíblicos, cf. o nosso livro *O outro Pedro e a outra Madalena segundo os apócrifos*: uma leitura de gênero. 4. ed. Petrópolis: Vozes, 2010, p. 80-102.

175. Infernos. In: FERREIRA, A.B.H. *Dicionário Aurélio* [Disponível em https://dicionario doaurelio.com/Infernos – Acesso em 28/05/2018].

176. Inferno. In: FERREIRA, A.B.H. *Novo Dicionário da Língua Portuguesa*. Rio de Janeiro: Nova Fronteira, 1975.

6) vão em que gira a roda da azenha.

De forma ampla, Infernos significa:

1) conjunto dos Demônios;

2) vida atribulada ou de sofrimento;

3) coisa desagradável;

4) desassossego, sofrimento;

5) grande confusão ou gritaria.

Já Inferno, também segundo o *Dicionário Aurélio*[177], é a 1ª pess. sing. pres. ind. do verbo infernar, e significa meter ou meter-se no Inferno, atormentar, afligir.

Na Bíblia, encontramos três terminologias para definir Infernos e Inferno. São elas: *Sheol, Hades e Geena*.

3.4.1 Sheol: *Infernos, o lugar escuro e subterrâneo onde moram os mortos*

Sheol[178] é um termo hebraico com sentido incerto. Esse termo pode derivar do termo hebraico *Xaal*: pedir; do acádico *Xilan*: região onde o sol desaparece e, consequentemente, a entrada dos Infernos; também do acádico *Xuaru*: cidade da Babilônia, onde se venerava o deus Tamuz, cidade que levou o nome de Infernos. Na Bíblia, *Sheol* aparece 65 vezes traduzido por Infernos. Isaías, profetizando maldições, fala do *Sheol* como lugar de goelas abertas, para onde descem a nobreza, a plebe e o seu tumulto, e lá eles exultam (Is 5,14). Ideia seguida por Pr 1,12: maus companheiros serão tragados vivos pelo *Sheol*, e Hab 2,5 que fala das goelas abertas do *Sheol*. Além das goelas abertas, os Infernos estão localizados num lugar situado nas profundezas da terra, como atesta Dt 32,22 ao afirmar que o fogo da ira de

---

177. Inferno. In: FERREIRA. A.B.H. *Dicionário Aurélio*. Op. cit.
178. Xeol. In: BORN, A. (ed.). *Dicionário Enciclopédico da Bíblia*. 4. ed. Petrópolis: Vozes, 1987, p. 1.574.

Deus está ardendo e queimará até o mais *fundo do Sheol*. Também o Sl 30,10; Ez 28,8; Jó 26,5; 38,16 etc. falam do Inferno como um buraco localizado no mais profundo da terra, um lugar sem luzes. Para lá descem todos e não podem mais subir. "Como a nuvem se dissipa e desaparece, assim quem desce ao *Sheol* não subirá jamais", afirma Jó 7,9. É também do Livro de Jó a afirmativa de que o *Sheol* é lugar de encontro de todos os mortais (Jó 30,23). Os Infernos tinham lugar para justos e maus. Lázaro, como fala Jesus em Lc 16,23-26, estava no seio de Abraão, o lugar dos bons, já o rico estava sendo torturado em outra parte do *Sheol*. Sepultura é também outro entendimento bíblico para *Sheol* (Sl 30,10; Ez 28,8).

3.4.2 Hades: *a tradução grega para Infernos*

Hades[179], tradução grega da LXX do termo hebraico *Sheol*, significa também o último e definitivo lugar de descanso para todos os mortos, os Infernos. Na mitologia grega, *Hades* é o deus dos Infernos, onde estavam os mortos. No Novo Testamento, *Hades* tem o mesmo significado de *Sheol* como Infernos, lugar subterrâneo para o qual devem descer bons e maus (Mt 11,23; 12,40; Lc 10,15; Ef 4,9). Por exemplo, Mt 11,23, falando da cidade de Cafarnaum, afirma: "E tu, Cafarnaum, por acaso te elevarás até o Céu? Antes, até o Inferno descerás" (Mt 11,23). No Hades estão os bons e os maus, conforme At 2,27.31; Rm 10,7; 1Cor 15,5; Ef 4,9; Ap 6,8; 20,13 e Lc 16,19.31. Ao falar do julgamento das nações, Ap 20,13 diz que o *Hades e a Morte* entregaram os mortos que neles estavam, e cada um foi julgado conforme a sua conduta. Is 14,9 declara: "Nas profundezas, o *Sheol* se agita por causa de ti, para vir ao teu encontro; para receber-te despertou os mortos, todos os potentados da terra, fez erguerem-se dos seus tronos todos os reis das nações.

---

179. Hades. In: ibid., p. 659.

3.4.3 Geena: *de lugar geográfico a escatológico transcendental e Inferno*

Geena[180] é a forma grega para o nome aramaico do vale do *Hinom* ou vale do Filho de Enom (Ben-Enom) que aparece em vários textos do Antigo Testamento e do Novo Testamento. A LXX traduziu o termo por *Geena*. Esse substantivo passou por várias evoluções semânticas. Jeremias, antes do Exílio da Babilônia 587-536 a.C., defendendo a punição de Deus para Jerusalém, menciona o vale do *Ben-Enom* como lugar da ira e punição de Deus, lugar de matança (Jr 7,30–8,3; 19,7). Já no pós-exílio, Is 66,22-24, mesmo não citando o vale do *Ben-Enon*, esse lugar passa a ser lugar escatológico da punição dos apóstatas: "Eles sairão para ver os cadáveres dos homens que se rebelaram contra mim, porque o seu verme não morrerá e o seu fogo não se apagará". Essa visão de *Geena* como lugar escatológico de punição, com o tempo deixou de ser um lugar geográfico perto de Jerusalém e passou a ser confundido com *Sheol*. À *Geena* foram atribuídas a escuridão do *Sheol*, bem como a imagem de fogo que queima e suplicia. Assim, *Geena* ganhou um sentido transcendental. No Novo Testamento, *Geena* é o *Gê-Hinnom*, o lugar de fogo. "Melhor é entrar com um olho só na Vida do que, tendo dois olhos, e seres atirado na *Geena* de fogo", atesta Mt 18,9. É também de Mateus a visão de *Geena* como lugar de julgamento (Mt 23,15.33). Mc 9,43.45 fala da *Geena* como fogo inextinguível, bem como onde o verme não morre. Outros termos sinônimos de *Geena* são também utilizados no NT, como fornalha (Mt 13,42); lago de fogo que arde como enxofre (Ap 19,20; 20,10.14). Ap 21,8 profere uma sentença: "Quanto aos covardes, porém, e aos infiéis, aos corruptos, aos assassinos, aos impudicos, aos mágicos, aos idólatras e a todos os mentirosos, a sua porção se encontra no lago ardente de fogo e enxofre, que é a segunda morte".

---

180. Geena. In: ibid., p. 623-624.

Geena, de lugar geográfico a escatológico transcendental, passou a ser um lugar de suplício para os condenados. Dessa ideia surgiu a visão de Inferno na Idade Média, que chegou até os nossos dias.

3.4.4 Infernus e ínferos: *substitutos da* Geena *como lugar de suplício para os condenados*

Infernus[181] é substantivo latino e significa "o que está debaixo". *Ínferos* é o plural de ínfero e, portanto, corresponde aos "infernos". Na verdade, Infernos e Inferno são duas expressões correlatas para dois atos diferentes. Segundo tradição de fé Jesus desceu aos Infernos e o condenado desce ao Inferno. Quando Jesus desce aos Infernos (*ínferos*), suas portas se abrem para Ele, mas quando o condenado desce, as portas do Inferno se fecham atrás dele para sempre[182]. A passagem da compreensão de Infernos para Inferno como lugar de suplício deve-se, como vimos acima, ao uso da terminologia *Geena*. Assim, o judaísmo conhece essa imagem de Inferno. Jesus era conhecedor dessa tradição e fez uso dela nos seus ensinamentos:

> "Temei antes aquele que pode destruir a alma e o corpo na Geena" (Mt 10,28); "No fim do mundo: o Filho do Homem enviará seus anjos e eles apanharão do seu Reino todos os escândalos e os que praticam a iniquidade e os lançarão na fornalha ardente. Ali haverá choro e ranger de dentes" (Mt 13,41-42); "Longe de mim, malditos, para o fogo eterno preparado para o Diabo e para os seus anjos" (Mt 25,41).

Poderíamos tomar outros exemplos de textos bíblicos que mostram esse modo de conceber o Inferno. A descida de Cristo

---

181. Inferno. In: VAN DER POEL, F. *Dicionário da Religiosidade Popular* – Cultura e religião no Brasil. Curitiba: Nossa Cultura, 2013, p. 512.
182. Inferno. In: LÉON-DUFOUR, X. (dir.). *Vocabulário de Teologia Bíblica*. 2. ed. Petrópolis: Vozes, 1977, p. 442.

aos Infernos tornou-se expressão de fé para dizer que Ele foi até a parte inferior da terra e dela também se tornou Senhor (1Pd 3,19-22; Ef 4,9). Jesus venceu a morte, os Infernos (*Sheol* e *Hades*) deixam de existir, "mas aqueles que não conhecem a Deus e não obedecem ao Evangelho de Nosso Senhor Jesus serão vingados com uma ruína eterna, longe da face de Deus", é o que afirma a 2Ts 1,8-9. O Inferno, com isso, está posto. Os Infernos, com traços de *Geena*, torna-se Inferno, onde impera Satanás. Essa visão perdurou no cristianismo até os mil anos, quando se acreditava que Satanás estaria aprisionado. "Quando se completarem os mil anos, Satanás será solto de sua prisão e sairá para seduzir as nações dos quatro cantos da terra" (Ap 20,7-8).

As imagens usadas na Bíblia para descrever o Inferno são todas simbólicas. O fogo que devora simboliza a absoluta frustração humana e o seu total distanciamento de Deus[183]. Diante de tal situação, só resta ao ser humano chorar e ranger os seus dentes, na escuridão de uma vida sem utopias, no exílio de opção feita por ele mesmo.

Na Baixa Idade Média, visto que a Parusia não havia acontecido, a caracterização do Inferno tornou-se forte na Igreja e na sociedade. O sofrimento no Inferno é descrito nas artes. A mais famosa delas é o *Inferno* de Dante Alighieri (1265-1321), presente na épica obra da literatura italiana, *Divina comédia*.

Dante descreve o Inferno em nove estágios. Em cada um deles padecem pecadores em um sofrimento eterno, com exceção dos que estão no primeiro estágio, o Limbo, pois esses são os que não foram batizados. Os do segundo estágio são luxuriosos, e na sequência: gulosos, avarentos, irados, hereges, violentos, maliciosos e fraudadores, e os traidores. As penas para cada um dos grupos são: arrebatadas contínuas de ventos e furacões; chuva de granizo e neve; cães que devoram suas carnes; ter que empurrar

---

183. BOFF, L. *Vida para além da morte*. Petrópolis: Vozes, 1988, p. 90.

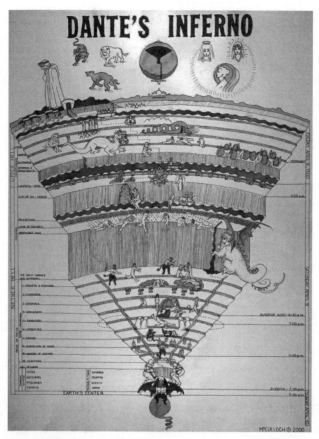

Figura 6 O Inferno de Dante
Autoria: Dante Alighieri da obra *Divina comédia* [Disponível em https://mitologiagrega.net.br/o-inferno-de-dante/ – Acesso em 15/08/2018].

continuamente pedras pesadas e grandes; estar mergulhados e se autoflagelando nas barrentas e sanguinárias águas do Rio Estige; estar sepultados em túmulos que estão constantemente pegando fogo; estar mergulhados nas águas ferventes do Rio Flegetonte; ser transformados em árvores, perseguidos por cães, cobertos de areia escaldante e fogo caindo do Céu como se fosse chuva, castigados por açoites; estar atolados em buracos com os pés para fora sendo queimados; ter os rostos virados para trás; ser castigados por Demônios que os espetam e os mergulham em um poço de piche fervente; ser castigados com pesadas capas de chumbo dourado; estar em um eterno ciclo onde são picados por cobras, morrem e nascem para serem picados novamente; ser perseguidos por Demônios armados de espadas; ser castigados com úlceras e feridas que ardem totalmente envolvidos em chamas e estar com gelo até a cabeça.

Diante de tantas e terríveis punições, ninguém suportava nem pensar em ser enviado para o Inferno. Cascudo, falando do Inferno, afirma:

> O Inferno é a imagem que nos foi trazida pelo colono português, grelhas ardentes, caldeiras borbulhantes, chumbo derretido, banhos de fogo, espetos, garfos, espontões, espadas vermelhas, instrumentos de suplício singular para esses incorpóreos[184].

Na Idade Média, o contato com a morte nas grandes epidemias, as relações com os mortos nos cemitérios e nas igrejas pareciam suficientes para uma relação tranquila da morte com os viventes. No entanto, quando a Igreja, no fim da Baixa Idade Média, muda o foco nessa relação, isto é, ela acentua o Inferno como lugar de castigo, de danação eterna, a morte passa a ser um pretexto para falar do Inferno. O que passa a importar é o medo do Inferno, precedido de um Juízo Final. As imagens macabras da morte atordoavam as mentes dos fiéis entre os séculos XIV e XV[185].

O Inferno é uma criação do ser humano como um lugar terrível, que impõe medo. Ninguém quer ir para lá. As imagens do Inferno são terríveis. Leonardo Boff, procurando distinguir o Inferno dos Infernos ou ínferos – os lugares baixos –, acrescenta

---

184. CASCUDO, L.C. *Dicionário do Folclore Brasileiro*. 3. ed. Brasília: Instituto Nacional do Livro, 1972, p. 433.
185. ARIÈS, P. *O homem diante da morte*. Vol. I. Op. cit., p. 133.

que "Inferno é a radical ausência de Deus, a situação dos que a si mesmos e voluntariamente se isolaram de Deus e de Cristo"[186].

A nossa linguagem coloquial conserva expressões referentes ao Inferno. Quando a situação está ruim, dizemos: "está um Inferno". Quando um árduo verão chega, é comum ouvir: "que calor infernal". Até mesmo a história do Brasil Império conservou uma expressão nada simpática ao nosso país. Os portugueses exigem que um quinto de nosso ouro fosse levado para Portugal. E quando o ouro lá chegava, dizia-se: "é o quinto – vindo – dos Infernos". É comum ouvir alguém mandando alguém para "o quinto dos Infernos". Isso significa, nada mais, nada menos, que mandar para o Brasil, lugar longe, distante, "ruim" e perigoso para os portugueses. Satanás agia nos cultos pagãos no Brasil.

3.4.5 Purgatório, a antecâmara do Inferno e possibilidade de salvação

A criação do Purgatório percorreu um longo período na história, até se constituir na visão cristã como um espaço entre o Inferno e o Paraíso, onde as almas têm a possibilidade de expurgar os seus pecados por meio de provações e sofrimentos, podem entrar no Paraíso.

Como vimos, textos bíblicos falam da possibilidade de *Geena* como lugar de fogo eterno devorador, mas também de purificação (Zc 13,8-9). Essa ideia possibilitou aos rabinos judeus proporem que, por meio da *Geena* purificadora, é possível entrar no mundo vindouro[187]. Outros textos bíblicos mencionam o pedido de sacrifício para a remissão dos pecados (2Mc 12,41-46); Mt 12,33 admite a possibilidade de perdão em outro mundo. Já 1Cor 3,11-15 fala de purificação pelo fogo e a possibilidade de

---

186. BOFF, L. *Vida para além da morte*. Op. cit., p. 185.
187. Purgatorio. In: BORN, A. (ed.). *Dicionário Enciclopédico da Bíblia*. Op. cit., p. 1.238-1.239.

alguns encontrarem a salvação, e outros, não. Mais contundente para falar de Purgatório, mesmo não sendo nele mencionado, é o texto da parábola do pobre Lázaro, que está no seio de Abraão, e o rico mau (Lc 16,19-31).

Santo Agostinho (354-430) e Gregório Magno, papa dos anos 590 a 604, foram os pais do Purgatório. Eles falam de lugar e tempo de permanência no Purgatório. Suas ideias percorreram séculos de discussão no mundo cristão.

No século XII, os franceses Pierre le Chantre e Simon de Tournai se tornaram os primeiros teólogos do Purgatório. No século XIII, com a carta do Papa Inocêncio IV ao legado de Eudes de Château (1254) e a proclamação doutrinária no II Concílio de Lyon (1274), o Purgatório foi aceito na Igreja, passando a pertencer aos grandes sistemas teológicos, como o de Santo Tomás de Aquino e muito divulgado entre o povo por meio de pregações[188]. A partir do século XIII, o Purgatório passou a fazer parte cultural medieval. Os Concílios de Ferra-Florença (1438-1439) e Trento (1545-1563) reafirmaram a posição da Igreja em relação ao Purgatório.

O Purgatório substituiu o lugar de repouso, de Dormição na morada dos mortos (*Hades* ou *Sheol*) e foi estabelecido como um lugar intermediário entre o Inferno e o Paraíso, entre o tempo da morte e a ressurreição, quase como uma antecâmara do Inferno, onde a alma é provada antes do Juízo Final, depois do Juízo Particular. O Purgatório nasceu como alternativa ao pensamento medieval que considerava somente duas saídas: Inferno ou Paraíso. Ele aparece como terceira via para as almas que não eram totalmente ruins, tampouco totalmente boas.

Para Dante Alighieri o Purgatório está situado numa ilha. Nela há uma grande montanha com sete círculos ascendentes (monte Purgatório) com os sete pecados capitais. Os que se

---

188. LE GOFF, J. *O imaginário medieval*. Lisboa: Estampa, 1994, p. 110-111. Cf. do mesmo autor: *La naissance du Purgatoire*. Paris: Gallimard, 1981.

arrependeram em vida passam pelo processo de expiação e até podem assistir ao sofrimento dos que sofrem no Inferno. No Antepurgatório estão os que se arrependeram no instante da vida. O último estágio é o jardim do Paraíso.

Essa discussão do onde e como acontecia o tempo no Purgatório foi debatida ao longo dos séculos. Le Goff fala de quatro possibilidades[189]:

1) Purgatório presente, no qual o fiel faz penitências para reparar pecados, opinião rebatida por Santo Tomás de Aquino;

2) o tempo do Purgatório situa-se no interior do tempo do Juízo Final;

3) o tempo do Purgatório situa-se entre a morte e o Juízo Particular, a ressurreição e o Juízo Final;

4) o tempo do Purgatório é diferente para cada fiel, depende da gravidade da falta e da quantidade de intercessão, sufrágios que os vivos dirigiam em favor dos condenados ao Purgatório.

Essa última possibilidade de Purgatório foi largamente difundida na Igreja. Ela é clara: o tempo do Purgatório depende de dois fatores: gravidade do pecado cometido em vida e a oração dos vivos em favor da sua liberação. A penitência e a oração dos vivos ajudavam a alma do morto a receber o perdão do pecado e consequente libertação do Purgatório. Depois da morte o morto já não podia ter mais mérito e, portanto, não mais serviria a penitência[190].

Como as opiniões milenaristas não se concretizaram, o Juízo Final ganhou mais prazo para sua concretização. Havia um tempo maior de preparação, de purgação, se fosse o caso, para que o fiel pudesse se livrar definitivamente do Inferno, ir para o Paraíso para contemplar Deus, até mesmo antes do Juízo Final.

---

189. LE GOFF, J. *O imaginário medieval*. Op. cit., p. 111-112.
190. Ibid., p. 112-122.

Foi aberta uma porta de intercessão pelas almas do Purgatório, iniciada no século XIII e popularizada séculos mais tarde. Nesse momento, entra novamente o papel de Maria, a Nossa Senhora com outros títulos, todos eles representando a salvação do fiel por meio da oração dirigida a ela. Santa Brígida (1303-1373) dá testemunho de que uma das revelações de Maria é sobre a sua importância de ajudar as almas a se livrarem do Purgatório. Nossa Senhora do Carmo, com seu escapulário, teve forte influência na salvação das almas do Purgatório. A promessa feita a Simão Stock (século XIII), que recebeu o escapulário, foi que quem morresse usando o escapulário, tendo cumprido os deveres estabelecidos, sairia do Purgatório no primeiro sábado depois de sua morte. A crença no escapulário permaneceu forte até o século XIX e ainda se mantém em nossos dias, não mais de forma explícita com o Purgatório.

Além das orações marianas, o escapulário e as indulgências tiveram também relação com o Purgatório. O Papa Bonifácio VIII, no Jubileu Romano de 1300, definiu que as indulgências serviam também para apressar a saída do Purgatório[191]. O devoto deveria visitar um lugar de peregrinação ou participar de um jubileu romano.

As indulgências constituíram-se uma atividade lucrativa para a Igreja[192]. As missas para as almas, da mesma forma, tornaram-se um comércio lucrativo, uma exploração da morte a partir do medo que ela causava. Da mesma forma, recompensas e castigos no além garantiam a ordem na terra controlada pela Igreja. Na França, na Provença, foram encontradas representações iconográficas em altares, dedicadas às almas do Purgatório[193]. O

---

191. Ibid., p. 117.
192. SCHMITT, J.-C. *Un tempo di sangue e di rose...* Op. cit., p. 21-26.
193. VOVELLE, M. & VOVELLE, G. *Vision de la mort et de l'au-delá en Provence, d'après les autels des âmes du Purgatoire XV-XX siècle.* Paris: Armand Colin, 1970. Apud BRAET, H. & VERBEKE, W. (eds.). *A morte na Idade Média.* Op. cit., p. 20.

mesmo ocorreu no Brasil, entre os séculos XV e XVIII, com iconografias em Ouro Preto, na Capela do Senhor do Bom Jesus[194].

Para os vivos garantirem a saída do Purgatório, caso fossem para lá, eles precisariam praticar a esmola, ser inscritos em livros de oração de comunidades, as irmandades de oração, bem como deixar em seus testamentos valores, bens a serem doados especialmente para a Igreja. Também com essa prática a Igreja passou a ter domínio sobre o Purgatório e o lado econômico dele decorrente[195].

O Purgatório foi uma oportunidade de salvação, de fugir do Inferno, ainda tendo possibilidade de fazer contato com o mundo dos vivos. Estes tinham um papel importante na salvação da alma que estava no Purgatório também sofrendo castigos comparados ao do Inferno[196].

Le Goff conta que um usurário saiu do Purgatório depois de 14 anos em estado de reclusão, penitência e oração de sua fiel mulher. Ele apareceu para ela e lhe agradeceu por tamanha dedicação. Portanto, a duração do sofrimento no Purgatório não dependia somente da quantidade de pecados, mas da relação com os parentes próximos, confrarias e santos, os quais podiam salvá-los pela prece[197]. As almas do Purgatório podiam pedir para os seus parentes vivos e cônjuges missas, esmolas e penitência para purgar os seus pecados. Uma tradição portuguesa criou a expressão alma penada para aquelas almas que morrem devendo e voltam ao mundo para pedir a um parente ou amigo para saldar a dívida[198].

---

194. CAMPOS, A.A. *A iconografia das Almas e do Purgatório*: uma releitura bibliográfica e alguns exemplos (séculos XV ao XVIII) [Disponível em https: //locus.ufjf.emnuvens. com.br/locus/article/viewFile/2882/2233 – Acesso em 08/11/2017].
195. LE GOFF, J. *O imaginário medieval*. Op. cit., p. 119.
196. LE GOFF, J. *A bolsa e a vida*: a usura na Idade Média. 2. ed. São Paulo: Brasiliense, 1989, p. 76.
197. Ibid., p. 76-77.
198. VASCONCELOS, J.L. *Tradições populares de Portugal...* Op. cit. Lembro-me de um discurso incessante da minha piedosa e finada mãe, que dizia: "Não quero morrer devendo a ninguém! Tenho medo de morrer devendo!" Essa máxima, ela carregou consigo até o fim da vida, quando, já idosa, alguém lhe pedia para fazer empréstimos em banco em seu nome, a resposta era sempre negativa.

O Purgatório foi importante na Idade Média e na Moderna para estabelecer a preparação para a morte e o julgamento que cada fiel, de modo individualizado, tinha um tratamento em relação ao julgamento recebido na hora da morte e sua relação coletiva, quando estivesse no Além, isto é, no Purgatório[199].

O Purgatório, mesmo sendo definido como outro lugar no Além, além do Céu e do Inferno, não foi fácil para os clérigos. Eles estabeleceram uma quase infernalização do Purgatório, identificando-o com o Inferno[200]. Na época da Reforma, o Purgatório foi motivo de disputas teológicas com os protestantes, que não o aceitaram e o consideraram uma invenção da Igreja. Lutero e, depois, Calvino, chamou o Purgatório de "engodo do Diabo".

3.4.6 A viagem para o Além: Paraíso, Purgatório ou Inferno

Os evangelhos apócrifos marianos assuncionistas recolheram do imaginário popular dos sete primeiros séculos do cristianismo o desejo do fiel de fazer uma grande viagem para o Além, lugar da morada de Deus e da corte celeste, tendo Maria como inspiração. Como vimos, ela foi levada pelo arcanjo Miguel e Jesus ao Paraíso.

Nos séculos VII ao X surgiram várias visões do Além. Entre os séculos XI e XII, a cultura popular retomou esse imaginário e projetou nele várias possibilidades de viajar para o Além, seguida de perto pela cultura erudita que racionalizou o Além e infernalizou o mundo subterrâneo[201]. Também nesse período, o imaginário mariano foi retomado e adaptado aos novos tempos.

Portanto, a Idade Média imaginava a presença de cada indivíduo no mundo como uma grande viagem que ele faria para o Além, e este poderia ser o Céu (Paraíso), Purgatório ou Inferno.

---

199. LE GOFF, J. O imaginário medieval. Op. cit., p. 121.
200. Ibid., p. 141.
201. Ibid., p. 142.

Matos[202] explica que, neste modo de pensar medieval, Deus é aquele que tudo vê. Ele tem olhos abertos e observa tudo. Sua forma é triangular representando a Trindade: Pai, Filho e Espírito Santo, o que pode originar-se da mitologia egípcia, o deus *Horus*, que tinha olhos de sol e lua e tudo via, com o poder do sol. Ele era o deus do Céu.

Na Idade Média, o ser humano vivia na terra com a consciência de que era o lugar de seu exílio e desterro. Nela, ele travava uma batalha eterna, pressionado pela força do bem (Deus) e do mal (Diabo). A força do mal poderia levá-lo para o Inferno, a morada do Diabo, lugar de tormento e fogo devorador. O ser humano vivia no limiar do Inferno e no desejo de viajar para o Paraíso, a sua verdadeira pátria. Tal viagem ocorreria no momento de sua morte, de sua passagem para a morada celeste junto de Deus.

Dependendo de seus pecados, se não fossem tão graves, a alma poderia permanecer por um determinado tempo no Purgatório para purificá-los. O Purgatório surgiu como uma nova possibilidade de salvação. A permanência de cada indivíduo nesse lugar intermediário poderia render dividendos para a Igreja, dependendo de vários fatores, como vimos anteriormente.

Outra viagem possível era também para o Limbo, lugar onde não era possível a contemplação plena de Deus. Para lá iam as crianças inocentes, as que não foram batizadas e aqueles que viveram antes de Jesus Cristo. Todos eles não tiveram a oportunidade de apagar a mancha do pecado original por meio do Sacramento do Batismo[203]. Também, segundo essa crença, iam para o Limbo as almas dos justos que viveram antes da manifestação terrena de Jesus.

---

202. MATOS, H.C.J. *Caminhando pela história da Igreja*: uma orientação para iniciantes. Vol. 1. Belo Horizonte: O Lutador, 1995, p. 142.
203. No papado de Bento XVI, o Limbo, que era somente uma hipótese teológica, deixou de existir oficialmente para a Igreja, conforme declaração do papa em 2007, a partir de um estudo feito pela Comissão Internacional Teológica.

Na grande viagem para o Além, destaca-se o papel dos santos e Maria, a quem o fiel poderia interceder para implorar defesa e misericórdia divina na hora do Juízo Particular ou final. Junto de Deus, os amigos de Deus podiam receber ajuda dos santos e santas. Maria é um desses santos. Para Matos, "a cosmovisão antiga, estática e fechada, apresentando uma realidade acabada e perfeita"[204].

Tendo o Inferno se tornado tão popular na Baixa Idade Média, o batismo, tido até então como caminho seguro para chegar ao Paraíso, deixou de ser sinal de certeza do Céu[205]. Por outro lado, nasce o medo de morrer sem o batismo e ter como consequência a ida para o fogo do Inferno.

O Sacramento da Extrema-unção, como era chamado, passou a ser mais importante que o batismo. A morte, que antes era a certeza da viagem definitiva para o Além no Paraíso Celeste, deixa de ser garantia de uma boa viagem. A Igreja passa a ter o controle da alma, à qual poderia ir, no momento de sua morte, diretamente para o Paraíso, Purgatório, Limbo ou Inferno. Tudo dependia da vida pregressa. O julgamento passa a ocorrer na hora da morte. Satanás, com outra roupagem, entra em ação. Surge o medo dele. A viagem toma outros rumos.

3.5 O medo de Satanás, o senhor do prazer, dono do Inferno e presente no imaginário

O medo de Satanás é uma questão fundamental para a compreensão do medo na Idade Média e na Moderna, e a sua relação com a fé vivida na Igreja Católica, instituição que acreditava na presença dele e o combatia. Le Goff afirma acerca do Diabo:

> Vindo do longínquo e profundo Oriente, o Diabo foi racionalizado e institucionalizado pela Igreja, e co-

---

204. MATOS, H.C.J. *Caminhando pela história da Igreja...* Op. cit., p. 143.
205. AVELINO, J.D. *O medo na Idade Média...* Op. cit., p. 12.

meçou a entrar em atividade por volta do ano mil. O Diabo, flagelo de Deus, general de um exército de Demônios bem organizados, chefe em suas terras, o Inferno, foi maestro do imaginário feudal[206].

Na Baixa Idade Média, ao lado do medo do Juízo Final, alimentado pela ideia de um grande julgamento na Parusia de Cristo, a figura do Anticristo bíblico ressurge para combater Cristo e ser derrotado por Ele.

A figura 7 é uma arte em mosaico do século XIII feita na cúpula do batistério da catedral de Florença. Satanás, figura de chifres, grande e horrível, juntamente com duas cabeças de serpentes e animais infernais torturam, e devoram pecadores. O mosaico completo coloca Cristo majestoso no centro e Satã à sua esquerda. Depois de Cristo, somente Satanás, dentre todas a imagens do mosaico, é o único que também tem dimensões grandes. Trata-se do Juízo Final. Vendo essas imagens, o batizando tomaria consciência da importância do batismo para sua salvação e os perigos dos pecados e sua relação intrínseca com o Satã devorador.

A arte de Coppo di Marcovaldo, com certeza, provocou muito medo nos fiéis. Satanás tem a forma humana. As serpentes que saem de suas orelhas de bodes representam a serpente do Paraíso que enganou Eva, consequentemente, condenando a humanidade à perdição. As orelhas de bode eram imagens típicas que representavam a crueldade atribuída a Lúcifer e ao Anticristo. Assustam os animais apocalípticos e diabólicos que aparecem ao lado de Satã: sapos, lagartos ou cobras de patas.

Acreditava-se que o Anticristo poderia ser fruto da relação sexual entre as figuras demoníacas desencarnadas, os Demônios

---

206. LE GOFF, J. *A bolsa e a vida...* Op. cit., p. 67.

Figura 7 Mosaico do Inferno (1250-1270)
Autoria: Coppo di Marcovaldo. Batistério de São João, Florença, Itália [Disponível em https://artrianon.com/2017/09/26/obra-de-arte-da-semana-o-mosaico-do-Inferno-no-batisterio-de-florenca/ – Acesso em 20/05/2018].

Íncubus e *Súcubus*, o primeiro representando o sexo masculino e *Súcubus*, o feminino[207]. Kelly afirma:

Para Santo Tomás de Aquino, um Demônio podia produzir uma gravidez por inseminação artificial. Ele primeiro teria relação com um homem, com um Súcubus (ao revitalizar um cadáver de mulher, ou criando um corpo de mulher para si a partir de quatro elementos), e então se transformaria em *Íncubus*, e teria relação sexual com uma mulher depositando nela o esperma[208].

O historiador francês, Alain Boreau[209], defende que para Santo Tomás de Aquino os Demônios são seres limitados em

---

[207]. KRAMER, H. & SPRENGER, J. *Malleus maleficarum*: o martelo das bruxas. Brasil: Rosa dos Ventos, 2007, p. 29. Apud AVELINO, J.D. *O medo na Idade Média...* Op. cit., p. 11.
[208]. KELLY, H.A. *Satã*: uma biografia. São Paulo: Globo, 2008, p. 332.
[209]. BOUREAU, A. *Satã herético* – O nascimento da demonologia na Europa medieval (1280-1330). Campinas: Unicamp, 2016. Essa obra é importante para compreender o nascimento da demonologia em decorrência do debate escolástico nas universidades a partir do século XIII e XIV.

relação ao mundo natural. Eles não têm a capacidade de interferir decisivamente sobre o ser humano. Contrário a Tomás de Aquino, o também medievalista Pedro de João Olívio, defendendo uma outra antropologia, a neoagostiniana, apresenta em sua *Suma* sobre as Sentenças, *de Pedro Lombardo*, que os Demônios podem atuar sobrenaturalmente em relação aos homens[210]. Essa discussão a partir das visões de Olívio e de Tomás de Aquino possibilitou, a partir do século XIV, a ação efetiva do Satanás sobre o seres humanos, configurando a partir dessa época um medo generalizado do Diabo.

3.5.1 De Satã a Diabo nas artes e no imaginário medieval e moderno

Diabo, Demônio, Satã ou Satanás: acusador, força opositora a Deus, tentador, anjo decaído, Lúcifer, figura que amedronta, capeta. Como se desenvolveram essas visões do Diabo ao longo da história? O que é o Diabo? Um ser perigoso que impõe medo, que tem chifres, rabo, pernas de bode e asas de morcego. Ao desaparecer, fede a enxofre. Ele vive no meio do fogo do Inferno. Lúcifer é perigoso. Ele tortura, mas também é torturado, como demonstra a figura 8.

Na Bíblia aparece a figura de Satã, traduzido para o grego como *diábolos* (Diabo), e Satanás, tradução grega do aramaico *Satanah*. No Livro do Gênesis, Satã é identificado com a Serpente do Éden, a tentadora. Ele é o tentador. Gênesis não fala claramente do Diabo. Sua identificação com a serpente veio mais tarde. No Livro de Jó, Deus permite Satanás testar Jó. Satanás está subordinado a Deus. Nos evangelhos, Satanás também testa Jesus. Nas cartas paulinas, Satanás é testador, impede o avanço do cristianismo, e anjo da morte (1Cor 7,6; 2Cor 2,11). No

---

210. Ibid., p. 223.

Figura 8 Lúcifer tortura e é torturado
Autoria: Irmãos Limbourg (1385-1416) [Disponível em https://ichef.bbci.co.uk/news/ws/624/amz/worldservice/live/assets/images/2016/05/03/160503161049_diablo_almas_624x832_tresrichesheuresduducdeberryporlimbourgbrothers_nocredit.jpg – Acesso em 29/05/2018].

Apocalipse, ele é o acusador. Para os Padres da Igreja, sobretudo Orígenes, a imagem de Satanás é um rebelde contra Deus e perseguidor da humanidade.

Na teologia da Baixa Idade Média, Satanás passou a ser aquele que pune as almas condenadas ao Inferno. Como vimos anteriormente, surgem nesta época grandes sofrimentos, doenças e pestes avassaladoras, como a Negra. A Igreja encontrou na imagem do terrível Diabo a explicação para tais questões. A culpa é do Diabo, e dele é preciso se livrar constantemente, caso contrário o Inferno esperaria o fiel. Para que isso não acontecesse, o melhor caminho seria evitar o pecado.

Em 1326, o Papa João XXII, com a bula *Super Illius Specula*, estabelece a relação do Diabo com a magia e heresia. Um século mais tarde, a magia ruim, a negra, passou a ser chamada de bruxaria, e o Diabo, o seu legítimo senhor. A bruxaria, assim, era vista como era fruto da ação maléfica do Diabo, que podia usar de mulheres, consideradas frágeis, para agir no mundo. Essas faziam um pacto com o Diabo[211]. Quantas mulheres dessa época foram acusadas de bruxas e condenadas à morte! A prática da bruxaria era considerada idolatria ao Diabo e heresia. A magia branca, realizada pelos clérigos e bons cristãos, com interesses benéficos, não era condenada pela Igreja.

Portanto, a ação de Satanás no ser humano começa pelo seu corpo, precisamente pela sexualidade, e atinge a alma. *Íncubus*, o Demônio masculino, e *Súcubus*, o Demônio feminino, podiam entrar no quarto de mulheres e homens durante a noite para ter relações com eles, tendo, assim, domínio sobre seus corpos[212]. Nessa perspectiva é que surge a visão de que a mulher é a presa fácil para a ação diabólica. Acreditava-se que as feiticeiras tinham relação sexual, por meio de ritos orgíacos, com o Demônio. O poder de fazer o mal de várias formas vinha dessa relação

---

211. LYON, H.R. *Dicionário da Idade Média*. Trad. De Álvaro Cabral. Rio de Janeiro: Zahar, 1997, p. 138.
212. MELTON, J.G. *O livro dos vampiros*: a enciclopédia dos mortos-vivos. São Paulo: Makron Books, 1995, p. 29.

com o "senhor do prazer", o Diabo[213]. Portanto, a mulher e suas malícias são obras do Demônio, sobretudo as feiticeiras, por estragarem a ordem natural estabelecida do universo.

A partir do século XVI, o Diabo passa a ser o grande tentador, inimigo de Deus e, consequentemente, da Igreja. Na verdade, Satã virou Diabo que se tornou Satanás, o grande inimigo de Deus. Ele recebeu de Deus o encargo para punir eternamente a raça humana no Inferno e tentá-la em vida. É nessa construção histórica imaginária que podemos situar a presença de Jesus, o Filho de Deus, que veio ao mundo para redimir alguns seres humanos[214]. Maria entra nesta história para livrar o fiel das artimanhas de Satanás, do Diabo, e interceder junto ao seu Filho a salvação.

A imagem da figura 9, com certeza, causou muito medo aos fiéis. Assim, na arte a imagem de Satanás aparece seguindo o seu curso evolutivo teórico. Primeiro, ele aparece de forma branda como anjo decaído, o qual recebeu o nome de Lúcifer, a "estrela d'alva" (Is 4,12), na tradução da Vulgata (LXX: *ho heôsforos, o prôï anatellôn*), e, depois, um violento devorador.

No início da Baixa Idade Média (séculos XI e XII), as imagens de Satanás como perseguidor dos humanos, figura de olhos vermelhos, de cabeça e asas de fogo, ocuparam o imaginário popular. As catedrais passam a retratar o Juízo Final com a figura majestosa de Jesus rejeitando essa figura abominável.

No século XIV, a representação do Inferno e de Satanás, o tentador que leva os cristãos à perdição, que castiga violentamente os culpados no Inferno, após um julgamento, é o grande marco na história ocidental. Começando pelo clássico da poesia medieval, a *Divina comédia*, de Dante Alighieri, retratando o In-

---

213. KRAMER, H. & SPRENGER, J. *Malleus maleficarum*... Op. cit., p. 31. Apud AVELINO, J.D. *O medo na Idade Média*... Op. cit., p. 7.
214. KELLY, H.A. *Satã*... Op. cit., p. 361-368.

ferno, o Purgatório e o Paraíso, no início do século XIV, passando por outras grandes obras de arte, como: afrescos no Campo Santo e na Capela Strozzi de Santa Maria Nova em Florença; o Inferno de Taddeo di Bartolo; Visão de Tungdal; Juízo Final de Viena etc. que aparecem nas ilustrações que se seguem:

Figura 9 Inferno
Autoria: Taddeo di Bartolo (1362-1422). Fonte: Catedral de São Gimignano [Disponível em http://www.travelingintuscany.com/images/art/taddeodibartolo/lastjudgementtleviathan.jpg – Acesso em 12/06/2018].

Figura 10 Julgamento final
Autoria: Stefan Lochner (1435) [Disponível em https://en.wikipedia.org/wiki/Last_Judgment#/media/File: Stefan_Lochner_-_Last_Judgement_-_circa_1435.jpg – Acesso em 24/07/2018].

O Diabo e suas maldades infernais estavam por toda parte. Quem não haveria de ter medo de ver sua alma indo para esse lugar horrível? Essa visão satânica e infernal chegou ao século XVI de forma esplendorosa.

Merece destaque, nesse cenário de medo e de visões demoníacas, de pecado e de culpa, com a consequente ida ao Inferno a quem não resistisse ao tentador, a figura de Santo Antão, o fundador do monaquismo, no início do cristianismo. Diante das tentações demoníacas representadas pela mulher nua, comida, bebidas etc. Antão se mostrava sereno e fiel a Cristo.

O afresco do holandês Hieronymus Bosch, *Tentações de Santo Antão*, pintado em 1500, retrata essa visão medieval inspirada em Santo Antão.

Outra obra de Bosch, o *Jardim das delícias terrenas*, conforme figura 11, segue a mesma linha, acentuando ainda mais a

Figura 11 Jardim das delícias terrenas
Autoria: Hieronymus Bosch, pintado em 1504 [Disponível em https://pt.wikipedia.org/wiki/O_Jardim_das_Del%C3%ADcias_Terrenas – Acesso em 15 /07/2018].

ligação da tentação ao sexo e à mulher. O fiel vê-se diante do Paraíso perdido de Adão e Eva e da possibilidade do Inferno, onde estão sendo punidos os depravados sensuais[215]. O jardim está no centro, e o Inferno, nas asas laterais. No jardim as pessoas vivem o prazer da carne sem sentimento de culpa, no gozo, na luxúria, na efemeridade da vida. Tendo as asas laterais representado o Inferno, o artista quer demonstrar como na vida estão presentes o Paraíso e o Inferno.

O medo de Satanás, com sua ação violenta e destruidora, é facilmente compreendido no contexto de catástrofe final que o mundo esperava, na Baixa Idade Média e na Moderna.

Até mesmo Lutero alimentava o medo do Diabo, que se espalhou pela Alemanha protestante, no teatro, na literatura e sobretudo na imprensa escrita que divulgou na Europa inúmeras obras sobre Satanás. Constatando essa propagação exagerada de Satanás e do Inferno em todos os níveis da sociedade ocidental,

---

215. DELUMEAU, J. *História do medo no Ocidente...* Op. cit., p. 242-243.

entre populares e eruditos, Delumeau afirma: "foi no começo da Idade Moderna e não na Idade Média que o Inferno, seus habitantes e seus sequazes mais monopolizaram a imaginação dos homens do Ocidente"[216].

Nos séculos XVI e XVII, os ensinamentos sobre o Satanás admitem que ele está em toda parte, no Inferno, na terra, no ar, no mar, nas florestas, no subsolo e de todo o tipo. Eles estão encarregados de agir em todas as situações da vida cotidiana, antes do combate final, o fim do mundo. A Cristandade, vendo-se ameaçada, entende que o avanço dos turcos na Europa, assim como a presença de judeus, é ação de Satanás.

O poder e a obra de Satanás e consequente medo de sua ação perduraram até a segunda metade do século XVII, quando o Ocidente percebeu que o mundo não acabaria, e o Juízo Final foi adiado, sem data marcada[217]. Nessa época, a Cristandade enfraqueceu, e com ela veio o medo. Resquícios dessa visão permanecem, no entanto, até nossos dias.

3.6 O imaginário de *Ars Moriendi* e o bem morrer, uma boa morte e a passagem no momento do Juízo Particular

A arte de morrer é a tradução da expressão latina *Ars Moriendi* ou *Ars Bene Moriendi* que deu título a um livro escrito em madeira, o qual teve grande influência no século XV. Muitas cópias desse livro foram feitas nesse século. A segunda edição do *Ars Moriendi* foi feita em 1450. Ela contém onze xilogravuras com comentários sobre a importância de bem morrer para escapar da condenação eterna e ir para o Paraíso, após o recebimento dos sacramentos[218].

---

216. Ibid., p. 247-248.
217. Ibid., p. 393-418.
218. SOUZA, P.M. Ars Moriendi circa 1450: a preparação para o *post-mortem*. In: *Anais eletrônicos do XXVIII Simpósio Nacional de História* – Lugares dos historiadores: velhos e novos desafios. Florianópolis, 2015, p. 5 [Disponível em http: //www.snh2015.anpuh.org/ resources/anais/39/1442432336_ARQUIVO_Ars_Moriendi.pdf – Acesso em 23/05/2018].

Além dos santos que encorajam o moribundo, as imagens e os textos apresentam as cinco tentações do Demônio: falta de fé, desespero, impaciência, vanglória e avareza[219]. Houve, antes dessa versão do *Ars Moriendi*, com onze gravuras, outra com uma gravura e seis capítulos (1415).

Facilmente compreendidas pelo povo iletrado da Baixa Idade Média e nos séculos subsequentes da Idade Moderna, *Ars Moriendi* logo ganhou o grande público[220].

Ars Moriendi com suas gravuras levava o fiel a rejeitar as tentações dos sete pecados capitais: inveja, luxúria, avareza, gula, ira, orgulho e preguiça; e a praticar as três virtudes teologais: a fé, a esperança, a caridade, bem como as quatro virtudes cardinais que são a justiça, a providência, a coragem e a temperança. O livre-arbítrio é condição para o moribundo. Depende de ele aceitar ou não as propostas do tentador. As suas boas ações realizadas no passado seriam pesadas e contariam para a sua salvação.

O substantivo arte ou *ars* em latim e na Idade Média foi associado à arte de saber fazer. Daí, arte de bem morrer, de saber morrer. Diante do contexto do medo, o fiel se via diante da morte iminente numa batalha com Satanás. Ele poderia aceitar suas propostas ou rejeitá-las para encontrar a salvação naquele momento de Juízo Particular[221]. Caindo na tentação do Demônio, o fiel iria para o fogo do Inferno, lugar da danação eterna. Não caindo, ele poderia ir para o Paraíso, a morada de Deus e dos santos. O fiel poderia ir também para o Purgatório e contar com as orações dos vivos para encontrar a salvação, mantendo

---

219. Arte de Morrer. In: VAN DER POEL, F. *Dicionário da Religiosidade Popular*. Op. cit., p. 78.

220. PARSHALL, P. (org.). *The Woodcut in Fifteenth-century Europe*. New Haven/Londres: Yale University Press, 2009, p. 100.

221. O conceito de Juízo Particular nunca foi declarado pela Igreja como dogma de fé, contrário ao Juízo Universal (Final) que está fundamentado em base bíblica. No entanto, o Juízo Particular aparece nas decisões do II Concílio de Lião (1274), do Concílio de Florença (1439) e do Concílio de Trento (1546). Para tanto, cf. SCHMAUS, M. Los Novisimos. In: SCHMAUS, M. *Teologia Dogmática*. Vol. 7. Madri: Rialp, 1965, § 302, p. 412-429.

uma relação de dependência com eles. Ir para o Inferno era um caminho sem volta.

Maria, no fim da vida terrestre, teve o seu *transitus*, a saída da alma do corpo, que foi levado para o Céu por Jesus e anjos. O fiel *moriendus* (moribundo), estando na fase última de sua vida, tinha dois caminhos a escolher: salvação ou condenação. O contexto do medo da morte e do Inferno foi o fator determinante para estabelecer o juízo na hora da morte. Já não se fala mais em tempo futuro para alcançar a ressurreição. No *Ars Moriendi* o julgamento decisivo ocorre no quarto do moribundo, na última hora de sua vida, junto aos seus familiares, rodeado de uma corte celeste e de Demônios que o disputam.

Antes das iconografias de *Ars Moriendi* já havia o pensamento de que o fiel deveria estar bem preparado para esse momento, assim como as virgens prudentes de Mt 25,1-13. Jesus, o noivo e juiz, poderia vir a qualquer momento. Na fachada oeste da Catedral de Estrasburgo, na França, encontra-se uma escultura em pedra retratando essa cena do Evangelho de Mateus para impactar o fiel e impor o medo de morrer sem estar preparado. Era um modo de catequizar. Ademais, como vimos anteriormente, pregadores inflamados, sobretudo os das ordens religiosas, insistiam na não salvação. Morrer sem estar preparado seria fatal para a condenação eterna. O Purgatório poderia ser uma saída honrosa, pois que mantinha viva a esperança de Paraíso.

Com a chegada da peste negra, agravou-se o discurso de morte iminente. Tudo caminhava para o fim. A única salvação era Jesus que morreu e ressuscitou, vencendo definitivamente a morte. Ele era o único *transitus* certeiro para a vida eterna[222]. Por outro lado, Maria, por ter feito o seu *transitus* seguro, garantido pelo Filho, e por estar mais perto das pessoas, teve a sua experiência resgatada com o objetivo de fazer dela a advogada

---

222. SOUZA, P.M. *Ars Moriendi circa 1450...* Op. cit., p. 2.

de todos na hora iminente da morte. A religiosidade popular, amparada pelo clero, encontrou um caminho de viagem para o Além. E mais: Maria foi concebida, segundo a tradição apócrifa, sem pecado original.

Ars Moriendi surge para ajudar na preparação para a morte do fiel. A visão de juízo divino, seu modo e tempo ganham novos significados.

3.6.1 Xilogravura: a tentação do Diabo contra a fé

As xilogravuras do Ars Moriendi representavam o processo de sedução do moribundo até o seu transitus, a viagem de sua alma para o Paraíso. Destacamos aqui a primeira e a última.

Esta primeira xilogravura, figura 12, refere-se à tentação do Diabo contra a fé. O moribundo está em sua casa, cercado de parentes, que acompanham os últimos momentos do agonizante. Eles não conseguem perceber os seres diabólicos e celestiais que estão no quarto. Na cabeceira do enfermo encontra-se Nossa Senhora, Deus Pai e Jesus, os quais observam o comportamento do moribundo diante das propostas tentadoras de figuras demoníacas que povoam o ambiente. Uma delas tenta esconder com um lençol a visão dos três. O moribundo é testado na primeira virtude teologal, a fé.

Na cena à esquerda aos pés da cama, dois reis ajoelhados adoram uma imagem pagã. Uma das figuras diabólicas aponta para eles, dizendo para o moribundo: "Faça como eles, os pagãos". Ao lado do moribundo, encontram-se também três letrados que discutem heresias e afirmam que o Inferno não existe. Da mesma forma, uma figura demoníaca aponta para eles. O outro Demônio incita o moribundo a cometer suicídio, dizendo-lhe: "Mate-se". Abaixo, outra figura demoníaca ameaça cortar a cabeça. Por fim, uma figura, também demoníaca, feminina e seminua leva nas mãos objetos de flagelação.

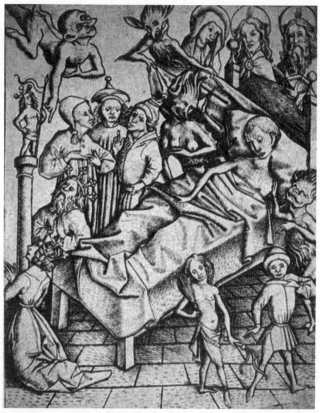

Figura 12 A tentação diabólica contra a fé
Autoria: *Ars Moriendi*, publicado em Editio Princeps, 1450. Fonte: *A Reproduction of the Copy in the British Museum: Nabus Press*, 2010 [Disponível em https://upload.wikimedia.org/wikipedia/commons/thumb/a/a3/Temptation_from_Faith.jpg/250px-Temptation_from_Faith.jpg – Acesso em 10/05/2018].

3.6.2 Xilogravura: o triunfo sobre a tentação no leito de morte

Na última imagem, a décima primeira do *Ars Moriendi*, é retratada a saída da alma do corpo de um fiel no seu leito de morte. É o que vemos na figura 13.

Após vencer as tentações, ocorre a passagem, o cristão morre firme na fé e é recompensado com um cortejo de anjos que recebe sua alma, representada numa pequena imagem sobre sua

Figura 13 O triunfo sobre a tentação no leito de morte
Ilustração de *Ars Moriendi*, publicado em Ulm, 1470. Fonte: GOMBRICH, 1999, p. 283 [Disponível em: https://live.staticflickr.com/5084/5727674317_de6be748c8_b.jpg – Acesso em 19/05/2018].

cabeça. Um anjo a recebe e a leva em cortejo para o Paraíso. Um monge coloca uma vela nas mãos do moribundo.

A cena da crucifixão de Jesus é o sinal de que mais um pecador foi salvo pela morte e ressurreição de Jesus, provando que sua missão foi cumprida. Os Demônios, colocados aos pés da cama do moribundo, sentem-se vencidos na batalha pela alma do agonizante. Os escritos que aparecem afirmam a batalha perdida dos Demônios. Eles mesmos dizem: "Estou furioso", "Estamos perdidos", "Estou assombrado", "Isto não é consolo", "Perdemos essa alma"[223]. Interessante nessas cenas finais é o fato de uma vela ser colocada nas mãos do falecido, fato que também aparece em pinturas do Trânsito, Dormição de Maria do século XV, como a de Hugo van der Góes, de 1480. Maria, deitada em um leito na hora da morte, está rodeada dos apóstolos, e Jesus e os anjos vêm buscar a sua alma. Um sacerdote lhe entrega uma vela acesa[224].

3.6.3 Conclusão: o quarto do doente é a grande reunião do fim dos tempos

Nas xilogravuras do Ars Moriendi, como vimos nas duas analisadas, sobressaem as imagens de Maria, a Trindade, o anjo da guarda e os Demônios. Não mais aparecem o Arcanjo Miguel com sua balança, e Jesus não assume mais o papel de juiz severo, mas, ao contrário, misericordioso. Sua vitória é a alma do moribundo. Maria simplesmente observa o desenrolar dos fatos.

Ariès[225], no entanto, fala de uma ilustração, sem demonstrá-la, de uma antiga Oração dos Mortos encontrada em saltério de 1340, portanto, antes das xilogravuras de Ars Moriendi. Nessa ilustração, Maria tem um papel importante na cena. O moribundo suplica: *"Pus em vós minha esperança, Virgem Maria, Mãe de Deus: Salvai a minha alma do acabrunhamento e do Inferno onde a morte é amarga"*. Satanás, presente na cena de morte, reclama: *"Exijo minha parte / Pela justiça segundo o direito / A alma que se separa deste corpo / Que está cheia de grande imundície"*. Na ilustração, a Virgem tem os seios descobertos. Cristo mostra suas chagas e transmite ao Pai a oração de Maria. E Deus

---

223. GOMBRICH, E.H. *A história da arte*. Rio de Janeiro: Livros Técnicos e Científicos, 1999, p. 282.
224. SOUZA, P.M. *Ars Moriendi circa 1450*. Op. cit., p. 13.
225. POCHER, J. Manuscrits à peinture du XIIIe au XVIe siècle, n. 115. In: ARIÈS, P. *O homem diante da morte*. Vol. I. Op. cit., p. 116.

concede sua graça: "*Se existem razões para que teu pedido seja concedido plenamente, o Amor me comove por ser honesto. Negar não posso simplesmente*".

Na *Ars Moriendi* aparece mais a misericórdia de Deus que o julgamento. O fiel no seu leito de morte assiste penitente o seu fim. Ele pode até ceder à tentação do Diabo, mas espera confiante um final feliz diante de Demônios e cortes celestiais. O fiel é provado na hora da morte e, nesse momento, ocorre o juízo divino.

Ars Moriendi contribui para o fortalecimento da visão católica de um *Juízo Particular*, no qual o justo poderia ter uma boa morte, assim como teve Maria. A confiança na salvação no fim da Idade Média ganha força na Moderna. O cristão que vivesse eticamente, nos princípios do cristianismo, não precisava temer a morte[226]. O Além estava garantido. Surgem, então, as devoções a Nossa Senhora da Boa Morte, como preparação para uma morte tranquila e feliz. Assim como Maria pôde preparar sua morte, o fiel também poderia e deveria fazê-lo.

O medo do Inferno e do fim do mundo levaram um fiel a rezar em 1394: "E, primeiramente, recomendo minha alma a Deus, meu criador, à doce e gloriosa Virgem Maria, sua mãe, a Monsenhor São Miguel, o arcanjo, a Monsenhor São Pedro e São Paulo e a toda bendita corte do Paraíso"[227].

3.7 A origem da devoção a Nossa Senhora da Boa Morte

Já antes do século VII, celebrava-se o mistério da morte de Maria. A celebração em sua honra era realizada no Império Romano no dia 14 de agosto, um dia antes da Assunção. Era celebrado o seu *transitus*, sua passagem, conforme relatos apócrifos,

---

226. SANT'ANNA, M.S. *A Boa Morte e o Bem Morrer...* Op. cit., p. 14.
227. Oração recolhida de ARIÈS, P. *O homem diante da morte*. Vol. I. Op. cit., p. 201.

tendo um corpo incorruptível, de suave odor e brandura, na contramão ao processo normal que ocorre com os mortais seres humanos. Maria não morreu, mas foi levada ao Céu em corpo e alma, como vimos na tradição apócrifa. Portanto, não teria a devoção a Nossa Senhora da Boa Morte sua origem litúrgica na Festa da Assunção de Maria?

A origem da devoção a Maria, como Nossa Senhora da Boa Morte, que surge no fim da Idade Média, remonta à tradição apócrifa da Dormição e Assunção de Maria. A Dormição de Maria, a preservação de seu corpo incorruptível e sua alma levada ao Céu sob a proteção de anjos e de seu Filho, de forma deificada, fizeram dela uma mulher incomparável, soberana, rainha e, portanto, outorgada por seu Filho a tornar-se a advogada e intercessora dos fiéis. Ademais, ela também se torna a Mãe de Deus, a *Theotókos*.

Em Portugal, na cidade de Lisboa, Dom Nuno Álvares Pereira (1360-1431) dedicou uma capela em honra de Nossa Senhora da Boa Morte[228]. Em 1661, também em Portugal, a invocação a Nossa Senhora da Boa Morte ocorreu na localidade chamada Lombo do Atouquia, na freguesia de Calheta, onde foi construída uma capela a ela dedicada, no ano de 1661, por Francisco Homem de Couto[229].

No período entre os séculos XIV e XVIII nascem as irmandades da Boa Morte com o objetivo de ajudar o clero no cuidado dos mortos, bem como de preparar o fiel para uma boa morte. Influenciada pela visão de *Ars Moriendi* e o modelo do *bem morrer* mariano, associado ao *bem viver*, a evangelização portuguesa firma raízes no Brasil. Em Minas Gerais, por exemplo, são criadas a partir do século XVII dezenas de irmandades

---

228. Nossa Senhora da Boa Morte. In: VAN DER POEL, F. *Dicionário da Religiosidade Popular*. Op. cit., p. 700.
229. *Academia Marial de Aparecida* [Disponível em http: //www.a12.com/academia/titulos-de-nossa-senhora/nossa-senhora-da-boa-morte – Acesso em 22/07/2018].

de Nossa Senhora da Boa Morte e até Seminário Menor em Mariana, o qual recebeu autorização régia de Dom João VI para ser construído em 12 de dezembro de 1748, e ficou conhecido como Seminário de Nossa Senhora da Boa Morte. Esse seminário é considerado a casa mais antiga de formação em Minas Gerais[230]. Disso decorre que a devoção a Nossa Senhora da Boa Morte vai além da festa em honra de sua santa morte, celebrada no século VI. Maria, a Nossa Senhora da Boa Morte, torna-se modelo de evangelização, de catequese.

Outro fator preponderante na devoção a Maria e, consequentemente, a Nossa Senhora da Boa Morte se deve às críticas ao culto mariano feitos durante as Reformas Protestantes. Seus altos expoentes como Martinho Lutero, Zuínglio e Calvino refutaram a tese de que Maria teria tido o seu corpo transladado ao Paraíso. O motivo alegado era sua falta de fundamentação bíblica; portanto, não era a assunção de Maria e não poderia ser considerada "Verdade Revelada". A reação católica veio no Concílio de Trento (1545-1563). Trento incentivou o culto à Santa Mãe de Deus e transformou em doutrina a Assunção de Maria, que antes era somente piedosa convicção[231].

3.7.1 Orações a Maria: intercessão diante do medo da morte, do Juízo Final, do Inferno e desejo de sair do Purgatório

A preservação do corpo de Maria no momento de sua morte, como vimos nos apócrifos marianos assuncionistas, tem relação com a questão do medo. O Demônio apossava-se primeiramente do corpo, para depois atingir a alma do fiel. Maria pressentiu que algo aconteceria com o seu corpo. Os judeus,

---

230. Iphan [Disponível em http: //www.ipatrimonio.org/?p=19754#!/map=38329&l oc=-20.382095000000007,-43.414905000000005,17 – Acesso em 31/01/2019].
231. SERRA, A. et al. Assunção. In: FIORES, S. & MEO, S. (dir.). *Dicionário de Mariologia*. Op. cit., 1995, p. 175.

segundo Maria, haviam prometido acabar com o corpo daquela que trouxe o Salvador.

Mais tarde, na Baixa Idade Média, os cristãos compreenderam que Maria, tendo seu corpo preservado por obra de seu Filho, poderia atuar em favor dos seus devotos no momento da morte e do Juízo Particular.

No fim da Idade Média e Moderna, quando já não mais se considerava a realização próxima de um Juízo Final e Universal, o imaginário religioso e a devoção se ativeram ao Juízo Particular. Os santos e, sobretudo, Maria, passam a ser evocados na hora da morte. Esperava-se uma boa morte e salvação. Maria, o modelo de humano que foi direto para o Céu, sem ao menos passar pelo Purgatório, era uma intercessora.

No entanto, o que antecedeu a essa devoção foi o medo da morte e do Juízo Final. Na Baixa Idade Média, Jesus era humano, estava ao lado do sofredor, mas era também um Cristo Juiz severo que tinha poder sobre as pessoas e que repassava tal poder à Igreja. Havia, nessa época, uma aproximação de Maria como mãe que recorre ao poder de seu Filho para libertar os sofredores do castigo possível na hora de morte.

A pregação da Igreja, nesse momento da história, convocava os cristãos a viver uma religião de modo intimista, buscando o exemplo do sofrimento de Jesus na hora da sua morte. Nasce uma fé devocional, intimista. Maria torna-se o modelo de fé para o fiel recorrer no seu vale de lágrimas. Maria é a advogada da Igreja, de todos, como atesta uma das orações já no fim da Alta Idade Média, a Salve-Rainha:

> Salve, Rainha, Mãe de misericórdia, vida, doçura e esperança nossa, salve! A vós bradamos, os degredados filhos de Eva; a vós suspiramos, gemendo e chorando neste vale de lágrimas. Eia, pois, advogada nossa, esses vossos olhos misericordiosos a nós volvei; e depois deste desterro nos mostrai Jesus, bendito fruto

do vosso ventre, ó clemente, ó piedosa, ó doce sempre Virgem Maria. Rogai por nós, santa Mãe de Deus, para que sejamos dignos das promessas de Cristo.

A oração da Salve-Rainha, originariamente, era uma reza a Maria pedindo proteção nas cruzadas. Ela é atribuída ao Bispo de Le Puy-en-Velay, Ademar de Monteil, que morreu em 1098, e passou a ser usada na liturgia da Igreja a partir de 1135. Sua parte final: "ó clemente, ó piedosa, ó doce sempre Virgem Maria. Rogai por nós, santa Mãe de Deus", "para que sejamos dignos das promessas de Cristo" foi acrescida por São Bernardo de Claraval, morto em 1153.

A Salve-Rainha foi usada no século XIII no momento do parto. Uma parturiente, em sonho, viu São Francisco que lhe pediu para rezar a Salve-Rainha. Ela rezou, e o fruto do seu ventre nasceu por obra da misericordiosa. Ao longo dos séculos, a Salve-Rainha tornou-se muito popular como oração forte diante dos momentos difíceis[232].

No século XVI, a religiosidade popular, vendo que os modos estabelecidos pela Igreja para receber indulgências para se livrar do Purgatório não eram acessíveis a todos, a devoção a Maria cresceu com a prática da oração particular e coletiva da Salve-Rainha como modo de pedir à mãe misericordiosa que interviesse diretamente com o seu Filho, o grande juiz, para libertar o cristão do Inferno e tirar do Purgatório os que lá estavam, levando-os diretamente para o Céu.

O vocabulário usado na Salve-Rainha reflete sobre o contexto de medo e a busca por um advogado na hora da morte, mesmo que ela tenha sido usada incialmente para defender os cruzados na batalha pela fé rumo à Terra Santa, visto que Maria

---

232. Salve-Rainha. In: VAN DER POEL, F. *Dicionário da Religiosidade Popular*. Op. cit., p. 936.

era padroeira da Igreja triunfante, sobrepondo os santos. O medo dos cristãos nas batalhas aproximou-os de Maria.

Na oração da Salve-Rainha, de um lado está Maria: a rainha, mãe de misericórdia, vida, esperança que salva, advogada, piedosa, doce, virgem, intercessora e mãe de Deus; do outro está o fiel: bradando, gemendo, chorando em um vale de lágrimas, num desterro, implorando a presença de Jesus, pedindo a intercessão de Maria para que ele seja digno das promessas de Cristo. O cenário é perfeito para um moribundo que vê Maria como a Senhora da Boa Morte, a intercessora e advogada. Da Maria Rainha e mãe da misericórdia da Salve-Rainha nasce o título de advogada nossa. O moribundo sabe que tem uma advogada na hora da morte.

A Ave-Maria, oração que se tornou popular no Ocidente no século XII, foi acrescida de uma segunda parte da Ave-Maria: "Santa Maria, Mãe de Deus, rogai por nós pecadores" no século XV e o "agora e na hora da nossa morte. Amém", no século XIX[233]. A maternidade de Maria, declarada em Éfeso, no século V, foi transformada no novo título dado a ela: Santa Maria Mãe de Deus. O "rogai por nós pecadores" pertence ao contexto do medo do Inferno na hora da morte, fato que resultou, séculos mais tarde, no "agora e na hora da nossa morte", o qual tem relação com o título Nossa Senhora da Boa Morte.

Uma oração muito popular na Baixa Idade Média e Moderna era a oração do Rosário, reza que inclui a repetição de Pai-nossos e Ave-Marias. A jaculatória intercalada no Terço foi acrescida com a aparição de Nossa Senhora em Fátima, no ano de 1917, e tem o seguinte texto: "Ó, meu Jesus, perdoai-nos, livrai-nos do fogo do Inferno, levai as almas todas para o Céu e socorrei principalmente as que mais precisarem. Amém"[234]. Essa oração, associada ao rosário, era feita em favor das almas do Purgatório.

---

233. Ibid. p. 89.
234. DCF I, doc. 55, de 08/09/1917, p. 392.

Atualmente, reza-se o terço, que é uma terça parte do rosário com a mesma jaculatória que menciona o pedido de livramento do fogo do Inferno e desejo de que Jesus leve as almas todas para o Céu.

Tradicionalmente ligado a Maria, intitulada de Nossa Senhora do Rosário, devoção promovida pelos dominicanos no início do século XIV, o Rosário foi considerado uma arma contra as ciladas do Demônio na hora da morte, do *Ars Moriendi*. Também se popularizou, nesse mesmo século, a devoção a Nossa Senhora do Carmo. Ela traz o escapulário para proteger o fiel na hora da morte e anjos tirando almas do Purgatório. O escapulário é a defesa contra o Inferno. O uso do escapulário concede a graça do arrependimento na hora da morte. A tradição diz que, quando Nossa Senhora apareceu a São Simão Stock no Monte Carmelo, ela lhe ofereceu um escapulário que protege o peito e as costas, e lhe disse: "Todo aquele que morrer revestido deste santo escapulário não arderá nas chamas do Inferno. Este hábito é um sinal de salvação, um amparo nos perigos e uma segurança de paz e aliança eterna"[235].

A oração a Nossa Senhora do Carmo e do Rosário possibilita ao fiel ser avisado antes de sua morte para poder confessar-se. Portanto, quem reza o rosário será avisado de sua morte.

A segunda fase da devoção ocorre no século XVII em diante, quando o fiel utiliza um grande período de tempo para ter uma morte tranquila. Em ambos os casos, recorre-se a Nossa Senhora da Boa Morte, é o que demonstra a oração pedindo uma boa morte:

> Ó Maria, concebida sem mácula, orai por nós que a vós recorremos. Ó Refúgio dos pecadores, Mãe dos agonizantes, não nos desampareis na hora da nossa morte,

---

235. CORNAGLIOTTO, J.B. *Thesouro do christão*. 8. ed. Rio de Janeiro: Garnier, 1889, p. 402. Apud Escapulário do Carmo. In: VAN DER POEL, F. *Dicionário da Religiosidade Popular*. Op. cit., p. 367.

mas alcançai-nos uma dor perfeita, uma contrição sincera, a remissão dos nossos pecados, uma digna recepção do Santíssimo Viático, a fortaleza do Sacramento da Unção dos Enfermos, para que possamos seguros apresentar-nos ante o trono do Justo, mas também misericordioso Juiz, Deus e Redentor nosso. Amém. Nossa Senhora, nossa mãe divina, precisamos uma vez mais de vosso auxílio e proteção. Vós sofrestes a dor de perder vosso Filho, fazei-nos pacientes perante os desígnios de Deus, ajudai-nos a descobrir o sentido da vida e da morte. Ajudai--nos a ter fé, a conversar com Deus e escutá-lo. Ó querida Mãe, abri vossos braços e abraçai... (fala-se o nome do enfermo) e concedei-lhe uma morte iluminada por Deus. Pedi a Deus que perdoe todas as suas faltas e seja misericordioso, socorrendo-o(a) na passagem para a vida eterna. Fazei-o(a) merecedora(a) na passagem da vida eterna junto a vós e a Jesus, seu Filho amado. Nossa Senhora da Boa Morte, peço-vos a graça de nos dar a força necessária para assumir, com amor, as horas difíceis a serem enfrentadas, aceitando a vontade de Deus, seus desígnios eternos e impenetráveis. Amém[236].

No Brasil há uma oração da boa morte que é cantada no intervalo do terço cantado: "Amado Jesus, José, Joaquim, Ana e Maria / eu vos dou o meu coração e a minha alma / assisti-me com piedade na última agonia"[237].

O Espírito Santo que agiu nela deu-lhe a faculdade de ser intercessora e salvadora. Nela se realiza a salvação do mundo, efetuada por seu Filho[238].

---

236. PIMENTEL, E.A. *Nossa Senhora da Boa Morte* – Novena e ladainha. Petrópolis: Vozes, 2008, p. 28.
237. Amado Jesus, José, Joaquim, Ana. In: VAN DER POEL, F. *Dicionário da Religiosidade Popular*. Op. cit., p. 204.
238. TAVARD, G.H. *As múltiplas faces da Virgem Maria*. Op. cit., p. 112.

Van der Poel registra em seu dicionário, no verbete *Almas e Nossa Senhora*[239], um canto português de culto das almas, na Ilha de São Miguel, Açores, do qual transcrevemos a parte que apresenta a figura de Maria na defesa do moribundo no momento do Juízo Final. Trata-se de uma alma pecadora, soberba, que morreu sem receber os sacramentos. O canto diz:

> Agora vais padecer / no Inferno para sempre. / Acudiu Nossa Senhora / com suas rogações: // Oh meu Filho, oh meu Filho, / pelo leite que mamaste / em tua santa paixão / acode-me àquela alma / que acolá vai perder. // Acudi-me e livrai-nos / que vos manda a vossa mãe! // Ó Miguel pesa a alma! / Vai o peso para o chão. / Acode a Virgem Maria / com seu rosário na mão. // Cristão, reza o teu rosário / não o tragas pelo chão, / pois ele é teu bordão. / E é a Virgem Maria / que pelos pecadores pede. // Quem não souber, que o diga / Quem a ouvir, que a aprenda. / Lá no dia do juízo / verá o que ela defende. //

A presença de duas figuras nessa oração, a do Arcanjo Miguel e a da Virgem Maria, demonstra a importância deles no momento da morte. Miguel tem uma balança, e Maria, a intercessão. Na tradição, a Maria que intercede pelos pecadores e os avisa na hora da morte é Nossa Senhora do Rosário e do Carmo, respectivamente.

3.7.2 São Miguel: a balança e o Livro da Vida na hora da boa e má morte

Associado a Maria, como Nossa Senhora da Boa Morte, aparece a imagem do anjo Miguel, considerado o santo protetor das almas, padroeiro de igrejas, guerreiro, guarda do Paraíso e que

---

239. Almas e Nossa Senhora. In: VAN DER POEL, F. *Dicionário da Religiosidade Popular*. Op. cit., p. 52. Apud LIMA, F.C. (dir.). *A arte popular em Portugal*: ilhas adjacentes e ultramar. Lisboa: Verbo, 1968, p. 254.

tem poder para ir ao Inferno buscar almas[240]. Ele também pode ajudar a alma a redimir-se no momento de sua morte. A sua imagem foi também associada à imagem de uma balança que pesa as almas.

Miguel é o arcanjo que vem com Jesus, segundo os apócrifos, buscar o corpo de Maria para o Paraíso. Maria recebe um livro. O Livro de Daniel afirma:

> Nesse tempo, levantar-se-á Miguel, o grande Príncipe, que se conserva junto dos filhos de seu povo. Será um tempo de tal angústia qual jamais terá havido até aquele tempo, desde que as nações existem. Mas nesse tempo o teu povo escapará, isto é, todos os que se encontrarem inscritos no Livro (Dn 12,1).

O livro é o da vida que traz o nome dos eleitos. Maria foi colocada no Livro da Vida que Jesus, o Misericordioso, lhe entregou antes de morrer. A imagem do Livro da Vida, presente em Ap 20,12, aparece também em uma pintura do século XIV como sendo o livro dos condenados. O Cristo-Juiz no seu trono com um livro aberto com os nomes dos danados. Embaixo dele aparecem almas sob formas de esqueleto, cada uma com um livro na mão. O mesmo ocorre, mais tarde, nas imagens de *Ars Moriendi*. O Diabo ou Deus consultam o livro que está à cabeceira do agonizante. O Diabo pode até agitar o livro para reclamar o direito de possuir a alma.

Portanto, o livro foi tomando o lugar da balança de Miguel, fato que foi consolidado no século XVIII, quando Miguel foi substituído pelo Anjo da Guarda e São José[241].

No fim da Idade Média, pensa-se que cada pessoa tinha dois livros, um da boa ação e outro, da má. O primeiro estava com

---

240. São Miguel. In: VAN DER POEL, F. *Dicionário da Religiosidade Popular*. Op. cit., p. 992.
241. ARIÈS, P. *O homem diante da morte*. Vol. I. Op. cit., p. 111-112.

Miguel, mas no século XVIII ele passa a pertencer ao Anjo da Guarda. Já o segundo pertencia ao Demônio. Esse era o seu troféu na hora da morte, seguido de julgamento. Surge, assim, a imagem da má morte. Um dos tratados de preparação para a morte assinala:

> O Anjo da Guarda, aflito, abandona o moribundo, deixando cair o livro onde se encontram apagadas todas as boas obras ali escritas, porque tudo o que o moribundo fizera de bem não tem mérito para o Céu. À esquerda, vê-se o Demônio que lhe apresenta um livro contendo toda a história de sua má vida[242].

A má morte é aquela em que o moribundo não consegue demonstrar boas ações que lhe resultariam na ida para o Paraíso. A boa morte, no entanto, como relata esse mesmo tratado, é a do anjo da guarda feliz por mostrar um livro contendo virtudes, boas obras, jejuns, orações, mortificações etc., que o moribundo fizera. A penitência que ele praticara apagou os seus pecados no livro que estava com o Demônio, o qual, confuso, se lança no Inferno[243].

3.7.3 Da boa morte ao aviso de Nossa Senhora do Aviso

A devoção a Nossa Senhora da Boa Morte propiciou o surgimento de outras devoções marianas afins, como a de Nossa Senhora do Aviso. O fato de Maria, conforme vimos na tradição apócrifa, ter sido avisada três dias antes de morrer pelo seu Filho, ela pode avisar aos cristãos o momento exato de sua morte. Encontramos, registrada em 1554, uma oração a Nossa Senhora: "Quem disser essa oração saberá a hora da sua morte, porque

---

242. VIRET, F. *Miroir de l'ame du pêcheur et du juste pendant la vie et à l'heure de la Mort*: méthode chrétienne pour finir saintement la vie. Nouvelle édition. Lyon: Libraire, 1752, p. 15. Apud: ARIÈS, P. *O homem diante da morte*. Vol. I. Op. cit., p. 113.
243. Ibid., p. 114.

Nossa Senhora aparecerá a ele quinze dias antes [...][244]. Esse desejo se avolumou para a devoção a Nossa Senhora do Aviso, que tem relação com a tradição apócrifa do aviso de morte que Maria recebeu três dias antes de sua morte.

Pedir o aviso de Maria está relacionado com a evangelização católica difundida em Portugal e em suas colônias que ensinava que o melhor modo de morrer é o que propiciasse ao fiel se preparar com confissão e recebimento da comunhão. O sacramento propiciava a passagem tranquila para a verdadeira vida no Paraíso, sem passar pelo Purgatório.

Em Portugal, num lugarejo chamado Serápicos, encontra-se o Santuário de Nossa Senhora do Aviso e uma confraria que leva o mesmo nome desde 1700. Trata-se de uma devoção secular que prega que, se alguém rezar a Maria e trouxer no peito a medalha dessa santa, ela o avisará dias antes da morte, bem como lhe proporcionará uma morte santa.

Essa devoção portuguesa surgiu por volta do século XVII, primeiramente, em agradecimento pelos moradores de Serápicos por uma graça alcançada, a de invocar Nossa Senhora diante de lobos famintos que queriam devorar um autóctone e seus bois. Nossa Senhora o livrou da morte.

Esse fato tem relação com o medo de lobos na Idade Moderna, os quais eram considerados animais satânicos. Feiticeiros poderiam transformar-se em lobos, graças ao Diabo. O lobo, um animal infernal, atacava as pessoas, sobretudo as mulheres grávidas e crianças. Entre os germânicos, criou-se a expressão lobisomem (homem-lobo)[245]. Entre o povo havia várias orações para defender-se do lobo, dentre elas, o "pai-nosso lobo", registrado por Delumeau:

> Em nome do pai, do filho, do espírito santo; lobos
> e lobas, eu vos conjuro e enfeitiço, eu vos conjuro

---

244. MÂLE, É. *L'art religieux de la fin du Moyen Âge*, Paris: A. Colin, 1931, p. 353.
245. DELUMEAU, J. *História do medo no Ocidente...* Op. cit., p. 74.

em nome da santíssima e sacrossanta como Nossa Senhora concebeu, que não tomeis nem afasteis nenhum dos animais de meu rebanho, sejam cordeiros, sejam ovelhas, sejam carneiros [...], nem lhes façais nenhum mal[246].

Nessa oração fica evidente a relação com Nossa Senhora como defensora no momento de perigo. Poderia ter sido essa a oração que o camponês de Serápicos dirigiu a Nossa Senhora na defesa de seus animais? Se o lobo era uma besta infernal, a relação com Nossa Senhora faz sentido.

A confraria de Nossa Senhora do Aviso custodia o Santuário de Serápicos até os dias de hoje. A oração/hino a Nossa Senhora do Aviso, intitulada *A alma transmontana aos pés de Maria*, é a seguinte:

> Senhora do Aviso / Ouvi nosso canto / Sois nossa alegria / Sois o nosso encanto. // Com o vosso olhar / Virgem do Aviso / Vinde-nos guiar / Para o Paraíso. // Somos Transmontanos / E Vós sois a Flor / Aqui nós buscamos / Alívio na dor. // Vós sois Mãe de Deus / E sois nossa Mãe / A gozar nos Céus / Oh! Nos alcançai. // Ó Virgem Bendita / Vinde-nos ouvir / Nesta grande dita / Que vamos pedir. // Desse Altar de Luz / Ouve Serápicos / Entregai Jesus / Ao povo aflito. // Vós sois a Madrinha / Da grei Lusitana / D'alma Transmontana. // Com o vosso olhar / Virgem do Aviso / Vinde-nos guiar / Para o Paraíso[247].

Destaca-se, nessa oração, a invocação a Maria como Senhora e Virgem do Aviso e o pedido a ela de conduzir o povo de Serápicos ao Paraíso por intermédio de Jesus.

---

246. Ibid., p. 74.

247. [Disponível em http://devocaocatolica.blogspot.com.br/2007/08/nossa-senhora-do-aviso.html – Acesso em 06/07/2017]. Para mais informações sobre a devoção a Nossa Senhora do Aviso, cf. ADÉRICO, A.C. *Nossa Senhora do Aviso*: notas históricas e devocionário. Bragança: Comissão do Santuário, 1990, p. 56.

A devoção a Nossa Senhora do Aviso chegou ao Brasil com os portugueses e tem os seus devotos, por exemplo, no interior do Rio de Janeiro, em Campos dos Goytacazes[248].

3.8 Conclusão

A Baixa Idade Média foi o momento auge da expansão da devoção popular mariana. Todo o percurso anterior a essa devoção, iniciado a partir do fim do século III e no Concílio de Éfeso (431), chega ao século XI e aí se desenvolve de forma própria, chegando à Idade Moderna.

A devoção popular mariana situa-se no imaginário medieval de uma religião que exige ver sinais, que se situa no âmbito do extraordinário, do fantástico. O que importava era a centralidade do ser humano, sua salvação, nem tanto o louvor a Deus. Acrescentem-se a isso, como vimos, as grandes dificuldades socioeconômicas do período medieval, a fome e as pestes, bem como o poder piramidal dessa sociedade, o medo do Inferno e da morte e o distanciamento da Igreja oficial das camadas populares. Tudo isso somado propiciou o surgimento de uma piedade mariana que enaltece seu papel como rainha e intermediária entre Jesus e a Igreja[249]. Com isso, Maria deixa de ser a discípula do Filho, irmã de todos e passa a ser rainha poderosa, a Nossa Senhora.

A Igreja diante dos medos da Idade Média, baseando-se na afirmação de Delumeau: "mostrava que uma ameaça global de

---

248. Outra devoção mariana que também tem relação com a morte é a que cultua Nossa Senhora da Boa Viagem, denominada pelos portugueses e pelos espanhóis de *Virgen de los Buenos Aires*. Essa devoção tem sua origem nas grandes viagens de conquistas espanholas e portuguesas. Maria acompanhava os viajantes, protegendo-os diante das intempéries do mar. Por outro lado, a devoção a Nossa Senhora da Boa Viagem também tem relação com a assunção de Maria, pois ela fez uma boa viagem no momento de sua assunção, após sua dormição: uma viagem de boa morte. Cf. Nossa Senhora da Boa Viagem. In: VAN DER POEL, F. *Dicionário da Religiosidade Popular*. Op. cit., p. 701.
249. DELARUELLE, E. *La pieté populaire ao Moyen Âge*. Turim: Botega de Erasmo, 1975, p. 150-151.

174

morte se viu assim segmentada em medos, seguramente temíveis, mas "nomeados" e explicados, porque refletidos e aclarados pelos homens da Igreja"[250].

Os medos que assolavam os cristãos da Baixa Idade Média e Moderna propiciaram o surgimento de um devocionismo mariano capaz de enfatizar o sentimentalismo à revelia da liturgia sacramental. E o que é pior: Jesus Cristo e Deus foram substituídos por Maria mitificada, não mais aquela do Novo Testamento[251].

Na época dos primeiros *Ars Moriendi* do século XV, estendendo-se até o século XVI, Maria era considerada a advogada, a presença firme ao lado do moribundo, que tinha também ao redor dele, no seu quarto, Demônios que lutavam para ficar com sua alma, com o objetivo de levá-la para o Inferno. Portanto, essa fase de culto a Maria, que passa a ser de devoção a Nossa Senhora da Boa Morte, tem relação com a arte de morrer e o medo do Inferno. O moribundo traz para dentro de seu quarto, junto com a família, a presença de Maria, a mãe misericordiosa, Jesus e Deus Pai. A morte boa consistia no acolhimento e aceitação da presença de Deus e a rejeição de Demônios que o atentam. A presença de Maria ao seu lado era a prova de que ela era a intercessora em favor do moribundo no Juízo Particular. Ademais, era a mulher exemplo de virtudes que o fiel deveria ter como modelo. A boa morte ocorreria no momento em que o fiel fosse capaz de refletir e não cair na tentação do Diabo. A boa morte passou a ser salvífica.

Os séculos seguintes à Idade Média foram marcados por uma nova visão de morte: o que importava não era mais a *Ars Moriendi*, mas a *Ars Vivendi*, embora se mantivesse uma relação entre o viver e morrer: "Pour mourir bienheureux, à vivre il faut apprendre. Pour vivre bienheureux, à mourir il faut

---

250. DELUMEAU, J. *História do medo no Ocidente... Op. cit.*, p. 44.
251. Devoção Mariana. In: FIORES, S. & MEO, S. (dir.). *Dicionário de Mariologia*. Op. cit., p. 401.

apprendre"[252]. O foco passou a ser o bem viver para morrer de forma bem aventurada.

O *Ars Moriendi* e a oposição às Reformas Protestantes propiciaram o surgimento da devoção a Nossa Senhora da Boa Morte, tendo como origem a crença apócrifa na Dormição e Assunção de Maria.

Uma das formas de devoção mariana na Idade Média e Moderna foi a formação de confrarias, organizações religiosas do catolicismo medieval tradicional, que se dividiram em irmandades e ordens terceiras. As ordens terceiras diferem das irmandades por estarem ligadas diretamente às ordens religiosas.

Na Idade Média surgiram irmandades com o intuito de cuidar dos mortos e preparar os féis para uma boa morte. Como vimos, uma dessas é a devoção a Nossa Senhora da Boa Morte, institucionalizada em irmandades e confrarias que chegaram ao Brasil no período colonial. Os portugueses trouxeram na bagagem suas devoções. Os escravos negros oriundos da África que viviam no Brasil, diante das devoções portuguesas, adaptaram-nas. É o que veremos a seguir.

---

252. Para morrer bem aventurado é preciso aprender a viver. Para viver bem aventurado é preciso aprender a morrer. Oração recolhida por ARIÈS, P. *O homem diante da morte.* Vol. II. Rio de Janeiro: Francisco Alves, 1982, p. 330.

4
A ressignificação sincrética da Devoção a Nossa Senhora da Boa Morte na Irmandade Negra de Nossa Senhora da Boa Morte de Cachoeira (BA)

No fim da Baixa Idade Média e em sua sequência, sobretudo entre 1400 e 1650, a relação com a morte no Ocidente foi de medo, o que ficou registrado nas artes, as quais representavam cenas de sofrimento e de martírio de santos; nas danças macabras; no pensamento constante de morte que acompanhava as pessoas; na fala de pregadores temíveis que se utilizavam de crânios para aterrorizar os ouvintes e convocá-los à conversão; nas xilogravuras das *Ars Moriendi*; na visão do Juízo Particular; nas disputas entre os Demônios e São Miguel para ver quem levaria as almas dos defuntos para o Paraíso ou para o Inferno. Diante da visão de que a maldade era inata ao ser humano, o medo era utilizado pela Igreja para garantir o Reino de Deus e a salvação para os fiéis.

A partir do século XVIII, essa visão passou por mudanças. O Estado deixou de ser coadjuvante na sociedade e passou a interferir nas ações da Igreja na Europa. Já no Brasil, conforme afirma Molina: "a Igreja Católica do século XIX vivia um processo de redefinição, uma transição que muitos países europeus já haviam solucionado e que o regalismo português e o império haviam barrado no Brasil"[253].

---

253. MOLINA, S.R. Na dança dos altares – A Ordem do Carmo e a Irmandade da Boa Morte entre o poder e a sobrevivência no Rio de Janeiro dos primeiros tempos do império (1814-1826). In: *Revista de História*, n. 147, 2002, p. 117. São Paulo [Disponível em https: //www.revistas.usp.br/revhistoria/article/download/18944/21007 – Acesso em 05/08/2018].

Dois períodos da história do Brasil são importantes, o colonial e o imperial, para compreender o imaginário da devoção à Dormição de Maria trazida pelos portugueses e o modo como tal devoção se instalou no Brasil. Portanto, na continuidade de nosso estudo, procuraremos estabelecer a influência da origem da devoção a Nossa Senhora da Boa Morte e sua relação com a história do cristianismo ocidental europeu que chegou ao Brasil com a colonização portuguesa, no que se refere às irmandades de Nossa Senhora da Boa Morte. Mudou o contexto e essa devoção ganhou novos rumos? Como ela foi assimilada no Brasil entre a população negra? Trata-se de questões que serão pontuadas no decorrer deste capítulo.

4.1 Brasil Colônia

O período colonial no Brasil foi de três séculos, de 1500 a 1822[254]. Iniciado com a ocupação portuguesa e finalizado com a independência, o Brasil Colônia sofreu com a exploração do pau-brasil que, no início da colonização, era levado para a Europa, assim como a produção e comercialização do açúcar. Várias expedições vindas de Portugal se encarregavam da exploração e transporte desses produtos.

Em 1530, Martim Afonso de Sousa chefiou a expedição colonizadora. O Brasil foi dividido em 15 capitanias hereditárias, que eram governadas de forma hereditária pela pequena nobreza vinda de Portugal. Pelo fato de não funcionarem como era previsto, essas capitanias foram transformadas em regiões administrativas, sendo criadas em 1759 as capitanias gerais.

---

254. O teor da breve síntese do período colonial que apresentamos está disponível em http: //www.brasil.gov.br/noticias/cultura/2010/01/colonia – Acesso em 25/09/2018. Para um estudo da história do Brasil, cf. FAUSTO, B. *História do Brasil*. São Paulo: Edusp, 2012. • PRADO JÚNIOR, C. *Formação do Brasil Contemporâneo*. Rio de Janeiro: Companhia das Letras, 2011.

Salvador foi eleita como capital do Brasil, entre os anos de 1549 e 1763[255], visto que o Nordeste era a região mais rica e próspera do Brasil por causa da produção da cana-de-açúcar, da mão de obra escrava utilizada nos engenhos, na produção do algodão e do tabaco. Além da Bahia, Pernambuco, São Vicente (SP) e parte do Rio de Janeiro eram os grandes produtores de açúcar.

Os senhores de engenho, seguidos pelos funcionários públicos, feitores, militares, comerciantes e artesãos, tinham o poder na economia e na política. Os negros eram considerados mercadorias. Com o declínio da exportação de açúcar no final do século XVII, passou-se à exploração do ouro em Minas Gerais. Rio de Janeiro passou a ser a capital do Brasil em 1763. Muitas revoltas contra a Coroa portuguesa aconteceram, sendo a mais importante delas a liderada por Tiradentes, em Minas Gerais.

A corte portuguesa resolveu transferir-se para o Brasil em 1808. Teve início um processo de independência de Portugal que culminou com o grito histórico de "Independência ou Morte!" proferido pelo então Príncipe Regente Pedro de Alcântara, às margens do Rio Ipiranga, em São Paulo, no dia 7 de setembro de 1822. Em 12 de outubro do mesmo ano, tornou-se Dom Pedro I.

4.2 Brasil Império

O período imperial no Brasil foi do ano de 1822 a 1889. Iniciado com duas proclamações, a da independência de Portugal, em 7 de setembro, e a da República, ocorrida no dia 15 de novembro, esse período da história do Brasil propiciou a criação da Constituição brasileira em 1824; várias revoltas sociais, dentre elas a Balaiada, Cabanagem, Sabinada; a criação da Lei Eusébio de Queiroz, em 1850, que pôs fim ao tráfico de escravos; a do

---

255. Olinda, em Pernambuco, foi também capital no breve espaço de tempo, entre 1624 a 1625.

Ventre Livre, em 1871, para os filhos das escravas; a da Lei dos Sexagenários, em 1885, que concedeu liberdade aos escravos acima de 65 anos e a Lei Áurea, em 1888, que concedeu liberdade aos escravos. Destaque também para o conflito entre o poder da Igreja Católica e a Monarquia nos anos de 1872-1875.

4.3 Herança medieval do catolicismo português no Brasil Colônia e Império

O catolicismo que predominou no Brasil Colonial foi o tradicional trazido por Portugal, o qual era marcadamente medieval, familiar, social, leigo e luso-brasileiro[256]. Azzi explica as suas características[257]: medieval porque era afeito a devoções, procissões e romarias e na crença de que a salvação vem pela devoção; familiar porque a fé é vivida no seio da família, nas capelas da família, onde ela reza, faz promessas e se encontra para o convívio e catequese familiar; social porque a fé vivida é também expressão de socialização para além da família; é laical porque o leigo não se vê mero assistente no culto religioso, mas funda e lidera igrejas, introduz devoções; é luso-brasileiro porque herdou o modo de vivenciar a fé em oratórios, ermidas, procissões, devoções, romarias e festas religiosas.

No período colonial, como veremos adiante, surgem as irmandades leigas, algumas delas com forte acento de resistência à cultura lusitana que se impôs no Brasil, o que resultou em um sincretismo religioso afro-lusitano-brasileiro. No período imperial, houve momentos de tensão e enfrentamento entre os leigos

---

256. Para o estudo do catolicismo no Brasil, sugerimos: AZZI, R. *A vida religiosa no Brasil*: enfoques históricos. São Paulo: Paulinas, 1983. • HOORNAERT, E. *Formação do catolicismo brasileiro*: 1550-1800. Petrópolis: Vozes, 1974. • OLIVEIRA, P.A.R. Catolicismo popular e romanização do catolicismo brasileiro. In: *REB*, vol. 36, n. 142, mar./1976, p. 19-52. Petrópolis.
257. AZZI, R. *O catolicismo popular no Brasil*: aspectos históricos. Petrópolis: Vozes, 1978, p. 153-156 [Cadernos de Teologia e Pastoral, vol. II].

das irmandades e o clero. Fato que continuou no período republicano e ainda continua presente no meio de nós.

A partir do século XIX, quando se inicia o período imperial, houve um movimento de bispos reformadores para implementar no Brasil o catolicismo renovado de inspiração tridentina que, por sua vez, se caracterizava por ser romano, clerical, individual e sacramental[258]. Suas características são claras. O catolicismo renovado procurou, a partir do século XIX, implementar o Concílio de Trento no Brasil.

Como vimos no capítulo anterior, a relação com os mortos no fim da Idade Média ficou clericalizada, isto é, o defunto devia passar na igreja para ter uma missa de corpo presente e receber as orações do clero. Isso ocorreu devido ao catolicismo renovado do Concilio de Trento que valorizou os sacramentos, criando a doutrina dos sete sacramentos, e o clero. Esse modo de conceber a fé católica não veio com os portugueses para o Brasil. Ele foi implantado somente no período imperial[259].

Essa relação com os mortos teve origem no imaginário do *Ars Moriendi*, o bem morrer da Baixa Idade Média, o qual foi relacionado com o Juízo Particular na hora da morte, a preparação para a morte e o medo. A Igreja passou a ter o controle da morte. O enterro no interior de uma igreja garantia a salvação da alma.

No século XIX, no Brasil Imperial, em Salvador, quando o enterro passou a ser controlado pelo poder público, aconteceu um fato inusitado. O governo autorizou uma empresa particular a construir o cemitério do Campo de Salvador. Era o ano de 1836. O cemitério foi construído e, três dias depois, destruído pela população. A revolta, motivada pela não garantia da salva-

---

258. HAUSER, H. *Ouvriers du temps passé*. 2. ed. Paris: Félix Alcan, 1927, p. 161.
259. AZZI, R. *O catolicismo popular no Brasil*. Op. cit., p. 156.

ção da alma que não mais seria enterrada na igreja, ficou conhecida como revolta da Cemiterada[260].

Na Europa, a morte e o culto aos mortos passaram a depender exclusivamente dos padres e da Igreja. Já a família do defunto e seus parentes foram relegados na relação com os seus mortos. No entanto, um fato novo surgiu nessa época: irmandades foram criadas para ajudar o clero e os monges nessa tarefa religiosa[261]. Essas irmandades permaneceram na história da Igreja e chegaram ao Brasil com a colonização portuguesa. Elas cuidavam de questões sociais, mas também do culto aos mortos.

Na Baixa Idade Média e início da Moderna, o sofrimento e a agonia na hora da morte atormentavam a muitos, bem como a possibilidade de perder o Paraíso e o ter que deixar os bens materiais para os vivos. Diante da morte que se aproximava, o moribundo decidia renunciar aos bens materiais adquiridos em vida por meio de um testamento, para, assim, encontrar a salvação da alma no Paraíso celeste. Caso contrário, ele seria tragado por Satanás, que o conduziria até ao Inferno de horrores e sofrimentos eternos. Quem não fizesse testamento em vida recebia da Igreja a pena de excomunhão[262]. Um rico tinha o que deixar, mas como ficava o pobre que não tinha nada, nem quem lhe assegurasse uma morte digna? Como dar dignidade a ambos na hora da morte? Entre os negros escravos no Brasil Colônia e Imperial não havia testamento para fazer, o que não lhes impediu de garantir a relação com seus mortos a partir de suas culturas de origem por meio de um sincretismo religioso.

Ainda sobre os mortos, os portugueses trouxeram para o Brasil a relação da morte com a cruz. Por todos os lugares

---

260. REIS, J.J. *A morte é uma festa* – Ritos fúnebres e revolta popular no Brasil do século XIX. São Paulo: Companhia das Letras, 1999.

261. ARIÈS, P. *O homem diante da morte*. Vol. I. Op. cit., p. 195.

262. Não trataremos aqui a questão dos testamentos, mas ressaltamos somente a sua importância em relação à morte na Baixa Idade Média e Moderna. Para um estudo da temática, cf. ARIÈS, P. *O homem diante da morte*. Vol. I. Op. cit., p. 200-214.

por onde passavam os missionários e colonizadores uma cruz era posta como expressão da fé cristã, da devoção popular e, evidentemente, da conquista. A primeira missa celebrada no Brasil ocorreu no dia 26 de abril de 1500, na Praia da Coroa Vermelha, em Santa Cruz de Cabrália, no litoral baiano, na Terra de Vera (Santa) Cruz. A cruz era o marco da dominação portuguesa e da catequese.

No catolicismo popular, em relação à morte e ao medo do Demônio, a cruz cumpriu o seu papel. Escreveu Castanho:

> A cruz marcou a morada derradeira dos cristãos brancos, mamelucos e índios. Viviam deveras sujeitos a todos os perigos de uma morte subitânea, e mesmo talvez temessem, ainda mais que os caipiras de hoje, que a bruxa viesse levar a criança pagã. Ou o Demônio, para afastar o mal erigiam cruzes em toda parte[263].

A cruz, além de marcar a sepultura do falecido, passou a ter relação com a alma penada, tradição que Portugal, recebendo influências célticas, trouxe para o Brasil. Em Portugal, havia o costume de erguer cruzes à beira dos caminhos para lembrar as penas, o sofrimento de almas errantes saídas do Purgatório que procuravam encontrar os viandantes ou transmitir mensagens[264].

Azzi cita testemunhos populares que revelam a relação da alma com o Demônio, quando a morte ocorria à beira da estrada.

> A cruz, disse Quintino Veloso, é para marcar o local onde houve um desastre ou assassinato, assinalando o ponto onde morreu alguém. É colocada uma cruz porque o capeta não chega onde ela está; ele foge dela. Até há um ditado nesse sentido: "Quem me deve foge de mim, como o Diabo foge da cruz". Quando uma pessoa, por causa de uma briga, morre, a alma dela fica ali ao redor de onde foi assassinada e

---

263. CASTANHO, L.A. *São Paulo*: filho da Igreja. Petrópolis: Vozes, 1957, p. 7.
264. ROLIM, F.C. Católicos e catolicismo. In: *REB*, n. 30, 1970, p. 345-346. Petrópolis.

para que ele, o Diabo, não a carregue pros Infernos, põe-se a cruz[265].

As irmandades e confrarias de origem europeia e as fundadas no Brasil Colônia e Império tiveram papel importante na consolidação da cultura brasileira. Vários tipos de irmandades surgiram nesses períodos, a saber: irmandades da Misericórdia, do Santíssimo, do Rosário, de São Miguel e Almas.

As irmandades de Nossa Senhora da Boa Morte foram criadas a partir do início do século XVII. Destaque especial, dentre essas, para aquelas formadas por escravos negros de origem africana, que, além de cultuar a tradição portuguesa à Boa Morte (Dormição) de Maria, agregaram valores africanos a essa devoção mariana e à cultura brasileira.

Como isso ocorreu, de modo específico na Irmandade de Nossa Senhora da Boa Morte da cidade baiana de Cachoeira, é o que demonstraremos nas páginas seguintes. Procuraremos estabelecer os valores religiosos e culturais que emergiram dessa relação afro-luso-brasileira.

4.4 Irmandades: origem e relação com a morte

As irmandades nasceram, primeiramente, como associações fazedoras de obras de misericórdia evangélica:

> Vinde, ovelhas de meu Pai, tomai posse do reino que vos foi preparado desde a origem do mundo. Tive fome e me destes de comer, tive sede e me destes de beber; era um estrangeiro e me acolhestes, nu e me vestistes, doente e me visitastes, prisioneiro e viestes me ver (Mt 25,35-37).

Essa passagem bíblica se revestiu de teor escatológico, de Juízo Final, nos contextos medieval e moderno do medo. A bandeira

---

265. AZZI, R. *O catolicismo popular no Brasil*. Op. cit., p. 22.

da caridade, que se traduzia em dar de comer aos famintos, acolher os peregrinos, vestir os nus, visitar os doentes e presos, tornou-se um caminho seguro para a salvação no Juízo Final.

As irmandades tornaram-se associações de leigos que funcionavam independentes do clero, passando a ser sociedades de leigos voluntários[266] e servindo de modelo para as irmandades de cunho meramente devocional.

No final da Idade Média, uma nova finalidade foi acrescentada às funções das irmandades: enterrar os mortos. O cuidado dos mortos passou a ser mais uma das obras de caridade de Mt 25,35-37. Assim, as irmandades passaram a ajudar o clero no culto aos mortos. Por outro lado, como consequência de suas atribuições, as irmandades se fortaleceram como entidades autônomas em relação ao clero, elegendo como atividade principal o cuidado com os mortos.

As irmandades tinham os seus santos protetores, assim como as de Nossa Senhora da Boa Morte. Ariès[267] destaca vários elementos que caracterizavam as irmandades em relação à morte, a saber:

1) rezar de forma incessante, de modo a garantir para o defunto a salvação no Além;

2) cobrir o caixão do defunto com o pano mortuário da irmandade;

3) ajudar o clero na celebração das exéquias;

4) celebrar cultos em favor do repouso das almas dos membros falecidos;

5) enterrar os mortos, na maioria das vezes, nos cemitérios da irmandade e, de preferência, no interior de suas capelas;

---

266. AGULHON, M. *Pénitents et francs-maçons dans l'ancienne Provence*. Paris: Fayard, 1967, p. 86.
267. ARIÈS, P. *O homem diante da morte*. Vol. I. Op. cit., p. 195-199.

6) assegurar as pompas fúnebres na paróquia, organizando exéquias e cortejos para pobres e ricos;

7) participar das procissões com suas vestes de luto ao lado do clero e em um lugar especial nas igrejas;

8) rezar de forma incessante para os pobres que não tiveram as honras devidas na hora da morte; isto é, não foram enterrados em lugares santos nem receberam dos padres as indulgências no momento da morte, a extrema-unção e as palavras de consolo;

9) valorizar o momento em que os confrades depositam os mortos no túmulo, a ponto de diferenciá-lo dos atos religiosos realizados pelos clérigos.

As irmandades tornaram-se, a partir do século XIV, instituições da morte. Os seus membros passaram a ter vestimentas próprias para acompanhar os funerais e capelas mortuárias no interior das igrejas[268].

Podemos falar de devoção a Nossa Senhora da Boa Morte em confrarias/irmandades somente a partir do século XIV. Posteriormente, destaca-se em Roma, em 1560, a criação da Irmandade *Orazione e della Morte*, a qual tinha como função enterrar em seus cemitérios os cadáveres encontrados na cidade ou retirados do Rio Tibre. Em Roma, no ano de 1648, foi fundada a Confraria da Boa Morte. Portugal recebeu com bom grado os ideais dessa confraria e a difundiu no país e entre os povos dominados por ele, como o Brasil[269].

As irmandades da morte do século XIV ao século XVIII, vendo que os pobres, diferentemente dos ricos, eram colocados em valas comuns e sem a assistência espiritual, propuseram-se a dar-lhes um enterro digno, com honraria religiosa e sepultura.

---

268. Ibid., p. 198-199.
269. SANT'ANNA, M.S. *A Boa Morte e o Bem Morrer...* Op. cit., p. 17.

O modelo de relação com os mortos nas irmandades está prefigurado nas práticas religiosas dos monges carolíngios da Alta Idade Média em favor dos mortos, com orações, missas, cortejos processionais, preces, listas de mortos e obituários[270]. Essa visão da morte dos monges carolíngios ficou restrita à classe dos abastados e aos ambientes monásticos. Somente nos séculos XII e XIII é que ela conseguiu, com uma nova roupagem, a adesão das massas, o que as fez aproximar das sociedades monásticas.

Outro tipo de irmandade, de não menos valor, foi a do Santíssimo Sacramento, fundada em 1633, na França, com o objetivo de, além de enterrar os mortos, prestar assistência ao doente no momento de sua agonia.

4.5 Irmandades no período do Brasil Colônia e Império

O historiador João Reis, no seu estudo sobre a identidade e diversidade étnicas nas irmandades negras no tempo da escravidão no Brasil, denominou-as como "associações corporativas no interior das quais se teciam solidariedades fundadas nas hierarquias sociais"[271].

O docente da Universidade Federal do Recôncavo da Bahia (UFRB), Armando Castro[272], define a constituição e atribuições das irmandades nos períodos colonial e imperial do Brasil da seguinte forma:

---

270. ARIÈS, P. *O homem diante da morte*. Vol. I. Op. cit., p. 200. O chamado Império Carolíngio é nome dado ao Império de Carlos Magno, que existiu entre os anos de 769 a 814. Os monges, com destaque para Alcuíno, foram os grandes reformadores educacionais do império. A fé católica foi assumida por Carlos Magno, coroado imperador do Sacro Império Romano-germânico pelo Papa Leão III.
271. REIS, J.J. Identidade e diversidade étnicas nas irmandades negras no tempo da escravidão. In: *Tempo*: Revista do Departamento de História da UFF, vol. 2, n. 3, jun./1996, p. 12. Rio de Janeiro.
272. CASTRO, A.A.C. *A Irmandade da Boa Morte*: memória, intervenção e turistização da festa em Cachoeira. Ilhéus: Universidade Estadual de Santa Cruz/Universidade Federal da Bahia, 2005, p. 39-44 [Dissertação de mestrado] [Disponível em http://www.uesc.br/cursos/pos_graduacao/mestrado/turismo/dissertacao/dissertacao_armando_costa.pdf – Acesso em 07/08/2018].

1) Eram constituídas de brancos, mulatos e pretos, separadamente. A cor da pele e o país de origem eram critérios para ser membro de uma irmandade. Assim, uma irmandade branca se caracterizava por ter em seu quadro de associados os católicos ricos, caridosos e membros da nata colonial. Já os membros da maioria das irmandades negras eram pobres, dependentes e servis.

2) Eram espaço de manifestação social, visto que no período colonial era proibida a formação de entidades políticas.

3) Ajudaram a construir a identidade cultural e religiosa do Brasil.

4) Tinham seus padroeiros ligados ao catolicismo.

5) Cultuavam um orixá africano incorporado, por exemplo, em Nossa Senhora.

6) Tinham estatutos próprios, devidamente aprovados pela Igreja. Neles estava estabelecida a condição profissional, social ou racial dos sócios, bem como seus deveres e direitos[273].

7) Estavam ligados a uma igreja ou capela, ou construíam seus templos próprios, onde enterravam seus associados com pompas religiosas.

8) Seus membros, devido aos seus trabalhos, gozavam de prestígio social.

9) Tinham grande poder financeiro, imobiliário e fundiário, sobretudo as irmandades constituídas de brancos.

10) Prestavam assistencialismo aos associados e não associados por meio de caridade, serviços médicos e até ajuda financeira em caso de necessidade, ações que eram de responsabilidade da Coroa portuguesa ou da municipalidade.

11) Compravam alforria para escravos negros junto aos seus senhores.

---

273. REIS, J.J. *A morte é uma festa...* Op. cit., p. 49.

12) Representavam os desfavorecidos junto aos órgãos jurídicos e políticos.

13) Preparavam os ritos fúnebres, sendo elas responsáveis pelo serviço funerário.

14) Participavam dos cortejos funerários.

15) Encomendavam missas para os falecidos.

16) Proporcionavam aos escravos negros da África espaço para autonomia, liberdade para interagir e organizar-se e resistir ao domínio branco colonial.

17) Possibilitavam aos negros escravos e índios participarem da religião dominante, o cristianismo – catolicismo português.

18) Intervinham junto aos senhores escravocratas em favor dos associados negros, quando recebiam maus-tratos.

19) Preservavam os valores étnicos e de resistência cultural dos escravos negros de origem africana.

As irmandades nos períodos do Brasil Colônia e Império tinham muitas funções similares às da Europa. Hauser afirma que "as irmandades religiosas no Brasil estavam mais ligadas às confrarias medievais de finalidades religiosa e caritativa"[274].

A presença de outras culturas no solo brasileiro, sobretudo as africanas, propiciou uma simbiose religiosa cultural que marcou o modo religioso de ser do brasileiro. Do catolicismo lusitano tradicional medieval ao renovado, o Brasil se firmou como país católico, que mistura cultura, sacramentalismo, devocionismo etc.

As irmandades negras são exemplo de sincretismo religioso realizado pelos leigos. Na verdade, as irmandades, de modo geral, tendo chegado ao Brasil com os portugueses, tiveram um papel fundamental no processo de colonização e na formação do

---

274. AZZI, R. *O catolicismo popular no Brasil*. Op. cit., p. 9.

catolicismo popular. Elas funcionavam como elementos agregadores de culturas diferentes que se encontravam na colônia brasileira. Os missionários que vieram de Portugal valeram-se das irmandades e das ordens terceiras para catequizar e aculturar os nativos indígenas e levar para a fé católica os escravos negros africanos, bem como possibilitar espaço para a vivência da fé dos brancos. Com isso, Portugal lograva sujeitar essas culturas ao catolicismo por meio das irmandades, mantendo, consequentemente, uma boa relação entre Igreja-Estado.

No âmbito da catequese do medo, o imaginário advindo da literatura apócrifa assuncionista sobre Maria, aquela que viveu de forma santa, sem pecado e foi para o Céu sem passar pelo Purgatório, foi o ponto de partida para muitas das irmandades da Boa Morte. Maria passou a ser a Nossa Senhora da Boa Morte, da Glória e da Vitória. As irmandades dedicadas a Maria não eram maioria no Brasil, mas foram importantes na catequese.

O catolicismo barroco no Brasil (séculos XVII-XVIII) encarregou-se de visibilizar a fé nas artes e expandir a fé devocional. Nos dias atuais, quando vemos florescer organizações devocionais, tipo Terço dos homens, percebe-se que a base para essa fé é herança da cultura religiosa trazida por Portugal. O catolicismo lusitano tradicional fez do mês de maio o mês de Maria.

Portugal foi sempre muito afeito ao devocional. A cultura brasileira herdou esse modo de viver a fé lusitana no catolicismo que se solidificou no império português. Portugal se dizia nação católica. De Roma, os imperadores portugueses recebiam ou compravam benesses, pompas e glórias possíveis, mas logravam manter a independência em relação à Igreja nas questões internas da realeza[275].

---

275. SCARANO, J. *Devoção e escravidão* – a Irmandade de Nossa Senhora do Rosário dos Pretos no Distrito Diamantino no século XVIII. Vol. 37. 2. ed. São Paulo: Companhia Editora Nacional, 1978 [Brasiliana, 357].

Entre os escravos negros, o processo de assimilação da catequese portuguesa mariana foi diferente dos brancos. Irmandades de devoção a Maria surgiram, mas seus filiados não deixaram de cultuar seus orixás africanos. O escritor Barreto afirma: "O culto a Nossa Senhora nunca significou a negação da tradição e da fé nos orixás africanos"[276].

O orixá, segundo o estudioso da diáspora africana no Brasil, Pierre Verger[277], é uma força pura, imaterial, que só se torna perceptível aos seres humanos, incorporando-se em um deles. Sendo assim, a Nossa Senhora da Boa Morte passou a ser a visibilidade de um orixá que devia receber o seu culto em terras estrangeiras. Os negros encontraram uma forma de resistência e aceitação do catolicismo português nas irmandades de Nossa Senhora da Boa Morte. Mantiveram, no entanto, a sua identidade cultural e não aceitaram a imposição do catolicismo renovado, pregado pelos missionários jesuítas, que objetivava a eliminação das divindades africanas, bem como as indígenas[278].

4.6 Irmandades de Nossa Senhora da Boa Morte no Brasil

As irmandades nos períodos do Brasil Colônia e Império são frutos de uma fé vivida de forma coletiva, visível, comunitária e de grande vulto na sociedade. Grupos se organizavam para visibilizar um modo de crer coletivo num santo. Como afirma Reis:

> Um catolicismo que se caracterizava por elaboradas manifestações externas da fé: missas celebradas por dezenas de padres, acompanhadas por corais e orquestras, em templos cuja abundante decoração era uma festa para os olhos, e sobretudo funerais grandiosos

---

276. ARIÈS, P. *O homem diante da morte*. Vol. I. Op. cit., p. 198-199.
277. VERGER, P. *Orixás*: deuses Iorubás na África e no Novo Mundo. Trad. de Maria Aparecida da Nobrega. Salvador: Corrupio, 1981, p. 19.
278. SILVA, A.C. *Caminhos da fé*: uma etnografia sobre a Irmandade de Nossa Senhora da Boa Morte de São Gonçalo dos Campos, BA. Cachoeira: Universidade Federal do Recôncavo da Bahia, 2015, p. 15 [Dissertação de mestrado].

e procissões cheias de alegorias, de que participavam centenas de pessoas. Talvez tenha razão Pierre Verger quando escreve que o barroco baiano foi principalmente "um barroco de rua"[279].

Celebrar com louvores e pompas o santo padroeiro era o modo encontrado para estabelecer a relação sagrada com a divindade e encontrar forças para viver e resistir.

As irmandades de Nossa Senhora da Boa Morte foram fundadas nos estados de São Paulo, Bahia, Pernambuco, Rio de Janeiro e Minas Gerais[280].

Em São Paulo, no dia 16 de janeiro de 1728, foi fundada no Pátio do Colégio dos jesuítas a Irmandade de Nossa Senhora da Boa Morte, originariamente com o nome de Homens Pardos de Nossa Senhora da Boa Morte. Dado importante em relação a essa irmandade de São Paulo é que ela admitia pessoas de todas as classes sociais. A Igreja de Nossa Senhora da Boa Morte, erigida pela irmandade em 1810, era o local onde os escravos condenados à morte entravam para pedir uma boa morte para Nossa Senhora. Foi também nessa igreja que brancos e negros se sentaram juntos pela primeira vez. Quando da proclamação da independência do Brasil, em 1822, foi na Igreja de Nossa Senhora da Boa Morte de São Paulo que os sinos soaram anunciando esse fato histórico[281].

Em Limeira, interior de São Paulo, foi fundada uma Irmandade de Nossa Senhora da Boa Morte e Assunção no ano de 1856 e outra em 1858, na cidade de Rio Claro, também em São Paulo. Em Santos (SP), encontramos também uma Irmandade de Nossa Senhora da Boa Morte.

---

279. REIS, J.J. *A morte é uma festa...* Op. cit., p. 49.
280. MAGALDI, C.R.C. et al. *Igreja de Nossa Senhora da Boa Morte.* São Paulo: FormArte, 2009, p. 22.
281. BARRETO, J.J. *Candomblé da Bahia*: resistência e identidade de um povo de fé. Salvador: Solesluna, 2009, p. 39.

Em Minas Gerais, foi criada, em 1754, a Irmandade de Nossa Senhora da Boa Morte na cidade de Barbacena, antigo Arraial da Igreja Nova de Nossa Senhora da Piedade da Borda do Campo.

A Irmandade de Nossa Senhora da Boa Morte de São João del-Rei (MG) celebra o culto da morte de Maria desde 1735, no dia 14 de agosto. Há toques próprios nos sinos para a festa, chamado de "A Senhora é morta". A Festa de Nossa Senhora da Boa Morte em São João del-Rei é considerada a "Semana Santa dos negros" por ter ritos parecidos com os da Semana Santa e a grande presença de negros nas festividades[282]. Em Belo Vale (MG), ainda há uma Comunidade Quilombola da Boa Morte, fundada por escravos negros que trabalhavam nas fazendas da Serra da Moeda[283].

Sobre as irmandades de Nossa Senhora da Boa Morte em Minas Gerais, Sant'Anna afirma que elas:

> desempenharam relevante papel pio-cultural porque funcionaram como agentes da caridade cristã, prestando assistência material e espiritual a seus confrades, contribuíram para o desenvolvimento do culto santoral, incentivado pelo *Concílio de Trento* (1545-1563) e reiterado pelas *Constituições Primeiras do Arcebispado da Bahia* (1707), e atuaram como patrocinadoras das artes, encomendando obras... As associações leigas vocacionadas à *Dormição* da Virgem exerceram importante função litúrgico-pedagógica, pois propagaram a doutrina da comunhão dos Santos, ajudando os moribundos e seus familiares a aceitarem com resignação a realidade da existência humana: "porquanto és pó, em pó te tornarás". Por meio da literatura piedosa, festas, procissões e veneração das imagens, elas transmitiram ao povo católico

---

282. [Disponível em http://www.patriamineira.com.br/imprimir_noticia.php?id_noticia=1729 – Acesso em 20/09/2018].
283. Informações do Cedefes [Disponível em http://www.cedefes.org.br/projetos_realizados-98/ – Acesso em 26/07/2018].

a certeza da vida eterna, ou seja, a recompensa divina de uma boa morte para os justos[284].

A mais antiga Irmandade de Nossa Senhora do Amparo e da Boa Morte foi criada no Espírito Santo, em Vitória, no ano de 1707. Já a Irmandade de Nossa Senhora da Boa Morte do Rio de Janeiro foi fundada em 1756, e a de Angra dos Reis, também no Rio de Janeiro, remonta ao ano de 1752.

Na Bahia, o culto da Boa Morte foi realizado em Salvador, no bairro da Barroquinha, no início do século XVIII, pelos chamados "Irmãos do Martírio", que se denominavam Irmandade de Bom Jesus dos Martírios[285]. Posteriormente, no século XIX, a irmandade se transferiu para a cidade de Cachoeira, no Recôncavo da Bahia[286].

No início do século XX, existiam mais de quarenta irmandades da Boa Morte no Recôncavo da Bahia. Atualmente restam somente três, uma em Cachoeira, outra em São Gonçalo dos Campos (1900), e uma em Santa Brígida (1945)[287].

4.7 Irmandade de mulheres negras de Nossa Senhora da Boa Morte em Cachoeira (BA)

As irmandades no Brasil Colônia abrigavam, de forma seletiva, os brancos, negros e pardos. Numa irmandade de brancos portugueses, por exemplo, não era permitida a presença de brasileiro e, muito menos, para um negro africano ou crioulo.

As irmandades agregavam também o elemento da etnia, da nação de origem, sobretudo entre os escravos africanos. Os

---

284. SANT'ANNA, M.S. *A boa morte e o bem morrer...* Op. cit., p. 18-19.
285. CONCEIÇÃO, J.S. Tenha uma boa morte – Notas sobre a Irmandade da Boa Morte. In: *Plura – Revista de Estudos de Religião*, vol. 3, n. 2, 2012, p. 104 [Disponível em http://www.abhr.org.br/plura/ojs/index.php/plura/article/viewFile/587/pdf_54 – Acesso em 07/08/2018].
286. *Academia Marial de Aparecida.* Op. cit.
287. SILVA, A.C. *Caminhos da fé...* Op. cit., p. 15.

angolanos, por exemplo, constituíam uma irmandade, assim como os nagôs etc.[288]

Nessa perspectiva é que se situa a Irmandade Negra de Nossa Senhora da Boa Morte de Cachoeira (BA), cidade baiana, situada a 109km da capital, Salvador, onde foi fundada. Como vimos anteriormente, ali havia um grupo de mulheres negras que participavam da Irmandade de Bom Jesus dos Martírios, onde eram discriminadas pelos homens e cultuavam Nossa Senhora da Boa Morte. Essas mulheres se separaram dos demais membros e criaram uma Irmandade de Nossa Senhora da Boa Morte. Conceição assim descreve o fato:

> Houve, então, uma divisão do grupo, resultando na criação de outro, formado apenas por mulheres negras, que se autodenominavam como irmãs e tinham como protetora Nossa Senhora da Boa Morte, cuja imagem, na época, ocupava o altar lateral na Igreja de Bom Jesus dos Martírios. Após a divisão, a referida imagem passou a ocupar lugar central na então Igreja da Barroquinha, que se tornara sua sede até aproximadamente 1820, quando o grupo, já consolidado, se transferiu para as ruas coloniais da cidade de Cachoeira, no Recôncavo Baiano[289].

As mulheres negras que criaram a Irmandade de Cachoeira eram *nagôs* alforriadas da nação *Kétu*. Outra hipótese é que foram as mulheres da nação *Jêje* que criaram a Irmandade de Cachoeira. Nagô é um nome genérico que foi dado no Brasil a todos os grupos de escravos provenientes do Sul e do Centro do Daomé e o do Sudoeste da Nigéria. Os *nagôs* eram, portanto, de várias nações de culturas, línguas e religião similares[290].

---

288. REIS, J.J. Identidade e diversidade... Op. cit., p. 12.
289. CONCEIÇÃO, J.S. Tenha uma boa morte... Op. cit., p. 104.
290. SANTOS, J.E. *Os Nàgô e a morte*: pàde, Àsèsè e o culto Égun na Bahia. 12. ed. Petrópolis: Vozes, 2012, p. 28.

A Irmandade de Nossa Senhora da Boa Morte de Cachoeira se autodefine, conforme um quadro na parede da sede da instituição, como: "Organização privativa de mulheres com vínculos étnicos, religiosos e sociais, também unidas por parentescos consanguíneos ou de fé, deixando fluir a maneira afro-brasileira de crer"[291]. Poucas mulheres pertenciam a uma irmandade. A maioria delas era formada por homens.

Às mulheres cabiam as tarefas de preparar as celebrações nas igrejas. No entanto, na Irmandade de Cachoeira a situação era diferente. Formada somente por mulheres, elas tomavam a frente de todos os afazeres e ações da irmandade. Fato considerado inovador para a época.

As mulheres que participavam da Irmandade de Nossa Senhora da Boa Morte de Cachoeira eram consideradas negras do Partido Alto, isto é, detentoras de prestígios na sociedade.

A Irmandade de Cachoeira tinha quatro objetivos:

> a) comprar alforrias;
> b) proporcionar um funeral digno para si e os seus;
> c) manter uma ligação com seus antepassados femininos, *orixás* e *èguns*;
> d) fazer valer a promessa feita pelas antigas irmãs de que, se todos os escravos fossem libertos, elas cultuariam Maria na vida e na morte[292].

A participação na Irmandade de Nossa Senhora da Boa Morte de Cachoeira segue os seguintes critérios[293]:

> a) ser mulher com idade acima de 45 anos;
> b) estar ligada ao candomblé e ao catolicismo popular;
> c) ter fé em Nossa Senhora e estar consagrada a um orixá;

---

291. Apud CASTRO, A.A.C. *A Irmandade da Boa Morte...* Op. cit., p. 52.
292. MARQUES, F.H. *Festa da Boa Morte e Glória*: ritual, música e performance. São Paulo: USP, 2009, p. 4 [Tese de doutorado].
293. SILVA, A.C. *Caminhos da fé...* Op. cit., p. 68-69.

d) ter um desprendimento em relação à vida sexual para alcançar a maturidade na vida religiosa;

e) ter uma boa conduta na sociedade;

f) respeitar hierarquicamente as irmãs mais antigas, pois elas detêm o conhecimento;

g) ser convidada por uma das irmãs e passar por período estabelecido de preparação de três conhecidos como "irmã da bolsa" para se associar de forma efetiva à irmandade.

4.7.1 A celebração da Boa Morte de Nossa Senhora e sua relação com a tradição apócrifa da Dormição de Maria e a incorporação de elementos africanos no culto mariano

A aceitação do culto a Nossa Senhora da Boa Morte, incentivado pelos portugueses, entre os escravos foi motivada pelo sofrimento advindo da escravidão, a visão de dois mundos: um material e outro espiritual, nos quais a cultura negra africana acredita, mas também teve relação com o medo e a morte.

A celebração de Nossa Senhora da Boa Morte em Cachoeira ocorre a cada ano entre os dias 13 a 15 de agosto. Na programação de 2018, constam os seguintes eventos:

Destaca-se na programação a missa de corpo presente de Nossa Senhora da Boa Morte, bem como: velório procissão de enterro; a missa pelas almas das irmãs falecidas da irmandade; a missa solene da Assunção de Nossa Senhora e procissão festiva em homenagem a Nossa Senhora da Glória; a Ceia Branca.

Na festa promovida pela Irmandade de Cachoeira, nota-se a relação entre o culto católico a Nossa Senhora e aos orixás. Cultua-se Nossa Senhora da Boa Morte como patrona da irmandade, mas o orixá patrono é *Obaluaiyê*.

Publicamente realizam-se os rituais católicos: missas e procissões para cultuar a morte de Maria, mas indiretamente se

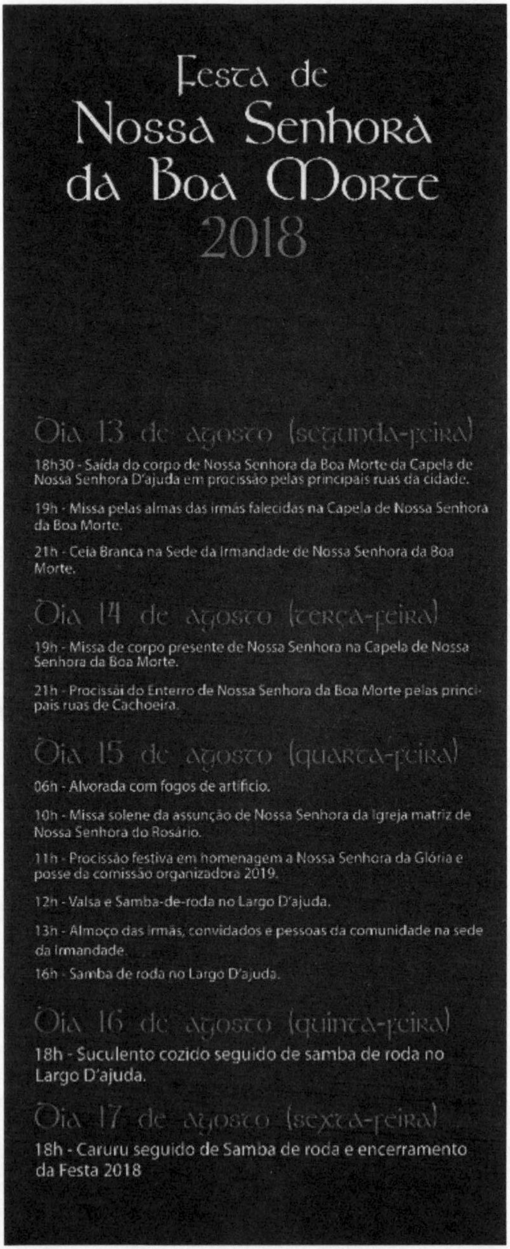

Festa de
Nossa Senhora
da Boa Morte
2018

Dia 13 de agosto (segunda-feira)

18h30 - Saída do corpo de Nossa Senhora da Boa Morte da Capela de Nossa Senhora D'ajuda em procissão pelas principais ruas da cidade.

19h - Missa pelas almas das irmãs falecidas na Capela de Nossa Senhora da Boa Morte.

21h - Ceia Branca na Sede da Irmandade de Nossa Senhora da Boa Morte.

Dia 14 de agosto (terça-feira)

19h - Missa de corpo presente de Nossa Senhora na Capela de Nossa Senhora da Boa Morte.

21h - Procissão do Enterro de Nossa Senhora da Boa Morte pelas principais ruas de Cachoeira.

Dia 15 de agosto (quarta-feira)

06h - Alvorada com fogos de artifício.

10h - Missa solene da assunção de Nossa Senhora da Igreja matriz de Nossa Senhora do Rosário.

11h - Procissão festiva em homenagem a Nossa Senhora da Glória e posse da comissão organizadora 2019.

12h - Valsa e Samba-de-roda no Largo D'ajuda.

13h - Almoço das irmãs, convidados e pessoas da comunidade na sede da Irmandade.

16h - Samba de roda no Largo D'ajuda.

Dia 16 de agosto (quinta-feira)

18h - Suculento cozido seguido de samba de roda no Largo D'ajuda.

Dia 17 de agosto (sexta-feira)

18h - Caruru seguido de Samba de roda e encerramento da Festa 2018

Figura 14 Programação da Festa de Nossa Senhora da Boa Morte de Cachoeira de 2018
[Disponível em https://bahia-online.net/wp-content/uploads/2018/08/boamorte_2018.jpg – Acesso em 31/07/2018].

estabelece relação com os *orixás* relacionados à morte. A Ceia Branca é um culto ao patrono *Obaluaiyê* que é saudado com pipocas, comida de sua preferência, e que simbolizam flores[294].

Também são cultuados os orixás da morte *Oxalá, Nanã,* que é o orixá de Nossa Senhora, e *Iyansã.* No cardápio constam arroz, pão, vinho e frutos do mar.

As marchas e procissões demonstram, ainda hoje, o lado pomposo da celebração da padroeira, de modo a demonstrar o poder das mulheres negras na sociedade a partir da fé, conforme tradição portuguesa. Nas procissões os fiéis, as mulheres da Irmandade de Cachoeira, sentem-se unidos na memória da cultura de seu povo, assim como ainda no Brasil de hoje que ainda vive de um catolicismo tradicional colonial, sobretudo no meio rural. As irmãs da Boa Morte de Cachoeira mantêm esse costume secular em torno da morte de Maria.

A influência do imaginário apócrifo, como vimos nos textos assuncionistas, não falta na Festa da Boa Morte. Aparecem nas festividades de Cachoeira elementos que os apócrifos já haviam retratado: os apóstolos e parentes velam diante do anúncio da morte de Maria por três dias; Maria não morre, mas dorme. Maria é levada em procissão para ser enterrada num túmulo. Ali, ela foi levada aos Céus.

A celebração da Glória de Maria na Festa da Boa Morte é a mesma que a tradição do Oriente chamou de Dormição. A tradição do Ocidente cristão latino preferiu os termos Glória, Vitória e Assunção de Maria. Daí os dois termos aparecerem na programação da festa. A festa mantém os costumes católicos trazidos pelos portugueses.

Em Cachoeira encontra-se a imagem de Nossa Senhora da Boa Morte. Deitada no sarcófago, bem vestida com um manto azul, ela traz uma coroa na cabeça e dorme. As irmãs da Boa

---

294. CONCEIÇÃO, J.S. Tenha uma boa morte... Op. cit., p. 106-107.

Morte preparam a imagem de Nossa Senhora com esmero ritual e velam o corpo, vestidas de branco, que é a cor do luto na religiosidade africana. O preparar o corpo tem ligação direta com o ritual *nàgô* de preparação do falecido para fazer sua passagem para outra realidade, a dos ancestrais.

Figura 15 Ícone da Dormição de Maria, Aleppo, século XVIII
[Disponível em https://domtotal.com/img/noticias/2018-10/1284533_371999.jpg – Acesso em 31/08/2018].

No ícone bizantino da Dormição de Maria, percebemos elementos comuns com a celebração da Morte em Cachoeira: Maria dorme, está rodeada dos apóstolos e anjos, o mesmo ocorre com irmãs da Boa Morte. Eles velam o corpo de Maria. No ícone, Jesus no centro traz a alma glorificada de Maria.

O ícone bizantino foi adaptado, transformado em imagem pela irmandade, para ter uma imagem na procissão católica. No entanto, para a cultura africana o que conta não é a imagem, mas os espíritos, os orixás. A resistência a partir da fé consiste em aceitar a proposta católica, mas resguardar os valores dos ancestrais. O interessante nisso é o fato de as mulheres negras africanas, influenciadas pela fé recebida dos portugueses, terem recriado a celebração oriental da Dormição[295] e ocidental da Assunção de Maria.

Outro detalhe que chama a atenção: quase 150 anos antes de a Igreja declarar o Dogma da Assunção de Maria (1954), a Irmandade da Boa Morte celebrava, de forma sincrética, e atualizava essa tradição de fé cristã antiquíssima.

A Boa Morte, na perspectiva das irmandades de Nossa Senhora da Boa Morte, é um morrer como Maria, sem sofrimento e dor. Dormir e morrer. Boa Morte passou a ser sinônimo de Dormição. Jesus sofreu para morrer, mas Maria não. Celebrar a morte, o velório e glória de Nossa Senhora significa demonstrar a leveza da morte com a fé advinda do ensinamento católico recebido pela catequese portuguesa, mas também manter a tradição em relação aos orixás africanos. Esse tipo de morte não comporta o medo.

Como vimos, na programação das festividades de Nossa Senhora da Boa Morte aparecem momentos de dança, samba, comidas, trajes de luto e de festa, demostrando uma relação festiva

---

295. COSTA, S.H.V. *A Festa da Irmandade da Boa Morte e o ícone ortodoxo da Dormição de Maria*. Salvador: Zuk, 2002, p. 13.

com a vida e a morte, uma esperança de encontrar a vida eterna no pós-morte. Essa celebração foi identificada pelas irmãs como um tipo de resistência à imposição cultural portuguesa.

Na celebração da Boa Morte de Nossa Senhora, percebe-se uma relação sincrética entre a celebração católica e a do candomblé. Os escravos africanos no Brasil aceitaram a fé católica, mas mantiveram as crenças de seus ancestrais e seus cultos. Castro, demonstrando a relação entre o catolicismo tradicional luso-brasileiro e o mundo africano com a sua fé, tradição e legado cultural, afirma: "A Irmandade da Boa Morte foi criada por um grupo de senhoras que tinham amealhado algum numerário, que moravam ou se encontravam na Barroquinha e souberam praticar, com destreza, duas religiões tão distantes em seus princípios e práticas"[296].

Já Silva afirma:

> Relacionando a criação da Irmandade da Boa Morte, de caráter católico, ao universo religioso afro-brasileiro, é possível encontrar laços comuns que remetem aos ritos de morte e vida, laços que remetem às *Iyabás* do Candomblé ligadas à morte e à vida: *Nanã* e *Iansã*, *Yemanjá* e *Oxum*, que têm um ponto semelhante à Morte e à Assunção de Nossa Senhora[297].

A catequese portuguesa em torno à devoção a Nossa Senhora da Boa Morte encontrou caminho propício entre os escravos para celebrar a fé imposta pelos portugueses sem perder a identidade africana. Ritos de morte e de vida foram identificados na celebração da Dormição.

Considerando a afirmação de Durkheim de que "os rituais possuem a função de lembrar o passado, tornando-o presen-

---

296. CASTRO, A.A.C. *A Irmandade da Boa Morte*... Op. cit., p. 51.
297. SILVA, L.M.B. *A Irmandade de Nossa Senhora da Boa Morte, uma perspectiva museológica e de gênero*, p. 3 [Disponível em http: //www.cult.ufba.br/enecul2005/LiviaMaria BaetadaSilva.pdf – Acesso em 06/08/2018].

te"[298], a Irmandade da Boa Morte de Cachoeira celebra ritos antigos de devoção da Dormição de Maria, mas, na verdade, de forma sincrética de um duplo sentimento de pertença[299] ao catolicismo e ao candomblé, ela celebra a morte conforme seus ancestrais africanos e se mantém integrada na nova realidade social e religiosa.

O catolicismo ensinado pelos portugueses era uma forma de impossibilitar as comunidades africanas de cultuarem suas divindades. No entanto, os santos portugueses foram identificados com as crenças africanas[300]. Celebrava-se na irmandade a devoção a Nossa Senhora da Boa Morte. Na verdade, ela prefigurava o orixá de cada uma das irmãs, o que era uma forma de resistência e manutenção da identidade.

4.7.2 A concepção africana do sofrimento na Irmandade de Nossa Senhora da Boa Morte

Dona Estelita, juíza perpétua da Irmandade de Cachoeira, declarou em relação à celebração da Boa Morte de Nossa Senhora: – "Foi uma promessa que os escravos fez na luta, no sofrimento, que se eles alcançassem a liberdade... que a morte seria desaparecida, porque a morte é o sofrimento e a vida é glória. E a glória é pra sempre"[301]. Essa visão sobre a motivação da criação da Irmandade de Cachoeira continua na memória e na prática entre os membros atuais. Ela responde à catequese trazida pelos portugueses em relação ao sofrimento, como vimos de forma mais detalhada no capítulo anterior de nossa pesquisa.

---

298. DURKHEIM, E. *As formas elementares da vida religiosa*: o sistema totêmico na Austrália. São Paulo: Paulinas, 1989, p. 444.
299. CONSORTE, J.G. Sincretismo ou africanização? – Os sentidos da dupla pertença. In: *Travessia – Revista do Migrante*, vol. 36, 2000, p. 11-14. São Paulo.
300. BASTIDE, R. *O candomblé da Bahia*: rito nagô. São Paulo/Brasília: Ed. Nacional/ Instituto Nacional do Livro, 1978, p. 396.
301. MARQUES, F.H. *Festa da Boa Morte e Glória... Op. cit.*, p. 62.

No fim da Idade Média, diante dos grandes sofrimentos que assolavam o mundo, a Igreja propiciou e incentivou práticas religiosas que atenuassem o sofrimento, como o *Ars Moriendi*, bem como receber os sacramentos da Confissão e da Eucaristia na hora da morte, ter os cemitérios próximos à Igreja, os quais se tornaram campos santos, a fazer os testamentos etc. Essa visão continuou nos séculos posteriores e chegou ao Brasil com os portugueses.

Esse modo de compreender o sofrimento e a crença de que ele seria menor no pós-morte foi entendido pelas irmãs da Irmandade da Boa Morte como uma possibilidade de livrar-se da escravidão e encontrar vida na glória, em um mundo melhor, sem escravidão, o que corresponde à visão africana da morte.

4.7.3 A concepção africana do mundo e da morte na Irmandade de Nossa Senhora da Boa Morte

Na visão africana da cultura *Yorubá,* de onde provém a maior parte dos *nagô* brasileiros, dentre eles a Irmandade de Nossa Senhora da Boa Morte de Cachoeira, e que influenciou na formação da religiosidade afro-brasileira, existem dois mundos: o *aiyê* e o *òrun.* Castro afirma:

> Na cosmologia *Yorubá,* a existência pode ser compreendida através destes dois níveis de mundo e universo. O *aiyê* é o mundo humano, materializado, sentido, concreto e tocável, onde a natureza, os seres são produzidos e fiscalizados. Já *òrun* está reservado para o intocável, ilimitado, transcendente, espaço dos *orixás* e *eguns.* Estes dois níveis se complementam, e juntos produzem a harmonia necessária ao ato de existir. A morte é configurada como episódio de (re) ligação entre dois mundos: o *aiyê* e o *òrun*[302].

---

302. CASTRO, A.A.C. *A Irmandade da Boa Morte...* Op. cit., p. 65.

Òrun é o espaço sobrenatural, infinito, abstrato e distante. Não seria, propriamente, o Céu ou o Paraíso do catolicismo[303], para onde iriam as almas dos justos depois da morte, a morada da divindade, conforme ensinava a catequese portuguesa. No entanto, o Paraíso, para onde foi Nossa Senhora após sua Dormição/Morte, foi logo assimilado a partir da visão do *òrun* na Irmandade de Nossa Senhora da Boa Morte de Cachoeira.

Na concepção africana, no *òrun* estão os orixás, forças universais que unem o ser humano ao cosmos, bem como os *éguns*, a força que une os laços familiares à ancestralidade[304].

Vida e morte entrelaçam-se no existir de várias culturas africanas, como a *Nàgô*. A morte é a passagem de um mundo para o outro. Dos Santos define a morte para a cultura *Nàgô* da seguinte forma:

> A morte não significa absolutamente a extinção total, ou aniquilamento. Morrer é uma mudança de estado, de plano da existência e de *status*. Faz parte da dinâmica do sistema que inclui, evidentemente, a dinâmica social. Sabe-se perfeitamente que *Ikú* deverá devolver a *Iyanlá*, a terra, a porção símbolo de matéria de origem na qual cada indivíduo fora encarnado; mas cada criatura traz consigo seu *orí*, seu destino. Trata-se, portanto, de assegurar que este se desenvolva e se cumpra. Isso é válido tanto para um ser, uma unidade (uma família, um "terreiro" etc.) quanto para o sistema como totalidade. A imortalidade, ou seja, o eterno renascimento, de um plano da existência a outro, deve ser assegurado[305].

Para garantir a passagem, a mudança de estado, é necessário fazer os rituais fúnebres de modo a garantir o retorno ao mundo dos ancestrais. Acrescente-se a isso o real cumprimento do des-

---

303. SANTOS, J.E. *Os Nàgô e a morte...* Op. cit., p. 56.
304. Ibid., p 59.
305. Ibid., p. 253-254.

tino estabelecido para cada pessoa. Feito isso, o falecido passa a ser um *Égún* venerado e respeitado.

Nossa Senhora foi compreendida pelas irmãs da Boa Morte nessa dimensão. Ela teve um funeral digno, conforme vimos na tradição apócrifa assuncionista, cumpriu o seu destino, o de ser a mãe de Jesus. Foi considerada digna pelo Salvador. Voltou para os seus antepassados. Por causa disso, ela podia e devia ser venerada e respeitada pelos escravos negros, os quais perceberam nela relações com a cultura de seus ancestrais. Portanto, motivados pelos portugueses a aceitar a fé católica tradicional, a devoção à Dormição de Maria não teve dificuldade de ser assimilada de forma sincrética, familiar, religiosa e social pelos africanos em terras brasileiras.

Ainda em relação à importância de realizar os ritos mortuários, Conceição afirma:

> Os rituais mortuários são fulcrais para a materialização da morte no meio social, de sorte que torna possível o contato do espírito divinizado (*egun*) com o mundo dos vivos, denominado *aiyê* pelos *iyorubanos*. Tal como a vida, a morte está no mesmo círculo e, sendo a Irmandade da Boa Morte uma das guardiãs de valores africanos, acaba por realçar um desses princípios, a circularidade, cuja representação do panteão dos *orixás* se faz através de *Oxumarê*, simbolicamente configurado por uma serpente que, dentre outros atributos, une o *aiyê* e o *òrun*[306].

Os rituais funerários dos *Nàgô*, chamados *Àsèsè*, cultuam os ancestrais das famílias e os fundadores de cultos na Bahia[307].

A partir dessa visão africana de morte, compreende-se a importância da celebração da Morte de Nossa Senhora com os rituais devidos. As africanas da Irmandade da Boa Morte, ouvindo

---

306. CONCEIÇÃO, J.S. Tenha uma boa morte... Op. cit., p. 111-112.
307. SANTOS, J.E. *Os Nàgô e a morte...* Op. cit., p. 111.

a pregação de que Maria não morreu, mas foi levada de corpo e alma para o Paraíso, relacionaram o fato com sua cultura de origem e compreenderam que era possível ressignificar, atualizar, a Dormição de Maria e garantir com ritos mortuários a materialização da morte, sua presença no social e a ligação com outro mundo.

Acrescente-se a isso, como vimos em nossa pesquisa, que dos apócrifos assuncionistas resulta a visão de que o corpo de Maria fora visto morto (dormindo), recebeu honrarias dos apóstolos e familiares, foi levado ao túmulo e transportado para outra dimensão de vida junto a Deus e ao seu Filho ressuscitado, onde recebeu, novamente, a alma, a vida. Tudo parece de forma integrada, semelhante à visão africana de morte e de vida. Como vimos nos apócrifos, o ritual de morte de Maria foi pedido pelo seu Filho ressuscitado e, devidamente, celebrado pelos seus parentes e apóstolos. Houve até procissão em direção ao túmulo. Celebrando a devoção a Nossa Senhora da Boa Morte, as irmãs da Boa Morte possibilitavam a ligação entre os dois mundos possível.

Sobre esse modo de ver a morte e sua relação com a Dormição de Nossa Senhora, Maria Lindaura, uma das irmãs da Boa Morte de Cachoeira, concedeu a seguinte entrevista:

> Bom, o que eu entendo é que Maria não morreu. No meu entender, do que eu li na Bíblia, daquilo que eu tenho vivido, sei que ela não morreu, ela adormeceu e os anjos vieram do Céu, acordaram ela e levaram em corpo e alma, ela não foi ressuscitada, ela foi assunta aos Céus. Isso é a diferença de Jesus para Nossa Senhora, é porque Jesus foi morto, foi crucificado, morto e sepultado e ressuscitou ao terceiro dia; Nossa Senhora não teve nada disso. [...] O corpo dela não foi enterrado nem sepultado, nada disso; o corpo dela foi o que teve na terra, foi o que ela tem hoje no Céu[308].

---

308. Entrevista citada em CONCEIÇÃO, J.S. Tenha uma boa morte... Op. cit., p. 114.

Lindaura fala que leu na Bíblia. Na verdade, ela repete a tradição recolhida pela literatura apócrifa assuncionista. Ela é clara ao dizer que a morte de Maria é diferente da morte de Jesus. Seu corpo, que está no Céu, é o mesmo que ela teve em vida e foi enterrado. A morte de Maria nos apócrifos assemelha-se à tradição dos antepassados de Lindaura, os quais acreditavam que a morte possibilita a continuidade da vida em outra dimensão.

Ainda conforme a catequese recebida, a de que Maria não passou pelo Purgatório, e mesmo não tendo essa visão religiosa na cultura africana, a de um lugar intermediário entre o mundo dos mortos e o Paraíso, a celebração de missa pelas almas das irmãs falecidas da irmandade parece ser uma releitura do rezar pelas almas do Purgatório. No entanto, o que as irmãs da Boa Morte faziam e fazem é celebrar a memória das antepassadas, as suas lutas, pois elas já estão no mundo espiritual ou no Paraíso, como Nossa Senhora. A honra oferecida à morte de Nossa Senhora é também dada às irmãs falecidas que, mesmo não tendo tido uma boa morte, elas estão em outro mundo e são lembradas no mundo dos vivos. Estabelece-se, assim, uma ligação entre os mundos sem ruptura, diferentemente da visão cristã. Nesse sentido, ainda vale a consideração de Conceição, citando Tomás[309]:

> O princípio africano admite que, ontologicamente, uma sociedade funda-se de forma relacional entre vivos e mortos. É nessa relação que se transmitem os elementos culturais, toda herança social; portanto, são transmitidos todos os elementos na dialética da continuidade e descontinuidade provocadas a partir de rupturas que se dão na vida cotidiana. É deste modo que se forjam as relações com as gerações. É assim que se fortalecem os laços materiais e não materiais, reais ou inventados, mostrando

---

309. THOMAS, L.-V. *La mort africaine*: idéologie funéraire en Afrique noire. Paris: Payot, 1982, p. 33.

polos divergentes de vida. Não obstante algumas particularidades[310].

A celebração da Dormição (morte) de Maria na irmandade tornou-se um elemento sincrético fundamental para demonstrar e celebrar a concepção de morte na visão africana, uma passagem, mudança no estágio da vida. Nessa visão, a morte não é para ser temida, como foi ensinado na Europa católica medieval, mas para ser bem celebrada. Morte, entre os nagôs africanos, é algo infinito. Ela não visa a algo depois, como no cristianismo que acredita na ressurreição após a morte. Para os *Nàgô*, vida e morte é uma totalidade que não pode ser separada. Conceição afirma: "Os *nagô* acreditam que ocorre uma mudança de *status*, uma transformação dos elementos que estão nesse círculo. Portanto, a morte é entendida como infinita"[311].

Aliás, para o cristianismo, a não morte de Maria tornou-se um problema para a teologia: se ela não morreu, como poderia ter ressuscitado para vencer a morte, como ocorreu com Jesus? Esse não era um problema para as irmãs da Irmandade de Nossa Senhora da Boa Morte de Cachoeira. O importante para elas era celebrar bem a morte, de modo que o eterno renascimento se perpetuasse entre o *àyiê* e o *òrun*.

4.7.4 A concepção africana do medo e sua relação com a morte na Irmandade de Nossa Senhora da Boa Morte

Como demonstramos anteriormente em nossa pesquisa, o medo da morte apregoado pelo cristianismo tornou-se um elemento importante na visão de mundo no Ocidente europeu. Essa visão fez parte da bagagem dos colonizadores e chegou até nós no Brasil. Ela foi utilizada na catequese missionária dos

---

310. CONCEIÇÃO, J.S. Tenha uma boa morte... Op. cit., p. 109-110.
311. Ibid., p. 111.

portugueses. O medo do Inferno, de Satanás e suas atrocidades, a promessa de salvação da alma no pós-morte levaram o fiel a ter um desprezo pelas coisas terrenas e a pensar na vida no além, no Paraíso Celeste.

Ademais, a morte tornou-se algo para ser temido, pois, diferentemente do animal, o ser humano sabe que vai morrer, e isso lhe causa medo. A visão medieval do medo da morte, de algo que, definitivamente, não se podia vencer, fez da morte a grande inimiga do ser humano, do fiel. A morte e sua relação com o medo tornaram-se elementos importantes na missão da Igreja medieval e moderna para levar o seu fiel a encontrar a salvação. E esse medo de perder a alma e ser levado para o Inferno ou Purgatório ainda continua presente no meio de nós.

O medo da morte no mundo cristão europeu que chegou ao Brasil com os portugueses foi entendido e celebrado de outra forma entre as culturas negras africanas nos períodos colonial e imperial.

O medo das irmãs da Boa Morte de Cachoeira não é necessariamente o medo em si de morrer, visto que elas acreditam que a morte é infinita. O medo consiste em não ter um ritual adequado para o falecido, o que levaria o *égun* (espírito divinizado do falecido) a ficar vagando pelo mundo sem fazer parte da comunidade ancestral[312]. O vagar de um *égun* é resultado de rituais malfeitos, o qual não inseriu, devidamente, o morto na comunidade ancestral[313]. Esse espírito pode, inclusive, causar danos à sua comunidade de origem. Interessante notar a relação dessa visão africana com as almas danadas da catequese portuguesa, aquelas que deixam o Purgatório, como vimos anteriormente, para pedir missa e não, por menos, causar medo nos seus parentes.

A comunidade ancestral que recebe os mortos, quando bem celebrados, foi associada pelas irmãs negras da Boa Morte

---

312. Ibid., p. 112.
313. Ibid., p. 121.

à presença glorificada de Maria no Paraíso Celeste após sua morte biológica.

Ademais, visto que Nossa Senhora da Boa Morte, na catequese da Igreja, era apregoada como alguém que tinha capacidade de intercessão, de ajudar os vivos, as irmãs logo compreenderam a relação disso com a visão de seus antepassados: a de que o morto, que tenha tido uma boa celebração de sua morte, com todos os rituais fúnebres, o *Àsèsè*, pode ajudar os vivos quando solicitado[314].

O medo não é o da morte, do seu lado macabro, mas da possibilidade de não dar continuidade à vida após a morte. Além disso, o medo também pode ser o da cobrança que o *orixá*, o ancestral que foi divinizado, exige de cada adepto da Irmandade de Nossa Senhora da Boa Morte[315], o que demonstra uma relação com o fato, como vimos anteriormente, de a Igreja impor o medo nos fiéis, tendo em vista a salvação da alma.

4.7.5 A relação entre o sentido da morte nas religiões de matriz africana e o cristianismo

A Irmandade de Nossa Senhora da Boa Morte de Cachoeira é uma das representantes da visão de morte nas religiões de matriz africana, os *Nàgô*. O catolicismo português representa a visão ocidental de morte do cristianismo. Como vimos, a morte, na concepção africana em questão, é infinita, isto é, ela e a passagem de um estágio para outro, do mundo dos mortais para o dos ancestrais.

Para o cristianismo, a morte também não é o fim, mas, quando ela ocorre, chega o momento da vida eterna em Deus para os justos. Jesus ressuscitado é a certeza de uma vida plena em Deus

---

314. Ibid., p. 114.
315. Ibid.

após a morte. Ele ressuscitou. Maria foi o primeiro ser humano que experimentou uma passagem da vida terrena para o Paraíso. Ela dormiu e foi levada pelo seu Filho ao Paraíso. Tanto em Jesus, como em Maria, há uma continuidade da vida.

Os rituais da morte celebrados de forma sincrética pela Irmandade de Nossa Senhora da Boa Morte garantem a vida na morte, o retorno para o mundo dos ancestrais. Não há ruptura, mas harmonização de relações.

O grande conflito que se estabeleceu no Brasil Colônia e Império com os ensinamentos da Igreja em relação à morte foi em relação à ressurreição. Para o cristianismo, quem já morreu não pode voltar e ter contato com vivos, tampouco reencarnar-se. A Irmandade de Nossa Senhora da Boa Morte, devedora da visão de mundo das religiões de matriz africana *nágô*, não aceitava essa visão, mas precisava sobreviver em tempos de sofrimento, de escravidão. Para resistir e manter-se vivo como povo, a irmandade viu na Dormição de Maria a possibilidade de realizar um sincretismo religioso.

A morte, na visão trazida pelos lusitanos ocidentais, tem um sentido de finitude. Na visão africana, a morte é a continuidade, a passagem de um mundo para o outro. Nossa Senhora da Boa Morte representava muito bem essa forma de conceber a vida e a morte. Maria, como todos os escravos, fez a passagem de uma realidade para outra. Celebrar a morte de Nossa Senhora significa demonstrar, na esfera do rito, da liturgia, ainda que sincrética, a harmonia entre as realidades e garantir, ainda que de forma simbólica, a passagem da existência individual na terra (*aiyê*) para a existência genérica na transcendência (*òrun*), fazendo com que essas duas realidades do existir se mantenham unidas. O morto une-se aos seus ancestrais e poderá ajudar os vivos. No entanto, tudo depende de como o morto viveu e como será celebrada a sua morte.

Como vimos na literatura apócrifa, Maria também se reencontrou com os seus antepassados no Paraíso e, no período medieval, ela passou a ser a intercessora, advogada dos vivos e moribundos na hora da morte.

4.8 Conclusão

A colonização portuguesa em terras brasileiras chegou impregnada do pensamento medieval e, a partir daí, iniciou o processo de catequese. Trouxe na bagagem suas devoções, dentre elas, a da Dormição de Maria. Com a chegada de escravos ao Brasil, oriundos de várias culturas africanas, o conflito entre o imaginário religioso africano e a catequese lusitana resultou numa simbiose de valores afro-luso-brasileira. O encontro do Cristianismo/catolicismo com o candomblé na Irmandade das mulheres negras de Nossa Senhora da Boa Morte de Cachoeira forjou um sincretismo religioso capaz de resistir e ressignificar valores de ambos, no que tange aos elementos do sofrimento, da morte, do medo e a relação com o mundo material e espiritual.

Considerando o que afirmou Boff: "as religiões legitimam os poderes estabelecidos e apaziguam os grupos subordinados para que não se rebelem"[316], podemos afirmar que a Irmandade de Cachoeira fez dos encontros de religiões, a sua e a do dominador português, um encontro de resistência silenciosa.

A Maria dos evangelhos apócrifos assuncionistas propiciou às mulheres *nagô* relacionar-se com o imaginário cultural e religioso de seus ancestrais, apropriar-se do catolicismo lusitano e resistir-lhe de forma *sui-generis*, bem como assumir, como irmandade, o seu papel social, laical e familiar. Maria, como Nossa Senhora da Boa Morte, a partir do devocional trazido pelos portugueses,

---

316. BOFF, L. Religião, ética e política no contexto atual. In: KUZMA, C. & CAPPELLI, M. (orgs.). *Religião, ética e política*. São Paulo: Paulinas/Soter, 2018, p. 13.

da mesma forma, exerceu seu papel social[317]. Ela aglutinou negros em torno da fé, ainda que sincrética.

A Boa Morte de Maria, celebrada como Nossa Senhora, correspondeu ao bem celebrar a morte de coetâneo negro e escravo que deveria encontrar seus antepassados no caminho de integração entre vivos e mortos.

---

317. BOFF, C. Visão social de Maria: uma síntese. In: *REB*, n. 250, abr./2003, p. 361. Petrópolis.

Considerações finais

A relação com a morte em todas as culturas será sempre marcada pela certeza de que ela virá para todos. O ser humano vê-se diante dela. Sabe que vai morrer e pergunta-se: O que virá depois? Existe vida após a morte? É possível preparar-se para uma boa morte, um bem morrer? O imaginário em torno da morte sempre deixou o ser humano inquieto. Com ele surgiu o Inferno, lugar temível, mas sempre imaginário.

A Parusia, segunda vinda de Jesus, que não tardaria em chegar, movimentou o pensamento dos primeiros cristãos e dos que vieram depois. O que era próximo, iminente, passou a ser a longo prazo. Os cristãos deveriam preparar-se para a vinda. Não poderiam perder a esperança. O fim dos tempos viria, e com ele o Juízo Final. O ano 1000 chegou, Jesus não veio, o Diabo, Satanás acorrentados estavam soltos. Como enfrentar essa nova realidade? A Idade Média foi o momento crucial de espera da vinda de Cristo. As visões do Inferno como lugar de castigo da alma, bem como do Purgatório, como antecâmara do Inferno, são largamente difundidas nesse período. O Purgatório como lugar de descanso à espera do Juízo Final passou a ser lugar de sofrimento, de penitência, até mesmo pelo fogo. Como vimos, os vivos passaram a interceder pelas almas do Purgatório. O medo da morte e do Inferno foi instaurado na Igreja e usado como forma de controle dos vivos e das almas dos mortos. A oficialização do imaginário do Purgatório na Baixa Idade Média foi também um marco divisor na história do cristianismo. A salvação no pós-morte ganhou mais um aliado. O fiel não precisava mais ficar atrelado às duas únicas possibilidades: Céu e Inferno.

A salvação poderia vir por meio do Purgatório. Acrescente-se a isso a visão do Juízo Particular na hora da morte.

O imaginário religioso de Trânsito de Maria, sua Dormição e consequente presença no Céu, foi importante na Idade Média para consolidar a visão da salvação individual, a importância da pessoa no contexto medieval. Ademais, a morte de Maria, considerada um sono, uma *Dormição*, servia para encorajar o fiel a experimentar a morte com tranquilidade. Já o *Trânsito* era a certeza, a esperança, de uma vida futura no Paraíso. A Irmandade de Cachoeira compreendeu esse imaginário a partir de sua religião de matriz africana. Voltar para o mundo dos antepassados de forma tranquila e bem preparado. Para as irmãs da Boa Morte também havia o que temer diante da morte. Bastava um *Ars Moriendi* tranquilo e sereno. A certeza da salvação da Idade Média que chegou ao Brasil Colônia transformou-se em certeza da volta para o mundo dos antepassados.

A morte que assolou a Europa com a peste negra, entre os séculos XIV e suas reincidências até o início do século XVIII, contribui para a individualização da pessoa na sociedade e a constituição de um medo coletivo. Os estudos de Philippe Ariès, Jean Delumeau, Jacques Le Goff etc., aqui perfilados, explicitaram as atitudes do homem diante da morte, do medo dela e de tantos outros medos que se tornaram correlatos, como o do Inferno, de Satanás, do Purgatório, Juízo Final etc., formando um imaginário religioso que chegou até nós. A Igreja explicitou esses medos e os fez presentes na vida dos fiéis. O medo, por natureza, precisa ser explicitado. Na Idade Média, o Diabo foi sua materialização. Sabendo que o medo tinha rabo, chifre, fedia enxofre etc. possibilitou ao cristão a visualização do alvo que ele deveria enfrentar e resistir. O medo identificado serviu para incutir a esperança de um Paraíso, um Céu, possível para o fiel. Esse também era imaginário, e se contrapunha ao medo do Diabo, o qual poderia impedir o cristão de realizar a esperança de salvar a alma, de ir para o Céu. Medo e esperança estão entrelaçados. Paradoxalmente, o medo cria esperança. A salvação da alma foi a esperança, a expectativa que a Igreja criou nos fiéis a partir do medo da morte e do Inferno e do desejo de chegar ao Paraíso.

Para além do imaginário do medo da morte e do Inferno, Maria sempre exerceu, no cristianismo e nas sociedades que aderiram a ela, um papel fundamental. Ela esteve presente não somente na sociedade, mas na vida pessoal e comunitária. Percebemos como o seu papel foi modificando-se ao longo de dois milênios de cristianismo. Maria, a *Theotókos*, tornou-se padroeira de povos e congregações religiosas. Foi cultuada como: Nossa Senhora majestosa; Virgem protetora; Rainha nas guerras, que ajudava na guerra e defesa de povos e interesses políticos, como nas Cruzadas; Mãe da misericórdia e advogada na hora da morte. Como vimos, a Idade Média foi o momento auge da piedade mariana. Ela se torna figura importante na Cristandade medieval. Várias catedrais foram construídas em sua honra. A Idade Moderna não foi diferente. A colonização portuguesa chega ao Brasil trazendo na bagagem a Maria Conquistadora e com ela a sua devoção à Dormição de Maria.

A Bíblia, por sua vez, não deixou de considerar em seus textos sagrados o significado da morte para judeus e cristãos. A morte na Bíblia foi compreendida desde a sua naturalidade e como destino de todo ser humano até a sua visão como consequência de uma transgressão à Lei originária do pecado. Desde a certeza de vida eterna para o justo que sofre na vida terrena, mas que será beatificado em outra vida com Deus, conforme a retribuição proposta pelo Livro da Sabedoria, até a certeza paulina de que vã seria a nossa fé se Jesus não tivesse ressuscitado (1Cor 15,13), baseado no evento histórico da morte, paixão e ressurreição de Jesus. A Bíblia exerceu influência no imaginário, na teologia, no exercício da fé, atravessou culturas e chegou até nós. Acrescente-se a isso a influência de textos apocalípticos dos evangelhos e do próprio Apocalipse, os quais ajudaram a construir o imaginário dos medos do Inferno e da morte na virada do primeiro para o segundo milênio da era cristã. Esse imaginário continua presente em nosso tempo.

Para além do texto canônico, a literatura apócrifa, sobretudo a complementar mariana, possibilitou a construção do imaginário religioso da Assunção e Dormição de Maria, muito caro ao catolicismo português medieval, o qual foi trazido para o Brasil, quando de sua colonização, e ressignificado na Irmandade da Boa Morte de Cachoeira, a partir de sua matriz religiosa africana. Foi uma experiência de encontro de imaginários religiosos, aceitação e resistência à fé lusitana, o que influenciou a formação sincrética da cultura religiosa brasileira.

A partir do diálogo, aqui apresentado, entre os imaginários religiosos de origem apócrifa assuncionista, sua relação com o pensamento religioso medieval e sua incidência nos períodos do Brasil Colônia e Império, concluíamos que há uma relação entre esses modos de ver o mundo e sua relação com o modo como conceber a vida terrestre e após a morte.

A relação de dependência e proximidade com a Igreja na Idade Média e Moderna pelo fiel na Europa chegou ao Brasil com os portugueses. A primeira dependência foi estabelecida pelo medo da morte e do Inferno, a segunda pelo desejo de celebrar a devoção a partir de um catolicismo tradicional, o que lhe garantia a relação com o Sagrado.

A Irmandade de Nossa Senhora da Boa Morte de Cachoeira, com as suas mulheres negras, não fugiu desse padrão religioso, mas se apresentou como diferencial quando estabeleceu um sincretismo religioso capaz de compreender o discurso lusitano da devoção à Dormição de Nossa Senhora, mas de fazê-lo a seu modo e a partir de sua visão religiosa de matriz africana. Foi uma resistência religiosa e cultural, assim como fizeram os cristãos dos primeiros séculos, quando exigiram da Igreja um papel de destaque para Maria.

A Irmandade negra de Nossa Senhora da Boa Morte de Cachoeira ressignificou a morte de Maria para não perder a essência de sua cultura. Aceitou a catequese portuguesa e manteve viva a sua identidade cultural. Assim, a morte, mais uma vez, como na Europa medieval e moderna, no início da contemporaneidade do século XIX, no Brasil, foi entendida, vivenciada e explicitada nessa irmandade, a partir da religião e, de forma bastante peculiar, integrada na relação social.

Maria entrou no imaginário religioso, no modo de conceber a morte na Idade Média e Moderna, como possibilidade de livramento, por meio de sua intercessão, do fogo eterno do Inferno. Sua morte foi uma boa morte, uma passagem definitiva para o Paraíso. Como vimos, as irmandades da Boa Morte foram criadas como consequência da *Ars Moriendi*, motivadas pela preparação da morte, sua socialização e orações para livrar os fiéis do Purgatório. As funerárias de hoje são continuidade das irmandades, excetuando-se a questão da reza. A Igreja perdeu o controle da morte com o avanço da medicina. A morte passou a ser nos hospitais, longe da família, muitas vezes no isolamento de um Centro de Tratamento Intensivo (CTI).

A Irmandade de Nossa Senhora da Boa Morte de Cachoeira, sabedora da importância de celebrar o momento da morte de seus coetâneos, percebeu na Dormição de Maria uma possibilidade de celebrar a arte de morrer, de deixar o mundo material e ir ao encontro dos antepassados.

A devoção à Dormição de Maria introduzida no Brasil Colônia pelos portugueses levou as mulheres negras e africanas da Irmandade de Nossa Senhora da Boa Morte de Cachoeira a celebrar essa devoção como se fosse um ritual africano de passagem do mundo dos vivos para o encontro com os ancestrais. A missa na intenção das irmãs falecidas celebradas ainda hoje é um pedido de boa passagem para a outra dimensão.

O medo da morte na Irmandade Negra de Cachoeira reside não na morte em si, pois ela é simplesmente a integração entre duas realidades, o *ayiê* e o *òrun*, mas no modo como ela deve ser celebrada. A realização do *Àsèsè* bem feito garante a passagem para a realidade ancestral. No entanto, como a maioria dos escravos negros não tinha como realizá-lo por causa das questões financeiras, a participação numa irmandade com características católicas e de identidade religiosa de matriz africana garantia a passagem por meio da celebração da morte de Maria e da celebração de missa para os falecidos.

Não há como negar a reciprocidade, a influência mútua entre o catolicismo e o candomblé na formação da cultura religiosa brasileira.

Celebrar Nossa Senhora da Boa Morte, baseada na tradição apócrifa, resgata de certa forma a mulher Maria da Bíblia canônica, símbolo de resistência de um Deus que derrubou os opressores de seus tronos. A colonização portuguesa significou a chegada de uma religião ao Brasil, com suas devoções. A escravidão de povos africanos, da mesma forma, trouxe para o nosso país o imaginário de religiões de matriz africana. O encontro desses dois mundos na Irmandade de Mulheres Negras de Cachoeira foi um sinal de aceitação da fé lusitana, mas também de resistência, de celebração de sua fé particular e luta para a sobrevivência cultural e religiosa. As mulheres da Irmandade de Nossa Senhora da Boa Morte continuam, desde o início do século XIX, com a manutenção da memória de suas fundadoras e suas celebrações afro-brasileiras na Igreja e em seus espaços próprios, como sinais de resistência feminina em contextos machistas de outrora e atual.

Celebrar Nossa Senhora da Boa Morte é celebrar a ancestralidade africana, é manter e garantir a passagem de uma realidade terrena para a transcendente, mantendo contato com os antepassados, os quais também podem ajudar os seus parentes vivos, assim como Maria pode, ao invocar a misericórdia do Filho. Nessa mesma linha, se a resignação dos fiéis na Europa medieval e moderna os levou a aumentar a fé na vida pós-morte, a irmandade de Cachoeira conservou sua fé de origem e a adaptou no Brasil colonial e imperial.

Tendo seguido a linha da religiosidade popular em relação à devoção a Maria, especificamente na questão do medo da morte e do Inferno, a partir dos evangelhos apócrifos marianos assuncionistas, demonstramos como Maria (Nossa Senhora) teve um papel fundamental na sedimentação dogmática de um catolicismo mariano que se valeu até mesmo de questões discutíveis para a fé, mas que se impôs na Cristandade europeia, chegou ao Brasil colonial com as irmandades de Nossa Senhora da Boa Morte e ainda está presente no meio de nós.

Especificamente em relação aos apócrifos dormicionistas e assuncionistas, vale ressaltar que a tradição cristã conservou paralelamente duas possibilidades: uma que sustenta a morte a Maria, e outro, sua imortalidade. A tradição latina valeu-se da literatura apócrifa que apontou para morte, ressurreição e assunção de Maria ao Céu; portanto, o imaginário religioso da primeira opção. Em ambos os casos, os apócrifos deixam claro que o corpo de Maria foi incorruptível. Ela era a mãe do Salvador.

O imaginário religioso mariano foi capaz de sustentar a fé, ainda que passível de equívocos, em Maria, a mãe da Igreja, da mãe misericordiosa, do consolo nos momentos de sofrimento e advogada agora e na hora de nossa morte, para além, e na relação com os medos do fogo do Inferno e da morte eterna. Com ela foi possível bem morrer.

Em nossa era, a morte já não amedronta tanto. Vivemos como se a morte não existisse. O sofrimento não mais combina com os viventes do século XXI. O Inferno, um lugar indesejável, também está em desuso, mas continua vivo no imaginário e na pregação de alguns que insistem na volta dessa antiga pedagogia do medo para salvar almas. O que importa é a certeza de que a ressurreição de Jesus nos garante a vida eterna. Para tanto, é preciso ser justo nas relações para que a morte não nos encontre despreparados para o bem morrer, para acolher a irmã morte rumo à vida plena em Deus. O resto é pura fantasia.

Referências

ADÉRICO, A.C. *Nossa Senhora do Aviso*: notas históricas e devocionário. Bragança: Comissão do Santuário, 1990.

AGULHON, M. *Pénitents et francs-maçons dans l'ancienne Provence*. Paris: Fayard, 1967.

AIELLO, A.G. *Svillupo del dogma e tradizione a proposito della definizione dell'Assunzione de Maria*. Roma: Città Nuova, 1979.

ALIGHIERE, D. *Divina comédia*: purgatório, canto XXXIII. Trad. de J.P.X. Pinheiro, 1822 [Disponível em http: //www.ebooksbrasil.org/adobeebook/purgatorio.pdf – Acesso em 18/11/2018].

ANTONIAZZI, A. Milenarismo não é só Idade Média. In: *Vida Pastoral*, mai.-jun./1999, p. 23-30. São Paulo.

ARIÈS, P. Uma antiga concepção do além. In: BRAET, H. & VERBEKE, W. *A morte na Idade Média*. São Paulo: Edusp, 1996 [Ensaios de Cultura, 8].

_____. *O homem diante da morte*. Vol. II. Rio de Janeiro: Francisco Alves, 1982.

_____. *O homem diante da morte*. Vol. I. Rio de Janeiro: Francisco Alves, 1981.

_____. *Sobre a história de morte no Ocidente*: desde a Idade Média. 2. ed. Lisboa: Teorema, 1975.

ARRAS, V. *De Transitu Mariae Apocrypha Aethiopice*. Lovaina, 1973 [Corpus Scriptorum Christianorum Orientalium, 343].

AVELINO, J.D. *O medo na Idade Média (séculos X-XIII)*. Aparecida de Goiânia: Faculdade Alfredo Nasser/Instituto Superior de Educação, 2010, 30 p. [Licenciatura em História].

AZZI, R. *A vida religiosa no Brasil*: enfoques históricos. São Paulo: Paulinas, 1983.

_____. *O catolicismo popular no Brasil*: aspectos históricos. Petrópolis: Vozes, 1978 [Cadernos de Teologia e Pastoral, vol. II].

_____. Elementos para a história do catolicismo popular. In: *REB*, vol. 36, n. 142, mar./1976, p. 95-130. Petrópolis.

BARRETO, J.J. *Candomblé da Bahia*: resistência e identidade de um povo de fé. Salvador: Solesluna, 2009.

BASTIDE, R. *O candomblé da Bahia*: rito *nagô*. São Paulo/Brasília: Ed. Nacional/Instituto Nacional do Livro, 1978.

BATIFFOL, P. & LABOURT, J. *Les Odes de Salomon*: une oeuvre chrétienne des environs de l'an 100-120. Paris: Gabalda, 1911.

BATTISTA, A. & BAGATTI, B. *Edizione critica del testo arabo della Historia Iosephi Fabri Lignarii e recerche sulla sua origine*. Jerusalém: Franciscan Printing, 1978 [Studium Biblicum Franciscanum: Collectio Minor, 24].

BAUER, W. *Orthodoxy and Heresy in Earliest Christianity*. Trad. para o inglês R.A. Kraf e G. Krodel (orgs.). Filadélfia: Fortress, 1971.

BAUMSTARK, A. Un évangile de Gamaliel. In: *Revue Biblique*, vol. 3, n. 2, 1906, p. 253-295. Paris.

BERKENBROCK, V.J. & NIERO, L.A. As virtudes pós-morte – O imaginário cristão sobre práticas virtuosas em favor da salvação da alma no Purgatório. In: *REB*, vol. 75, n. 300, out-dez./2015, p. 910-934. out./dez. 2015. Petrópolis.

BERNARDINO DE SENA. Sermo V nativitate B.V.M., c. 8. In: *Opera Ommia*. Lugduni, 1650.

_____. Sermo XV morte, vol. II, 3-4. In: *Opera omnia*. Lugduni, 1650.

BETTENCOURT, E. *A vida que começa com a morte*. Rio de Janeiro: Agir, 1995.

Bíblia de Jerusalém. Nova ed. rev. e ampl. 2. impr. São Paulo: Paulus, 2003.

BOFF, C. Visão social de Maria: uma síntese. In: *REB*, n. 250, abr./2003, p. 354-372. Petrópolis.

BOFF, L. Religião, ética e política no contexto atual. In: KUZMA, C. & CAPPELLI, M. (orgs.). *Religião, ética e política*. São Paulo: Paulinas/ Soter, 2018.

_____. *Vida para além da morte*. Petrópolis: Vozes, 1988.

BORN, A. (ed.). *Dicionário Enciclopédico da Bíblia*. 4. ed. Petrópolis: Vozes, 1987.

BOROBIO, D. (org.). *A celebração na Igreja*: ritmos e tempos de celebração. Vol. 3. São Paulo: Loyola, 2000.

BOUREAU, A. *Satã herético* – O nascimento da demonologia na Europa medieval (1280-1330). Campinas: Unicamp, 2016.

BRAET, H. & VERBEKE, W. (eds.). *A morte na Idade Média*. São Paulo: Edusp, 1996 [Ensaios de Cultura, 8].

CAETANO, D.J. *O medo da morte na Idade Média*: uma visão coletiva do Ocidente. Belém: LiteraCidade, 2012.

CAMPOS, A.A. *A iconografia das Almas e do Purgatório*: uma releitura bibliográfica e alguns exemplos (séculos XV ao XVIII) [Disponível em https: //locus.ufjf.emnuvens.com.br/locus/article/viewFile/2882/2233 – Acesso em 08/11/2017].

CANTEL, R. *Prophétisme et messianisme dans l'oeuvre d'A. Vieira*. Paris: Hispano-américaines, 1960.

CASCUDO, L.C. *Dicionário do Folclore Brasileiro*. 3. ed. Brasília: Instituto Nacional do Livro, 1972.

CASTANHO, L.A. *São Paulo*: filho da Igreja. Petrópolis: Vozes, 1957.

CASTRO, A.A.C. *A Irmandade da Boa Morte*: memória, intervenção e turistização da festa em Cachoeira. Ilhéus: Universidade Estadual de Santa Cruz/Universidade Federal da Bahia, 2005, 181 p. [Dissertação de mestrado] [Disponível em http: //www.uesc.br/cursos/pos_graduacao/mestrado/turismo/dissertacao/dissertacao_armando_costa.pdf – Acesso em 07/08/2018].

CHARLESWORTH, J.H. *The New Testament Apocrypha in Pseudepigrapha*: a guide to publications, withes excurses on Apocalypses. Methuen: Scarecrow Pr, 1987 [Atla Bibliography, series 17].

_____. *The Odes of Salomon*: edited with Translation and Notes. Oxford: University Press, 1973.

CLARAVAL, B. Sermo in Nativitate B.V. Mariae (*De aqueductu*). In: *Patrologiae cursus completus*, series latina, n. 183.

CONCEIÇÃO, J.S. Tenha uma boa morte – Notas sobre a Irmandade da Boa Morte. In: *Plura – Revista de Estudos de Religião*, vol. 3, n. 2, 2012, p. 101-130 [Disponível em http: //www.abhr.org.br/plura/ojs/index.php/plura/article/viewFile/587/pdf_54 – Acesso em 07/08/2018].

CONSORTE, J.G. Sincretismo ou africanização? – Os sentidos da dupla pertença. In: *Travessia – Revista do Migrante*, vol. 36, 2000, p. 11-14. São Paulo.

CORNAGLIOTTO, J.B. *Thesouro do christão*. 8. ed. Rio de Janeiro: Garnier, 1889.

COSTA, J.N. *O tribunal de Manuel* – Aspectos teológicos na obra Auto da Compadecida. São Paulo: Loyola, 2015 [Coleção Faje].

COSTA, S.H.V. *Das memórias de Filhinha às litogravuras de Maragojipe*. Salvador: Faculdade 2 de Julho, 2007.

_____. *A Festa da Irmandade da Boa Morte e o ícone ortodoxo da Dormição de Maria*. Salvador: Zuk, 2002.

DELARUELLE, E. *La pieté populaire ao Moyen Âge*. Turim: Botega de Erasmo, 1975.

DELUMEAU, J. *O pecado e o medo* – A culpabilização no Ocidente (séculos 13-18). Vol. II. Bauru: Edusc, 2003.

_____. *História do medo no Ocidente, 1300-1800*: uma cidade sitiada. 3. reimpr. São Paulo: Companhia das Letras, 1996.

DUPONT, J. La Salle do Trésor de la cathédrale de Châlons-sur-Marne. In: *Bulletin des Monuments Historiques de la France*, vol. 3, 1957, p. 183-194. Paris.

DURKHEIM, E. *As formas elementares da vida religiosa*: o sistema totêmico na Austrália. São Paulo: Paulinas, 1989.

EHRMAN, B.D. *Evangelhos perdidos* – As batalhas pela escritura e os cristianismos que não chegamos a conhecer. Rio de Janeiro: Record, 2008.

ELLIOT, J.K. *Apocryphal New Testament*: a collection of apocryphal christian literature in english translation. Oxford: University Press, 1993.

FARIA, J.F. *As mais belas e eternas histórias de nossas origens*: mitos e contramitos. Petrópolis: Vozes, 2015.

_____. *O outro Pedro e a outra Madalena segundo os apócrifos*: uma leitura de gênero. 4. ed. Petrópolis: Vozes, 2010.

_____. *A infância apócrifa do Menino Jesus*: histórias de ternura e travessuras. Petrópolis: Vozes, 2010.

_____. *Apócrifos aberrantes, complementares e cristianismos alternativos: poder e heresias* – Introdução crítica à Bíblia Apócrifa do Segundo Testamento. 2. ed. Petrópolis: Vozes, 2009.

_____. *História de Maria, mãe e apóstola de seu filho, nos evangelhos apócrifos*. 3. ed. Petrópolis: Vozes, 2007.

_____. *Vida secreta dos apóstolos e apóstolas à luz dos Atos Apócrifos.* 2. ed. Petrópolis: Vozes, 2006.

_____. A morte com sentido de vida em Eclesiastes. In: MOREIRA, G. et al. *O povo sabe das coisas* – Eclesiastes ilumina o trabalho, a vida e a religião do povo. São Leopoldo: Cebi/MG, 2006.

_____. *As origens apócrifas do cristianismo* – Comentário aos evangelhos de Maria Madalena e Tomé. 2. ed. São Paulo: Paulinas, 2004.

_____. A releitura do Shemá Israel nos evangelhos e Atos dos Apóstolos. In: *Ribla*, n. 40, 2001, p. 52-65. Petrópolis.

FAUSTO, B. *História do Brasil.* São Paulo: Edusp, 2012.

FERET, H.-M. *La muerte en la tradición bíblica.* Barcelona: Centre de Pastoral Litúrgica, 2007 [Cuadernos Phase, 173].

FERREIRA, A.B.H. *Dicionário Aurélio* [Disponível em https://dicionario doaurelio.com/Infernos – Acesso em 28/05/2018].

_____. *Novo Dicionário da Língua Portuguesa.* Rio de Janeiro: Nova Fronteira, 1975.

FIORES, S. & MEO, S. (dir.). *Dicionário de Mariologia.* São Paulo: Paulus, 1995.

FONSECA, J. *Música ritual de exéquias*: uma proposta de inculturação. Belo Horizonte: O Lutador, 2010.

GENIO, M.R. *Dicionário de Mística*: São Paulo: Loyola, 2003.

GIANOTTO, C. *I Vangeli apocrifi.* Vol. 1. Milão: São Paolo, 2010.

GIJSEL, J. & BEYERS, R. *Libri de nativitate Marie*: Pseudo-Matthaei Evangelium/Libellus de natividade Sanctae Marie. Turnhout: Brepols, 1997 [CChr.SA, 9-10].

GIORGIO, V.; BANFI, L. & BURGIO, A.C. *Laude cortonesi dal secolo XIII al XIV*: 1Cort, 13,39-42; 14,83-86. Vol. I. Città del Castelo: Leo S. Olschki, 1982.

GOMBRICH, E.H. *A história da arte.* Rio de Janeiro: Livros Técnicos e Científicos, 1999.

GONZÁLEZ-BLANCO, E. *Evangelios apócrifos.* Vol. 2. Madri: Libreria Bergua, 1935.

GRAEF, H.C. *Mary*: A History of Doctrine and Devotion. Nova York: Ave Maria Press, 2009.

HAUSER, H. *Ouvriers du temps passé.* 2. ed. Paris: Félix Alcan, 1927.

HENNECKE, E. *Handbuch zu den Neutestamentlichen Apokryphen*. Tübingen: Edo Hennecke, 1904.

HESCHEL, A.J. *O homem não está só*. São Paulo: Paulinas, 1974.

HOORNAERT, E. *Formação do catolicismo brasileiro*: 1550-1800. Petrópolis: Vozes, 1974.

INCONTRI, D. & SANTOS, F.S. (orgs.). *A arte de morrer*: visões plurais. Vol. 1. Bragança Paulista: Comenius, 2007.

JOHNSON, E.A. *Nossa verdadeira irmã* – Teologia de Maria na comunhão dos santos. São Paulo: Loyola, 2006.

JUDIE, M. Homilia de João de Tessalônica. In: *PaOr*, vol. XIX, 1926, p. 3.438-3.444. Paris: Graffin-Nau.

KAESTLI, J.D. & CHERIX, P. *L'Évangile de Barthélemy*. Turnhout: Brepol, 1993 [Apocryphes 1].

KELLY, H.A. *Satã*: uma biografia. São Paulo: Globo, 2008.

KLAUCK, H.-J. *Evangelhos apócrifos*. São Paulo: Loyola, 2007.

KRAMER, H. & SPRENGER, J. *Malleus maleficarum*: o martelo das bruxas. Brasil: Rosa dos Ventos, 2007.

KUZMA, C.A. & CAPPELLI, M. (orgs.). *Religião, ética e política*. São Paulo: Soter/Paulinas, 2018.

LACAU, P.M. *Fragments d'apocryphes coptes*. Vol. 9. Cairo: L'IFAO, 1904.

LÉON-DUFOUR, X. (dir.). *Vocabulário de Teologia Bíblica*. 2. ed. Petrópolis: Vozes, 1977.

LE GOFF, J. *O imaginário medieval*. Lisboa: Estampa, 1994.

_____. *A bolsa e a vida*: a usura na Idade Média. 2. ed. São Paulo: Brasiliense, 1989.

_____. *La naissance du Purgatoire*. Paris: Gallimard, 1981.

LIGUORE, A. L'Apparecchio alla morte e opuscoli affini. In: GREGÓRIO, O. *Opere ascetiche*. Rome: Storia e Letteratura, 1965.

LIMA, F.C. (dir.). *A arte popular em Portugal*: ilhas adjacentes e ultramar. Lisboa: Verbo, 1968.

LLABRÉS, P. O culto a Santa Maria, Mãe de Deus. In: BOROBIO, D. (org.). *A celebração na Igreja*: ritmos e tempos da celebração. São Paulo: Loyola, 2000.

LODY, R. *Devoção e culto a Nossa Senhora da Boa Morte*: pesquisa sociorreligiosa. Rio de Janeiro: Altiva, 1981.

LYON, H.R. *Dicionário da Idade Média*. Trad. de Álvaro Cabral. Rio de Janeiro: Zahar, 1997.

MAGALDI, C.R.C. et. al. *Igreja de Nossa Senhora da Boa Morte*. São Paulo: FormArte, 2009.

MALDONADO, L. *Genesis del catolicismo popular*. Madri: Cristiandad, 2000.

_____. *Introducción a la religiosidad popular*. Santander: Sal Terrae, 1985.

MÂLE, É. *L'art religieux de la fin du Moyen Âge*, Paris: A. Colin, 1931.

MARQUES, F.H. *Festa da Boa Morte e Glória*: ritual, música e performance. São Paulo: USP, 2009, 348 p. [Tese de doutorado].

MATOS, H.C.J. *Nossa história*: 500 anos de presença da Igreja Católica no Brasil: Período Colonial. Vol. 1. São Paulo: Paulinas, 2001.

_____. *Introdução à história da Igreja*: idade antiga e medieval. Vol. 1. 6. ed. Belo Horizonte: O Lutador, 1997.

_____. *Caminhando pela história da Igreja*: uma orientação para iniciantes. Vol. 1. Belo Horizonte: O Lutador, 1995.

MAZZINGHI, L. "Dio non há creato la morte" (Sap 1,13): il tema dela morte nel libro dela Sapienza. In: *Parola Spirito e Vita*, vol. 32, n. 2, jul.-dez./1995, p. 75. Bolonha.

MELTON, J.G. *O livro dos vampiros*: a enciclopédia dos mortos-vivos. São Paulo: Makron Books, 1995.

MIMOUNI, S.C. *Dormition et Assomption de Marie*: histoire des traditions anciennes. Paris: Beauchesne, 1995 [Collection Théologie Historique, 98].

MOLINA, S.R. Na dança dos altares – A Ordem do Carmo e a Irmandade da Boa Morte entre o poder e a sobrevivência no Rio de Janeiro dos primeiros tempos do império (1814-1826). In: *Revista de História*, n. 147, 2002. São Paulo [Disponível em https: //www.revistas.usp.br/revhistoria/article/download/18944/21007 – Acesso em 05/08/2018].

MORALDI, L. *Evangelhos apócrifos*. São Paulo: Paulus, 1999.

MURAD, A. Devoção a Maria e a "Igreja em saída". In: *Studium*: Revista teológica, n. 17, 2016, p. 11-30. Curitiba.

_____. *Maria toda de Deus e tão humana* – Compêndio de Mariologia. São Paulo: Paulinas/Santuário, 2012.

NASCIMENTO, L.C.D. *Presença do candomblé na Irmandade da Boa Morte*: uma investigação etnográfica sobre ritos mortuários e religiosidade afro-baiana. Salvador: Universidade Federal da Bahia, Salvador, 2002, 182 p. [Dissertação de mestrado].

NASCIMENTO, L.C.D. & ISIDORO, C. *A boa morte em Cachoeira*: contribuição para estudo etnográfico. Cachoeira: Cepasc, 1988.

NERY, I.J. Maria, mãe de misericórdia: rogai por nós. In: *Studium*: Revista teológica, n. 17, 206, p. 31-42. Curitiba.

NIGIDO, N. *Summa Sacrae Mariologiae*. Palermo, 1602.

OLIVEIRA, P.A.R. Catolicismo popular e romanização do catolicismo brasileiro. In: *REB*, vol. 36, n. 142, mar./1976, p. 19-52. Petrópolis.

ORÍGENES. *Homilia sobre o Evangelho de Lucas* – Fragmento 5-6. São Paulo: Paulus [Patrística, 34].

OTERO, A.S. *Los evangelios apócrifos*. 2. ed. Madri: BAC, 1991.

PAGLIA, V. *La morte confortata* – Riti della paura e mentalità religiosa a Roma nell'età moderna. Rome: Storia e Letteratura, 1982.

PARAFITA, A. *O maravilhoso popular*: contos, lendas, mitos. Lisboa: Plátano, 2000.

PARSHALL, P. (org.). *The Woodcut in Fifteenth-century Europe*. New Haven/Londres: Yale University Press, 2009.

PAULO VI. *Carta Apostólica Marialis Cultus* [O culto da Virgem Maria]. São Paulo: Loyola, 1974.

PEETERS, P. *Evangiles Apocryphes II: l'évangile de l'infance* –. Rédactions syriaques, árabes e arméniennes traduites et annotées. Paris: A. Picard, 1914.

PEETERS, P. & CHARLES, M. *Histoire de Joseph le Charpentier*: rédactions copte et arabe, traduites et annotées, 2. ed. Paris: A. Picard, 1924.

PELIKAN, J. *Maria dos séculos*: seu papel na história da cultura. São Paulo: Companhia das Letras, 2000.

PIO XII. *Carta Apostólica Munificentissimus Deus*. Città del Vaticano, 1950.

PRADO JÚNIOR, C. *Formação do Brasil contemporâneo*. Rio de Janeiro: Companhia das Letras, 2011.

PROENÇA, E. (org.). *Apócrifos e pseudo-epígrafos da Bíblia*. São Paulo: Fonte, 2005.

RAMOS, L. *Morte e assunção de Maria: Trânsito de Maria* – Livro do Descanso. 5. ed. Petrópolis: Vozes, 2002.

_____. *São José e o menino Jesus* – História de José o carpinteiro e Evangelho do Pseudo-Tomé. Petrópolis: Vozes, 1990.

_____. *Fragmentos dos Evangelhos apócrifos*. Petrópolis: Vozes, 1989.

_____. *A história do nascimento de Maria* – Protoevangelho de Tiago. Petrópolis: Vozes, 1988.

RAVASI, G. La morte del vechio sazio di gioni. *Parola In: Spirito e vita*, vol. 32, n. 2, jul.-dez./1995. Bolonha.

REIMER, H. A serpente e o monoteísmo. In: REIMER, H. & SILVA, V. (orgs.). *Hermenêuticas bíblicas* – Contribuições ao I Congresso Brasileiro de Pesquisa Bíblica. São Leopoldo/Goiânia: Oikos/UCG, 2006.

REIS, J.J. *A morte é uma festa* – Ritos fúnebres e revolta popular no Brasil do século XIX. São Paulo: Companhia das Letras, 1999.

_____. Identidade e diversidade étnicas nas irmandades negras no tempo da escravidão. In: *Tempo:* Revista do Departamento de História da UFF, vol. 2, n. 3, jun./1996, p. 7-33. Rio de Janeiro.

RIGHETTI, M. *Historia de la liturgia*. Vol. I. Madri: BAC, 1995.

ROLIM, F.C. Católicos e catolicismo. In: *REB*, n. 30, 1970. Petrópolis.

RYLANDS, W. Harry. *Ars Moriendi: editio princeps, circa 1450* – A Reproduction of the Copy in the British Museum. Nabu Press, 2010.

SANT'ANNA, M.S. *A Boa Morte e o Bem Morrer*: culto, doutrina, iconografia e irmandades mineiras (1721-1822). Belo Horizonte: UFMG, Belo Horizonte, 2006, 128 p. [Dissertação de mestrado].

SANTO AGOSTINHO. *De Civitate Dei*, livro XX, c.7. Apud MIGNE, J.P. *PL*. Vol. XLI. Paris: Bibliotheca Universalis, col. 667-668.

SANTOS, J.E. *Os Nàgó e a morte*: pádè, Àsèsè e o culto Égun na Bahia. 12. ed. Petrópolis: Vozes, 2012.

SÃO JERÔNIMO. *Prólogo ao comentário sobre o Livro do Profeta Isaías*, n. 1.2 [CCL 73,1-3].

SÃO JOÃO DAMASCENO. *Homilia para o nascimento de Nossa Senhora Santíssima, a Mãe de Deus e sempre Virgem Maria* [Disponível em www.eclesia.com.br/biblioteca/pais_da_igreja/s_joao_damasceno_homilia_sobre_a_natividade_de_maria.html – Acesso em 27/07/2018].

SCARANO, J. *Devoção e escravidão* – a Irmandade de Nossa Senhora do Rosário dos Pretos no Distrito Diamantino no século XVIII. Vol. 37. 2. ed. São Paulo: Companhia Editora Nacional, 1978 [Brasiliana, 357].

SCHEFFCZYC, L. *Das Mariengeheimnis in Frömmighkeit und Leher der Karolingerzeit*. Leipzig: St. Benno, 1959.

SCHMITT, J.-C. *Un tempo di sangue e di rose*: pensar la morte nel Medievo Cristiano. Bolonha: Dehoniane, 2015.

SCHMAUS, M. *Los Novisimos* – Teologia Dogmática. Vol. VII. Madri: Rialp, 1961.

SCHWANTES, M. *Projetos de esperança* – Meditações sobre Gênesis 1–11. Petrópolis: Vozes, 1989.

SERRA, A. et al. Assunção. In: FIORES, S. & MEO, S. (dirs.). *Dicionário de Mariologia*. São Paulo: Paulus, 1995.

SILVA, A.C. *Caminhos da fé*: uma etnografia sobre a Irmandade de Nossa Senhora da Boa Morte de São Gonçalo dos Campos, BA. Cachoeira: Universidade Federal do Recôncavo da Bahia, 2015, 196 p. [Dissertação de mestrado].

SILVA, C.M.D. & LÓ, R.C. *Caminho não muito suave* – Cartilha de literatura sapiencial bíblica. Campinas: Alínea, 2011, p. 88.

SILVA, L.M.B. *A Irmandade de Nossa Senhora da Boa Morte, uma perspectiva museológica e de gênero*, p. 3 [Disponível em http: //www.cult.ufba.br/enecul2005/LiviaMariaBaetadaSilva.pdf – Acesso em 06/08/2018].

SOUZA, P.M. Ars Moriendi circa 1450: a preparação para o *post-mortem*. In: *Anais eletrônicos do XXVIII Simpósio Nacional de História* – Lugares dos historiadores: velhos e novos desafios. Florianópolis, 2015 [Disponível em http: //www.snh2015.anpuh.org/resources/anais/39/1442432336_ARQUIVO_Ars_Moriendi.pdf – Acesso em 23/05/2018].

SPARKS, H.F. The Odes of Salomon. In: *The Apocryphal Old Testament*. Oxford/Nova York: Clarendon Press/Oxford University Press, 1984.

STRYCKER, E. Le Protévangile de Jacques: problèmes critiques et exègètiques. In: *Studia Evangelica* – Texte und Untersuchungen, vol. III, fasc. 2, 1964, p. 339-359. Berlim: Akademie.

_____. *La forme la plus ancienne du Protévangile de Jacques* – Recherches sur le Papyrus Bodmer 5 avec une édition critique du texte grec et une traduction annotée. Bruxelas: Société des Bollandistes, 1961 [SHG 33].

TAVARD, G.H. *As múltiplas faces da Virgem Maria*. São Paulo: Paulus, 1999.

TEMPORELLI, C. *Maria, mulher de Deus e dos pobres* – Releitura dos dogmas marianos. 2. ed. São Paulo: Paulus, 2011.

TERTULIANO. *De testimonio animae*. Viena, 1866, cap. IV, p. 139 [Csel, 20].

TESTUZ, M. *La Onzieme Ode de Salomon* – Papyrus Bodmer X-XII. Cologny, Gen., 1959.

THILO, J.C. *Codex Apocryphus N.T.* Vol. I. Leipzig: F.C.G. Vogel, 1832, p. 319-336.

THOMAS, L.-V. *La mort africaine*: idéologie funéraire en Afrique noire. Paris: Payot, 1982.

TILLESSE, C.M. *Revista Bíblica Brasileira*, vol. 2, n. 17, 2000, p. 30-68. Fortaleza.

TISCHENDORF, C. (org.). *Evangelia Apocrypha*. Leipzig: Hermann Mendelssohn, 1876.

TRAGÁN, P.-R. (org.). *Los evangelios apócrifos*: origen, carácter, valor. Estella: Verbo Divino, 2008.

VAN DEN OUDENRIJN, M.A. *Äthioptische Texte zur Pilatus Literatur*: das Evangelium Gamaliel. Friburgo: Universitätsverlag, 1959.

VAN DER POEL, F. *Dicionário da Religiosidade Popular* – Cultura e religião no Brasil. Curitiba: Nossa Cultura, 2013.

VARANINI, G.; BANFI, L. & BURGIO, A.C. *Laude cortonesi dal secolo XIII al XIV*: 1Cort, 13,39-42; 14,83-86. Vol. I. Città del Castelo: Leo S. Olschki, 1982.

VARAZZE, J. *Legenda Áurea*: vida de santos. Trad. de Hilário Franco Júnior. São Paulo: Companhia das Letras, 2003.

VASCONCELOS, J.L. *Tradições populares de Portugal*. Lisboa: Imprensa Nacional/Casa da Moeda, 1986.

VERGER, P. *Orixás*: deuses Iorubás na África e no Novo Mundo. Trad. de Maria Aparecida da Nobrega. Salvador: Corrupio, 1981.

VIEIRA, A. *A arte de morrer* – Os sermões de Quarta-feira de Cinzas. São Paulo: Nova Alexandria, 1994.

VILLER, M. *La spiritualité des premiers siècles chrètiens*. Paris: Beauchesne, 1930.

VIRET, F. *Miroir de l'ame du pêcheur et du juste pendant la vie et à l'heure de la Mort:* méthode chrétienne pour finir saintement la vie. Nouvelle édition. Lyon: Libraire, 1752.

VISALLI, A.M. A devoção mariana e a morte na Idade Média: estudo sobre a religiosidade laica através das laudas. In: *Anais do XXIII Simpósio Nacional de História* – História: guerra e paz. Londrina: Anpuh, 2005.

VOVELLE, M. & VOVELLE, G. *Vision de la mort et de l'au-delá en Provence, d'après les autels des âmes du Purgatoire XV-XX siècle.* Paris: Armand Colin, 1970.

Índice

Sumário, 7

Prefácio, 9

1 O medo da morte e do Inferno e sua relação com Maria nos apócrifos e na história do cristianismo, 13

    1.1 A morte, o Inferno, o medo e a devoção, 13

    1.2 A influência e contexto da literatura apócrifa mariana, 15

    1.3 Os apócrifos aberrantes, complementares e alternativos, 18

    1.4 Maria na história da Salvação, da Igreja e sua relação com a literatura apócrifa, 20

    1.5 Conclusão, 27

2 Apócrifos marianos biográficos e assuncionistas, 29

    2.1 Apócrifos marianos narrativos biográficos e assuncionistas, 30

        2.1.1 Apócrifos marianos narrativos biográficos, 31

            2.1.1.1 Protoevangelho de Tiago, 31

            2.1.1.2 Odes de Salomão, 34

            2.1.1.3 Carta dos Apóstolos, 34

            2.1.1.4 Evangelho de Bartolomeu, 35

            2.1.1.5 Natividade de Maria, Papiro de Bodmer V, 35

            2.1.1.6 História de José, o carpinteiro, 36

            2.1.1.7 Livro da Natividade de Maria, 37

            2.1.1.8 Evangelho de Gamaliel, 38

2.1.1.9 Evangelho árabe da Infância, 38

2.1.1.10 Evangelho armênio da Infância, 39

2.1.1.11 Mulheres no túmulo e Aparição a Maria, 39

2.1.1.12 Evangelho do Pseudo-Mateus, 40

2.1.1.13 A biografia de Maria, 42

2.1.1.14 Conclusão: uma biografia de vida nos apócrifos semelhante à de seu Filho, 44

2.1.2 Apócrifos marianos assuncionistas, 45

2.1.2.1 *Livro do Descanso*, 48

2.1.2.2 Livro de São João, o teólogo, sobre a passagem da Santa Mãe de Deus, 48

2.1.2.3 Trânsito de Maria do Pseudo-Melitão de Sardes, 50

2.1.2.4 Livro de São João, arcebispo de Tessalônica, 50

2.1.2.5 Trânsito da Bem-aventurada Virgem Maria de José de Arimateia, 53

2.1.2.6 Dormição e Trânsito de Maria no *Livro do Descanso*, 53

2.1.2.7 Dormição e Trânsito de Maria no *Livro de São João, o teólogo*, 58

2.1.2.8 Dormição, Trânsito e Assunção (ressurreição) de Maria no Pseudo-Melitão de Sardes, 62

2.1.2.9 Dormição e Trânsito de Maria no livro de João, arcebispo de Tessalônica, 63

2.1.2.10 Trânsito e Assunção de Maria no livro de José de Arimateia da Bem-aventurada Virgem Maria de José de Arimateia, 67

2.1.2.11 Eixos comuns na história da Dormição e Trânsito de Maria, 68

2.1.2.12 Maria dorme ou morre? Ressuscita? É glorificada? Vence ou não a morte?, 69

2.1.2.13 Elementos apócrifos que serviram de base para a devoção a Maria, como Nossa Senhora da Boa Morte, 72

2.2 Conclusão, 75

3 A devoção mariana na perspectiva do medo da morte e do Inferno na Idade Média e Moderna, 79

3.1 Devoção e devocionismo, 80

3.1.1 História da devoção mariana, 81

3.1.2 A devoção mariana no contexto dos medos na Idade Média e Moderna, 93

3.2 Morte: seu sentido na Bíblia, na história e no sofrimento, 96

3.2.1 Relação do ser humano com a morte na Bíblia, 97

3.2.2 Relação da morte com o sofrimento na condição humana, 107

3.2.3 Relação com a morte na história e o lugar dos mortos na Idade Média e Moderna, 114

3.3 Medos da morte, do fim do mundo e do Juízo Final, 118

3.3.1 À espera da gloriosa ressurreição dos santos na Parusia, 118

3.3.2 À espera de um Juízo Final: do milenarismo ao fim do mundo e os medos escatológicos, 119

3.4 Infernos e Inferno na Bíblia, 129

3.4.1 *Sheol*: Infernos, o lugar escuro e subterrâneo onde moram os mortos, 130

3.4.2 *Hades*: a tradução grega para Infernos, 131

3.4.3 *Geena*: de lugar geográfico a escatológico transcendental e Inferno, 132

3.4.4 *Infernus e ínferos*: substitutos da *Geena* como lugar de suplício para os condenados, 133

3.4.5 Purgatório, a antecâmara do Inferno e possibilidade de salvação, 137

3.4.6 A viagem para o Além: Paraíso, Purgatório ou Inferno, 142

3.5 O medo de Satanás, o senhor do prazer, dono do Inferno e presente no imaginário, 144

3.5.1 De Satã a Diabo nas artes e no imaginário medieval e moderno, 147

3.6 O imaginário de *Ars Moriendi* e o bem morrer, uma boa morte e a passagem no momento do Juízo Particular, 154

3.6.1 Xilogravura: a tentação do Diabo contra a fé, 157

3.6.2 Xilogravura: o triunfo sobre a tentação no leito de morte, 158

3.6.3 Conclusão: o quarto do doente é a grande reunião do fim dos tempos, 160

3.7 A origem da devoção a Nossa Senhora da Boa Morte, 161

3.7.1 Orações a Maria: intercessão diante do medo da morte, do Juízo Final, do Inferno e desejo de sair do Purgatório, 163

3.7.2 São Miguel: a balança e o Livro da Vida na hora da boa e má morte, 169

3.7.3 Da boa morte ao aviso de Nossa Senhora do Aviso, 171

3.8 Conclusão, 174

4 A ressignificação sincrética da Devoção a Nossa Senhora da Boa Morte na Irmandade Negra de Nossa Senhora da Boa Morte de Cachoeira (BA), 177

4.1 Brasil Colônia, 178

4.2 Brasil Império, 179

4.3 Herança medieval do catolicismo português no Brasil Colônia e Império, 180

4.4 Irmandades: origem e relação com a morte, 184

4.5 Irmandades no período do Brasil Colônia e Império, 187

4.6 Irmandades de Nossa Senhora da Boa Morte no Brasil, 191

4.7 Irmandade de mulheres negras de Nossa Senhora da Boa Morte em Cachoeira (BA), 194

4.7.1 A celebração da Boa Morte de Nossa Senhora e sua relação com a tradição apócrifa da Dormição de Maria e a incorporação de elementos africanos no culto mariano, 197

4.7.2 A concepção africana do sofrimento na Irmandade de Nossa Senhora da Boa Morte, 203

4.7.3 A concepção africana do mundo e da morte na Irmandade de Nossa Senhora da Boa Morte, 204

4.7.4 A concepção africana do medo e sua relação com a morte na Irmandade de Nossa Senhora da Boa Morte, 209

4.7.5 A relação entre o sentido da morte nas religiões de matriz africana e o cristianismo, 211

4.8 Conclusão, 213

Considerações finais, 215

Referências, 223